《千字文》今注

寿大本 著

中国书店

图书在版编目（CIP）数据

《千字文》今注 / 寿大本著. — 北京 ：中国书店，2020.1

ISBN 978-7-5149-2372-8

Ⅰ. ①千… Ⅱ. ①寿… Ⅲ. ①古汉语－启蒙读物 ②《千字文》－研究 Ⅳ. ①H194.1

中国版本图书馆CIP数据核字(2019)第184209号

《千字文》今注

寿大本 著

责任编辑：刘深

出版发行：中国书店

地　　址：北京市西城区琉璃厂东街115号

邮　　编：100050

印　　刷：北京建筑工业印刷厂

开　　本：880mm×1230mm　1/32

版　　次：2020年1月第1版第1次印刷

印　　张：10.375

字　　数：170千

书　　号：ISBN 978-7-5149-2372-8

定　　价：38.00元

前　言

南北朝时期周兴嗣编撰的《千字文》是中国历史上流传最久、影响最广的经典蒙学读物之一。这是一篇内容涉及天文、地理、社会、历史、伦理、教育、为人处事、生活起居和农艺、园林等各个方面的四字韵文。由于全篇主题清晰，言简意赅，章句文理层层推进，且引经据典，语言优美，读起来朗朗上口，便于记诵，因此自问世以来，便成为中国古代启蒙教育的首选教材，是南朝以后一千多年中传承最久、影响最大、最受欢迎的启蒙读物之一。虽然南朝至清朝千余年间出现了不少改编和续编本，如宋朝有《续千字文》《叙古千字文》《重续千字文》，元朝有《稽古千文》，明朝有《广易千文》《正字千文》，清朝有《训蒙千字文》《续千字文》《闺训千字文》等，但是皆传流不广，影响不大。而周兴嗣的《千字文》在民国之前一直是城乡儿童必读的课本之一，家喻户晓，老少皆知。无论皇帝大臣、王亲公侯，还是文人墨客、平民百姓，都学过、写过《千字文》,所以自古至今留下了许多传世的书法名帖,著名的有隋代僧智永(王羲之七世孙)的《真草千字文》,唐代欧阳询的小楷、行书、草书三种《千字文》,僧怀素的大草、小草两种《千字文》,宋代徽宗赵佶的瘦金体《千字文》,高宗赵构的草书《千字文》等,传世的元、明、清代书法家书写的真草隶篆各体《千字文》也是不胜枚举。当代许多出版社也组织出版了启功、沈鹏、刘炳森等许多著名书法家书写的各体《千字文》。因此,我们很有必要了解和学习这一篇被誉为“一部袖珍百科全书”的“绝妙文章”。

《千字文》的来历,据北宋李昉等编辑的《太平广记》记载:“梁武帝教诸王书,令殷铁石于大王书中拓一千字不重者,每字片纸,杂碎无序。帝召兴嗣谓曰:‘卿有才思,为我韵之。’兴嗣一夕编缀进上,鬓发皆白,赏赐甚厚。”梁武帝萧衍(464—549)是南朝梁的开国皇帝,他酷爱王羲之书法,搜集了许多王羲之的墨迹,并且督促皇室子弟们临摹学习。但这些墨迹互不连属,零乱无序,影响学习效果,因此萧衍就让摹写高手殷铁石从内府收藏的王羲之墨迹中选拓出一千个不重复的字,然后让周兴嗣把这一千字编成一篇韵文，以便皇室子弟学习和临摹。

周兴嗣，字思纂，以博学善文著称。六朝历史上有名的《铜表铭》《檄魏文》都是他的手笔。他因为向梁武帝进献《休平赋》《舞马赋》，两次得到提拔，担任南梁的员外散骑侍郎。《千字文》编成后，他又被擢升为给事中，成为梁武帝身边的大臣。

周兴嗣一夜之间把一千个散乱无序的字编缀为一篇思想明确、含义隽永、文理流畅、雅俗共赏的文学作品，确实不易，虽然《太平广记》说他编成后“鬓发皆白”是有些夸张，但他殚精竭虑、冥思苦想、下了极大功夫是不可否认的。从《千字文》拓片上“梁敕员外散骑侍郎周兴嗣次韵”一句可以看出周兴嗣编这篇《千字文》时，是找了一条捷径的。“次韵”是依次用所和诗中的韵作诗，也称“步韵”。周兴嗣在编千字韵文时是步了什么诗文的韵呢？据《南史》和《梁书》记载，是“次韵王羲之书千字”。王羲之写的《千字文》在《三希堂法帖》中可以找到，“右军将军王羲之奉敕书魏太尉钟繇《千字文》”（以下简称“钟文”）。“钟文”起首是：“二仪日月，云露严霜。夫贞妇洁，君圣臣良。”押阳韵。周兴嗣《千字文》（以下简称“周文”）起首是：“天地玄黄，宇宙洪荒。日月盈昃，辰宿列张。”押的也是阳韵。所以，周兴嗣说自己编的《千字文》步的是“钟文”的韵。“周文”保留了“钟文”四字一句、易读易记的优点，而且借用了一些句子，如“甲帐对楹”“劝赏黜陟”“骇跃超骧”“谓语助者，焉哉乎也”，还沿用了“宇宙”“昆冈”“丹青”“庶几”“蓝笋”等一百多个“钟文”里使用的词语。由此可见，受“钟文”的启发，以“钟文”为参考，是周兴嗣能在一夜之间就把一千个零散的汉字编缀成一篇精妙文章的重要原因。

“周文”可分为四大部分。第一部分从“天地玄黄”到“赖及万方”，这一部分是说开天辟地、自然物产和上古历史、夏商周三代。第二部分从“盖此身发”到“好爵自縻”，是说为人处世，主要宣传“仁义礼智信”等儒家道德观念。第三部分，从“都邑华夏”到“岩岫杳冥”，是说地理历史，包括京都的富丽、广袤的国土、诸侯争霸和贤相良将。第四部分，从“治本于农”到“焉哉乎也”，是说居家生活以及轶事传闻，是文字最多的部分。

周兴嗣作为当时的一名官员，他编成的《千字文》不可避免地存在着时代和阶级的局限性。因此我们要以弃其糟粕、取其精华的态度，用批判的眼光进行学习，从中吸收有益的成分。《千字文》中所讲的尊老爱幼、勤恳好学、团结友爱、诚实守信、谦虚礼貌等等内容，虽然是古代的故事，却体现了中华民族的优良传统，是我们应该加以继承与弘扬的。因此，学习和理解《千字文》对于加强中国特色社会主义精神文明建设和培育社会主义核心价值观，仍然具有积极的意义。

本书是为了帮助读者学习和理解《千字文》而撰写的一本通俗读物。本书在分句解释时，对《千字文》字词的含义、词语的出处以及有关故事都做了尽可能详尽而必要的介绍与解说。但限于作者的水平，难免有错误不当之处，欢迎不吝指教。

作者

2013 年 6 月

千 字 文

（原文）

天地玄黄，宇宙洪荒。日月盈昃，辰宿列张。

寒来暑往，秋收冬藏。闰余成岁，律吕调阳。

云腾致雨，露结为霜。金生丽水，玉出昆冈。

剑号巨阙，珠称夜光。果珍李柰，菜重芥姜。

海咸河淡，鳞潜羽翔。龙师火帝，鸟官人皇。

始制文字，乃服衣裳。推位让国，有虞陶唐。

吊民伐罪，周发殷汤。坐朝问道，垂拱平章。

爱育黎首，臣伏戎羌。遐迩一体，率宾归王。

鸣凤在树，白驹食场。化被草木，赖及万方。

盖此身发，四大五常。恭惟鞠养，岂敢毁伤。

女慕贞洁，男效才良。知过必改，得能莫忘。

罔谈彼短，靡恃己长。信使可覆，器欲难量。

墨悲丝染，诗赞羔羊。景行维贤，克念作圣。

德建名立，形端表正。空谷传声，虚堂习听。

祸因恶积，福缘善庆。尺璧非宝，寸阴是竞。

资父事君，曰严与敬。孝当竭力，忠则尽命。

临深履薄，夙兴温凊。似兰斯馨，如松之盛。

川流不息，渊澄取映。容止若思，言辞安定。

笃初诚美，慎终宜令。荣业所基，籍甚无竟。

学优登仕，摄职从政。存以甘棠，去而益咏。

乐殊贵贱，礼别尊卑。上和下睦，夫唱妇随。

外受傅训，入奉母仪。诸姑伯叔，犹子比儿。

孔怀兄弟，同气连枝。交友投分，切磨箴规。

仁慈隐恻，造次弗离。节义廉退，颠沛匪亏。

性静情逸，心动神疲。守真志满，逐物意移。

坚持雅操，好爵自縻。都邑华夏，东西二京。

背邙面洛，浮渭据泾。宫殿盘郁，楼观飞惊。

图写禽兽，画彩仙灵。丙舍傍启，甲帐对楹。

肆筵设席，鼓瑟吹笙。升阶纳陛，弁转疑星。

右通广内，左达承明。既集坟典，亦聚群英。

杜稿钟隶，漆书壁经。府罗将相，路侠槐卿。

户封八县，家给千兵。高冠佩辇，驱毂振缨。

世禄侈富，车驾肥轻。策功茂实，勒碑刻铭。

磻溪伊尹，佐时阿衡。奄宅曲阜，微旦孰营。

桓公匡合，济弱扶倾。绮回汉惠，说感武丁。

俊乂密勿，多士寔宁。晋楚更霸，赵魏困横。

假途灭虢，践土会盟。何遵约法，韩弊烦刑。

起翦颇牧，用军最精。宣威沙漠，驰誉丹青。

九州禹迹，百郡秦并。岳宗泰岱，禅主云亭。

雁门紫塞，鸡田赤城。昆池碣石，巨野洞庭。

旷远绵邈，岩岫杳冥。治本于农，务兹稼穑。

俶载南亩，我艺黍稷。税熟贡新，劝赏黜陟。

孟轲敦素，史鱼秉直。庶几中庸，劳谦谨敕。

聆音察理，鉴貌辨色。贻厥嘉猷，勉其祗植。

省躬讥诫，宠增抗极。殆辱近耻，林皋幸即。

两疏见机，解组谁逼。索居闲处，沉默寂寥。

求古寻论，散虑逍遥。欣奏累遣，戚谢欢招。

渠荷的历，园莽抽条。枇杷晚翠，梧桐蚤凋。

陈根委翳，落叶飘摇。游鹍独运，凌摩绛霄。

耽读玩市，寓目囊箱。易輶攸畏，属耳垣墙。

具膳餐饭，适口充肠。饱饫烹宰，饥厌糟糠。

亲戚故旧，老少异粮。妾御绩纺，侍巾帷房。

纨扇圆洁，银烛炜煌。昼眠夕寐，蓝笋象床。

弦歌酒宴，接杯举觞。矫手顿足，悦豫且康。

嫡后嗣续，祭祀烝尝。稽颡再拜，悚惧恐惶。

笺牒简要，顾答审详。骸垢想浴，执热愿凉。

驴骡犊特，骇跃超骧。诛斩贼盗，捕获叛亡。

布射僚丸，嵇琴阮啸。恬笔伦纸，钧巧任钓。

释纷利俗，并皆佳妙。毛施淑姿，工颦妍笑。

年矢每催，曦晖朗曜。璇玑悬斡，晦魄环照。

指薪修祜，永绥吉劭。矩步引领，俯仰廊庙。

束带矜庄，徘徊瞻眺。孤陋寡闻，愚蒙等诮。

谓语助者，焉哉乎也。

目录

千 字 文

（梁敕员外散骑侍郎周兴嗣次韵）

以下为《千字文》第一部分，讲述开天辟地、自然物产和上古历史、夏商周三代。

天地玄黄，宇宙洪荒

《易 · 坤 · 文言》：“夫玄黄者，天地之杂也。天玄而地黄。”“玄”是黑色。我们现在看到的天空是蓝色的，那是太阳光经过大气的折射后呈现的颜色。航天员在太空中看到的宇宙空间就是黑色的。

《淮南子 · 齐俗训》：“往古来今谓之宙，四方上下谓之宇。”宙是时间概念，宇是空间概念。现在一般人把宇宙只理解为地球以外的大空间，或是包括地球在内的上下四方大空间，但是“辩证唯物主义认为，宇宙是物质世界，不依赖于人的意识而客观存在，并处在不断运动和发展中，在时间上没有开始没有终了，在空间上没有边界没有尽头”（《辞海》）。

《扬子法言 · 问道卷》：“鸿荒之世。”“鸿”指大水，

“荒”指荒野。

《千字文》开头两句是说，这世界开天辟地之初，天是黑的，地是黄的，四面八方在亿万年间，洪水泛滥，到处是长满杂草的荒野。

关于开天辟地，世界各国都有一些神话传说，我国也不例外。比如传说原先天地像个大口袋，里边一片黑暗，后来有一只老鼠把口袋咬了个窟窿，于是清气上升，浊气下降，慢慢地分开了天地，所以十二生肖里老鼠功劳最大，排在第一位。还有盘古开天地的传说，说天地原先合在一起，像个很大很大的鸭蛋，叫作“混沌”。有一个巨人盘古，在“混沌”里睡了一万八千年，醒来眼前是一片漆黑，于是他手持巨斧劈开了这个“大鸭蛋”，天地就这样分开了，天地之间不再黑暗。但是阴阳相吸，天和地互相吸合，盘古就站在地上使劲把天撑开，而且每天长高一丈，这样过了一万八千年，天地终于定位，盘古也劳累而死。死后，盘古呼吸的气变成了风云，盘古的汗水变成了雨露，他说话的声音化为雷霆，他的两只眼睛化为太阳和月亮，他的四肢化作高山，血液化作江河，肌肉化作农田，筋脉化作道路，皮肤化成了草木，须发化成了星辰，牙骨化成了矿藏。盘古把自己的一切都奉献给了开辟出来的天地，留给了后人。盘古的神话传说生动地反映了先民对为开创生存空间而不懈奋斗的人类祖先们的无限崇拜和景仰。

日月盈昃，辰宿列张

《易·丰》："日中则昃，月盈则食。""昃"指太阳西斜，"盈"是充满的意思。以地球为基点观察太阳和月亮的活动，太阳是东升西落，正午时走到中间，过了正午就向西斜了；月亮在农历的每月十五、十六是圆圆的满月，过了满月就逐渐亏缺直至完全看不见了。这种现象是因为地球自转和绕太阳公转的轨迹与月球绕地球旋转的轨迹不同而造成的。"月盈则食"是说月食，即月蚀，它发生在满月的时候，由于地球正好运行到太阳和月亮中间，挡住了太阳光对月球的照耀。古人迷信，以为这时月亮是被"天狗"吃掉了，所以称之为"食"。

《淮南子·泰族训》："天设日月，列星辰。""辰"有多种含义，例如"诞辰""良辰"中的"辰"指时间、日子，"北辰"指北极星等。"辰宿"中的"辰"与我们通常说的"星辰"一样都是泛指众星。"宿"在这里应该念作 xiù。古人观察天象发现，天上的日、月和金、木、水、火、土五颗星最明亮而且有明显的运动，所以称它们为"七曜"，而其他的星星基本不动，也很少变化。现在我们知道了，那些星星有可能是和太阳一样，甚至是比太阳还要大得多的恒星，距离地球至少有 4.3 光年（40 万亿千米以上），但是古人不知道。古人在太阳运行的轨道附近选择了二十八个星组（由多颗星组成），想象这些星组是日、月在天上运动过程中休息的房舍、驿馆，故称“二十八宿”。《论衡·谈天》：“二十八宿为日、月舍，犹地有邮亭，为长吏廨矣。”古人按方位把这些星分为东南西北四个区，每区七宿。东方七宿是角、亢、氐、房、心、尾、箕。南方七宿是井、鬼、柳、星、张、翼、轸。西方七宿是奎、娄、胃、昴、毕、觜、参。北方七宿是斗、牛、女、虚、危、室、壁。并且按照七宿连缀起来的形状，分别用四种动物给四方起了名字，东方青龙，南方朱雀，西方白虎，北方玄武。玄武最早指乌龟，汉代以后改为蛇和乌龟的合体。

《千字文》这两句讲的是天文，日月在天空运行，日出日落，月圆月缺，众星和二十八宿陈列分布在天上，光芒闪烁。

寒来暑往，秋收冬藏

《易·系辞》：“寒往则暑来，暑往则寒来。寒暑相推，而成岁焉。”《淮南子·本经训》：“四时者，春生夏长，秋收冬藏。”《千字文》这两句说的是物候，影响人类生产、生存环境的季节变化。四季气候，冷热交替，寒来暑往，暑来寒往。后一句虽然只说了秋冬，实际包含着春夏。没有春耕夏耘，春生夏长，怎么会有秋收冬藏？几千年来，我国是一个以农耕为主的国家，十分重视四季气候冷热的变化。由于地球绕太阳运行的轨道是椭圆形的，近日点（1.4 亿千米）和远日点（1.6 亿千米）相差很大，造成四季日照长短不同；而且地球的地轴是斜对着太阳的，地球自转使各地区的日照强度不等，结果产生了全球各地区寒暑变化的差异。农作物生产要“靠天吃饭”，当然非常强调农时。《荀子 · 王制》中很明确地说：“春耕夏耘，秋收冬藏，四者不失时。”可见古人从实践中早就知道“不违农时”是农业生产的一条根本原则。他们把观察到的天候和农业生产实际结合起来，制定了二十四节气。这是我们祖先的独创，属于非物质文化遗产。

1 月	小寒	大寒	2 月	立春	雨水
3 月	惊蛰	春分	4 月	清明	谷雨
5 月	立夏	小满	6 月	芒种	夏至
7 月	小暑	大暑	8 月	立秋	处暑
9 月	白露	秋分	10 月	寒露	霜降
11 月	立冬	小雪	12 月	大雪	冬至

为便于记忆，人们将它压缩成四句韵文，如下：

春雨惊春清谷天，夏满芒夏暑相连，秋处露秋寒霜降，冬雪雪冬小大寒。

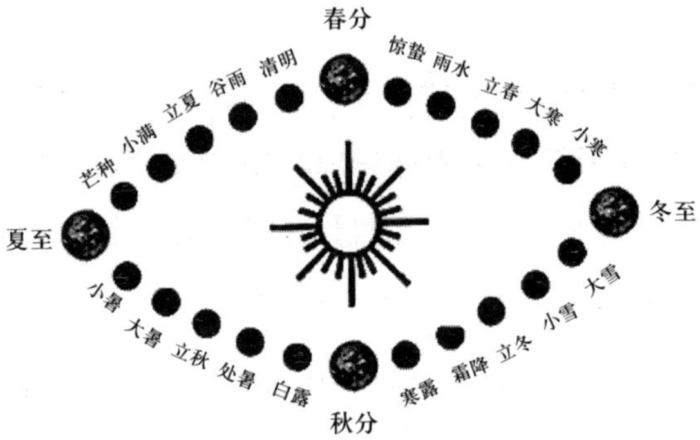

二十四节气图

闰余成岁，律吕调阳

《尚书·尧典》："期三百有六旬有六日，以闰月定四时，成岁。"

我们中国自古以农为本，历代都设司天监或"天官"，负责观测天象变化，所以中国文化中发展最早最系统的学科之中就有天文学，明代以前，我国的天文学是领先于世界水平的。据传说，黄帝时已有历法，《史记·历书》载："黄帝考定星历。"那时是根据星宿的出没和物候的变化来制定历法，随着观测天象工具的不断进步，历法也不断改订，越来越精密。据《中国天文学史》统计，至太平天国时期，我国历代正式公布的各种历法共有 103 个。

我们现在使用的公历是根据太阳周天 360 度（实际是地球绕太阳一周）、运行 365 天制定的太阳历，或称阳历。以月亮的圆缺变化周期为依据制定的历法叫阴历或太阴历。我国在清代以前都使用农历。农历是阴阳历，以太阳记年，以太阴记月。月亮运行一个周期，近地点时是 29 天，远地点时是 30 天，一年 354 天，比太阳历一年差了 11 天，这就是“闰余”。一年相差 11 天，三年加起来多出了 33 天，历法和物候节律四时不相符了，正月成了二月，二月成了三月，每月都差。9 年累计要差 3 个月，时令应是春季，日历上却已到夏季。怎么办？唐尧时代就采取了每三年多加一个月的办法进行调整。加出来的这个月叫作“闰月”，加月的这一年叫作“闰年”。可是加一个月只解决了 30 天，还有 3 天多余。后来经历代天文官员研究，不断调整，到南北朝时祖冲之提出在 391 年中设置 144 个闰月，就更精确了。

太阳历也有闰余问题。太阳一周天（现代叫一个回归年）是 365 天 5 小时 48 分 46 秒，比太阳历一年多出了 5 个多小时，四年累计多出 24 小时，也必须设闰加以消化。因此，阳历中每四年在二月多加一天，是谓“闰二月”，该年称为“闰年”。

“闰余成岁”的“岁”，就是“年”，夏代叫“岁”，商代叫“祀”，周代叫“年”。

“律吕调阳”是说用律吕来调节阴阳。《晋书·律历志》：“叶（协）时日于晷度，效地气于灰管，故阴阳和则景（影）至，律气应则灰飞。”古人为了确定四时和相应的节气，不仅靠观测日影的长短变化，而且通过勘测地气来校验是否准确。地气怎么勘测？我们祖先发明了用律管塞灰的办法，这个古法已经失传，但史书上有记载。

律管就是现代音乐上的定音器。我国古代有十二律管，阴阳各六。六阳管为“律”：黄钟、太簇、姑洗、蕤宾、夷则、无射；六阴管为“吕”：大吕、夹钟、仲吕、林钟、南吕、应钟。

用律吕测地气的古法始于黄帝。据史书记载，黄帝命其臣伶伦造律吕，伶伦取十二根紫竹管，截成不同长短，其中最长的九寸，最短的四寸六分，并将管的一端切成四十五度的斜口，然后按长短次序插入阴山脚下的土中，上端平齐，管内灌满葭莩（苇子膜）烧成的灰，这种灰极轻，空气稍有搅动，它就会被扬起，所以要用布幔把这些管子遮蔽起来，再在那里盖一间严密封闭的小屋，以保证它吹不到风。等到冬至时候，地下的阳气一生，第一根九寸管里面的灰会自动飞出，同时发出“嗡”的声音，这声音叫黄钟，节气是冬至。以后，到一个节气，依次有一根律管中的灰飞出，并相应发出一个声音。

按《吕氏春秋·季夏纪·音律》的解说，十二律与古时节气对应如下：

黄钟——仲冬	大吕——季冬	太簇——孟春
夹钟——仲春	姑洗——季春	仲吕——孟夏
蕤宾——仲夏	林钟——季夏	夷则——孟秋
南吕——仲秋	无射——季秋	应钟——孟冬

又据《汉书·律历志》，十二律与十二月对应为：

黄钟——十一月	大吕——十二月	太簇——正月
夹钟——二月	姑洗——三月	仲吕——四月
蕤宾——五月	林钟——六月	夷则——七月
南吕——八月	无射——九月	应钟——十月

云腾致雨，露结为霜

前面两句讲制定历法，确定四时，这两句讲气象。字面上的意思很好理解。东汉许慎《说文解字》（以下简称《说文》）：“云，山川气也。”“腾”是上升。“云腾致雨”就是云气上升，造成了雨水下降。现在我们知道，地球表面的水汽上升到空中成为云，云是飘浮在空中的水汽团，当水汽遇冷凝结成的水珠超过空气分子的比重时便下落为雨。露和霜也是地表水汽凝结成的。每年进入深秋季节后，空气温度急剧下降，地表的水汽遇冷在接近地表的物体上凝结成露珠；夜深时，气温降至冰点以下，液体的露珠就进一步凝结成固体的颗粒——霜。

云、雨、露、霜是人们常见也是与农业生产和人类生活关系十分密切的气象。《易·乾·文言》载："云行雨施，天下平也。"杜甫《春夜喜雨》诗句："好雨知时节，当春乃发生。"现代的歌词里亦有"雨露滋润禾苗壮"。这些都反映了云雨的适时施行对人们生产生活的重要性。反之，连续的大雨滂沱、暴雨如注又会给人们的生产生活造成严重祸害。所以雨是古往今来人人关心的气象大事。

"霜"在古代诗文中也经常提到。《诗经·秦风·蒹葭》中有"蒹葭苍苍，白露为霜"。魏文帝曹丕《燕歌行》中有"草木摇落露为霜"。《易·坤》中载"履霜，坚冰至"，脚下踩着地上的霜，眼看寒冷的冬天就要到了，一年将尽，这引起人们的很多联想。张继诗《枫桥夜泊》"月落乌啼霜满天，江枫渔火对愁眠。姑苏城外寒山寺，夜半钟声到客船"，表达了深秋时节（古人把深秋叫作霜天）一个行旅游子的寂寞凄凉，难遣乡愁。毛主席的诗词中也常用到"霜"，但他是以雄浑的气魄表达了乐观和豪迈，如《采桑子·重阳》：“人生易老天难老，岁岁重阳。今又重阳。战地黄花分外香。一年一度秋风劲，不似春光。胜似春光。寥廓江天万里霜。”

金生丽水，玉出昆冈

《韩非子·内储说》：“荆南之地，丽水之中生金。”上古时的荆州大约包括现在的湖北、湖南和江西省、安徽省的西部。荆南指荆州以南的云南、贵州等地，荆南的“丽水”不是现在浙江省的丽水市，而是现在云南省的金沙江，古称丽水，正是由于从其水中能淘沙取金，人们就把它改称金沙江了。“昆冈”就是昆仑山，它是我国西部第一大山，西接帕米尔高原，东面延伸到青海省，是我国采玉的主要矿脉之一。新疆的和田玉和青海的昆仑玉自古有名。

金和玉都是珍贵的矿产。金是贵金属，而且光彩夺目，不易锈蚀，所以全世界不论王公贵族、平民百姓，人人喜爱。黄金不仅成为世界货币，而且广泛融入了人类生活的方方面面，从个人饰物、广告招牌到佛像塑造、宫殿修建等等，都以金碧辉煌为荣，无须赘言。要多讲几句的是“玉”。

玉，虽然别的国家也有出产，但是玉文化却是我们中国独有的。从考古发掘发现，在旧石器时代我国已有用玉制作的工具，说明早在九千至一万年前，我们中华民族的祖先已经知道采玉、琢玉、用玉。传说周武王讨伐殷商，俘获旧宝玉一万四千，佩玉十八万件。1976 年在河南安阳殷墟墓地发掘时，于商王武丁妃妇好墓中出土了精美玉器 755 件，可以佐证古代的传说是可信的。那时奴隶主贵族生前都要佩玉，《礼记 · 玉藻》说："古之君子必佩玉。"佩玉还有等级："天子佩白玉而玄组绶，公侯佩山玄玉而朱组绶，大夫佩水苍玉而纯组绶，世子佩瑜玉而綦组绶。"（天子佩白玉，用玄色丝绶带；公侯佩山玄色玉，用朱红丝绶带；大夫佩水苍色玉，用黑色丝绶带；世子佩美玉，用杂色丝绶带。）死后要以玉陪葬，汉代的皇帝和贵族死后还要穿玉衣。玉又用于祭祀天地鬼神，《周礼 · 春官》记载："以苍璧礼天，以黄琮礼地，以青圭礼东方，以赤璋礼南方，以白琥礼西方，以玄璜礼北方。"璧、琮、圭、璋、琥、璜都是祭祀用的玉制礼器。王室设有专门机构玉府管理祭祀、聚会、庆典等各种不同场合使用的玉器。我国古人把玉看得比黄金贵重，只有天子的玺印可以用白玉制作，诸侯国王只能用金印。天子的乘舆也是用玉来装饰，王亲诸侯则分别使用金、象牙和皮革来装饰自己的乘舆。

《礼记 · 玉藻》："君子无故玉不去身，君子于玉比德焉。"就是说君子没有特殊原因，佩玉不离身，因为君子是以玉来象征德行的。在《孔子家语》中，孔子也认为：

玉温润而有光泽，仁也；细密而坚实，智也；清正而不伤人，义也；佩玉下垂，礼也；敲击玉时声音清扬，乐也；瑕疵和光泽互相不掩盖，忠也；光彩通达四方，信也；气如白虹，天也；精气呈现在山川之间，地也；用圭璋作礼器，德也；天下人都看重玉，道也。

几千年来，玉在中国人心目中一直是高尚、纯洁、坚贞的吉祥物，反映在我们的语言里有许多和玉有关的词语，例如“亭亭玉立”“玉洁冰清”“金玉良缘”“金口玉言”“金科玉律”“宁为玉碎，不为瓦全”“如切如磋，如琢如磨”等。历朝历代经过治玉工匠精心制作的各种各样的无数精美玉器，为中华民族传统的玉文化奠定了物质基础。

剑号巨阙，珠称夜光

汉代刘向《新序·杂事》说：“夫剑产于越，珠产于江汉，玉产于昆山。”反映了古人对于剑和珠的珍爱不下于对玉的珍爱。

“剑”是防身杀敌的武器。李白有诗句：“愿将腰下剑，直为斩楼兰。”杜甫有诗句：“王郎酒酣拔剑斫地歌莫哀！”可见“剑”是古人随身携带之物，兴来时常挥剑起舞，宣泄自己的情感。春秋战国时期，吴越两国的铸剑业最发达，吴国有干将、镆铘夫妻二人，“断发剪爪，投于炉中”，炼出了一对雌雄宝剑，传为千古佳话。而最有名的剑是越国欧冶子打造的巨阙剑。东汉赵晔《吴越春秋·阖闾内传》记载：越王允常令欧冶子铸宝剑五，巨阙、纯钧、湛卢、豪曹、鱼肠。其中巨阙、纯钧、湛卢是三把长剑，豪曹、鱼肠是两把短剑，全都锋利无比。历史上有个“专诸刺王僚”的故事，说吴公子光收买了剑客专诸去刺杀吴王僚，因为吴王僚喜欢吃烤鱼，专诸就假扮厨师，托了一盘烤好的大鱼面见吴王，尽管王僚身穿三重铠甲，专诸还是用藏在鱼腹中的短剑将王僚刺死，用的就是鱼肠剑。巨阙剑是五把剑中最长的，据《越绝书·外传·记宝剑》记载：越王拿到巨阙剑不久，一天在露台上看到有一辆四头鹿驾的车因鹿受惊狂奔过来，他用巨阙剑伸过去一拦，结果硕大的车体飞落地上，连接车体和底座的铜铁结构全部断折，正所谓削铁如泥，因此越王把这剑命名为巨阙。

“珠称夜光”也有传说故事。东晋干宝的《搜神记》是一部专门记述神怪灵异的书，书中有一则隋侯珠的传说，说周朝有一个封地在隋的诸侯，一次他外出，途中见一条受伤的大蛇在沙地里翻滚挣扎，眼看马上要死掉，他立即用水把蛇救活，在蛇伤口上敷了药，并且在有水草的地方将蛇放生了。一年后，隋侯做了一个梦，梦中被他救活的那条大蛇口衔明珠来报答他。隋侯睁眼一看，发现他的枕边果然有一颗直径超过一尺的大珠子，颜色纯白，像燃烧的火烛把夜间的堂屋照得通明，人们把它称作夜明珠。在南朝梁任昉的《述异记》中还有这样一个记述：“南海有明珠，即鲸鱼目瞳。鲸死而目皆无精，可以鉴，谓之夜光。”意思是说南海有一种称作夜光的明珠，就是鲸鱼的眼睛，可以当镜子。这种夜光珠常被人用来冒充夜明珠，所以后世有“鱼目混珠”的成语，指出鱼目虽然有珍珠的形却没有珍珠的质，人们须辨别真假，不可上当。

果珍李柰，菜重芥姜

海咸河淡，鳞潜羽翔

这四句主要说植物和动物。木本植物结的籽实，可以食用的称为“果”。“李”俗称李子，圆形，紫红色，果肉暗黄，略带酸味。“柰”状似苹果，略小，也叫作沙果、花红。古代水果品种比现代少得多，因此“李”“柰”都是珍品。《诗经·大雅·抑》中有诗句：“投我以桃，报之以李。”三国时魏王把柰赏赐给王亲大臣，曹植还专门写了一篇《谢赐柰表》表示谢恩。

“菜”是可以食用的草本植物。菜类食物中，古人对“芥”“姜”特别重视。《神农本草经》说：“芥味辛，除肾邪，利九窍，明耳目。”大家都知道，芥菜籽磨的粉称为芥末，是一味很重要的调料。《神农本草经》又说：“姜味辛，通神明，去臭气。”《论语·乡党》记录了孔子的话：“不撤姜食。”就是说每顿饭都要吃姜，这大概是古人的饮食习惯。古人饮食粗放，而芥和姜都是去腥解毒、醒脑开窍的好东西，当然吃饭就离不开它们了。现代人已经没有顿顿吃姜的习惯，但作为中国烹饪的重要调料之一，姜还是不可缺少的。

鱼儿离不开水，人也离不开水，但“海咸河淡”。地球上百分之九十七的水在海洋里，海洋中保存了近二十万种动物、一万多种植物。可是海水中的盐分浓度很高，每吨海水的含盐量达到三十多千克，不宜人类饮用。

古人把地球上的动物分为五类：鳞类、羽类、毛皮类、甲壳类和裸类，人类属于裸类。《无能子·圣过》说：“人者，裸虫也，与夫鳞毛羽虫俱焉。”古人认为鳞类动物中最高级的是龙，羽类动物中最高级的是凤，毛皮类动物中最高级的是麒麟，甲壳动物中最高级的是龟，裸类动物中最高级的是圣人。“鳞潜羽翔”（鱼在水中游，鸟在天上飞），其含义相当于书法作品中常见的“海是龙世界，云是鹤家乡”“海阔凭鱼跃，天高任鸟飞”等。

以上是《千字文》起首的十八句，从开天辟地讲起，讲了日月星辰、气象物候、天文历法和植物动物等自然物产，为下面讲人文历史做了铺垫。

龙师火帝，鸟官人皇

始制文字，乃服衣裳

这四句是讲三皇五帝。古代传说盘古开天地之后，有天皇地皇人皇。天皇长了十二个头，有兄弟十二人，各立一万八千年。地皇十一个头，兄弟十一人，各立一万八千年。人皇九个头，兄弟九人，分掌天下九州，传了一百五十世。这些当然是不可信的。现代科学认为，地球形成于距今五十亿年前，生物约在距今四十亿年时出现，人类是从古猿进化来的。世界上最早的人类出现在距今二百万至三百万年前。由于人类在有了文字之后才有比较可靠的历史记载，所以早期人类活动的情况只有口耳相传的神话传说。中国史前传说的核心人物就是三皇五帝，可是传说中的三皇名称不一，其形象神人混杂。因此，中国古代第一部内容完整的纪传体通史著作——西汉司马迁的《史记》是从五帝开始讲起的。后来，唐代的国子博士、弘文馆学士司马贞搜罗各种神话传说，经过整理，写过一篇《三皇本纪》，以补《史记》之缺憾。

所谓上古三皇时代，就是我们现在所说的原始社会氏族公社时期。传说中曾被列入三皇的主要人物有：教人钻木取火、烹饪而食的燧人氏，教人结网捕鱼、饲养牲畜的伏羲氏，教人播种五谷、亲尝百草的神农氏。他们的故事实际上反映了我们的祖先逐步积累生存经验的历史进程，只是把群众的智慧和积累的经验附会到了一个个英雄身上。

《千字文》中的“龙师火帝”是指传说中的伏羲氏和神农氏。伏羲氏，号太昊，蛇身人首。伏羲又写作宓羲、庖牺。传说伏羲时代，曾有龙马负图出现在黄河，有神龟负书出现在洛水，被称之为“河图”“洛书”。伏羲从河图洛书得到启发，始画八卦，造书契以代结绳，结网罟以教佃渔，养牺牲以备庖厨，还发明了弦乐器——瑟。《汉书·百官公卿表》记载：“宓羲龙师名官。”是说伏羲氏的部落以龙为图腾，纪其官长，如春官为青龙氏，夏官为赤龙氏，秋官为白龙氏，冬官为黑龙氏，中官为黄龙氏等。

神农氏又称炎帝、火帝，牛首人身。他教民刀耕火种，从事农业生产；他选五谷，尝百草，是中药的始祖；《易·系辞》上说，神农氏还组织以物易物，日中为市，“致天下之民，聚天下之货，交易而退，各得其所”，可见神农氏对华夏远古文化是做出了巨大贡献的。《汉书·律历志》记载：“炎帝氏以火纪，故为火师而火名。”这是说炎帝部落以火为图腾，以火为百官命名，如春官为大火，夏官为鹑火，秋官为西火，冬官为北火等。

“鸟官”是指传说中的东夷集团少昊氏，其部落以鸟为图腾，以鸟纪官，司徒为祝鸠氏，司马为雎鸠氏，司空为鸤鸠氏，司寇为爽鸠氏，历正为凤鸟氏，司分为玄鸟氏，司启为青鸟氏等。

“始制文字，乃服衣裳”说的是黄帝的故事。黄帝是五帝之首，汉司马迁的《史记 · 五帝本纪》记述了黄帝、颛顼、帝喾、帝尧、帝舜五人的事迹。黄帝姓公孙，名轩辕，“生而神灵，弱而能言，幼而徇齐，长而敦敏，成而聪明”。就是说黄帝生下来特别神异，几个月就会说话，年幼时很机灵，长大了诚实勤敏，成年后见闻广博、明辨是非。黄帝让史官仓颉创制了文字，黄帝的大臣胡曹发明了衣裳（上身穿的叫衣，下身围的叫裳），黄帝的妻子嫘祖发明了养蚕缫丝。从黄帝时代起，中国开始以甲子纪年，凿井、造屋宇、造车船、造弓箭，也都是黄帝时代的发明创造。黄帝时代还改变了以往人死后抛尸荒野的习俗，开始实行殡葬制度。

正是由于炎帝和黄帝时代奠定了数千年华夏文明的基础，对中华民族的发展繁荣起到了决定性的重大作用，因此全世界的华人都自称是炎黄子孙，以自己是炎黄子孙而自豪。

推位让国，有虞陶唐

这是说历史上著名的唐尧、虞舜推位禅让的故事。据《史记·五帝本纪》记载，黄帝有二十五个儿子。黄帝去世后传位给了他的孙子颛顼，颛顼去世，传位给帝喾，帝喾的父亲不是颛顼，但帝喾也是黄帝的曾孙。帝喾有两个儿子，一个叫放勋，一个叫挚。帝喾去世后，由挚继位，可是挚处理不好国家大事，于是由他弟弟放勋继位。放勋就是帝尧。

帝尧先后被封在陶和唐。陶、唐是两个封地的名称，所以帝尧号陶唐氏。《千字文》就用“陶唐”作为帝尧的代称，历史上人们习惯把帝尧称作唐尧。据《史记》记载，唐尧“其仁如天，其知如神”。他“能明驯德”，用自己高尚恭顺的德行，使九族和睦，百官各尽其职，“合和万国”，各地诸侯和睦相处。前面讲到唐尧“以闰月定四时，成岁”，制定了指导农业生产的农历，为百姓做了许多好事。而唐尧自己生活很简朴，住的是茅草屋，穿的是麻布衣，吃粗米饭，喝野菜汤，所以在人民中间享有很高的威信，得到大家的普遍拥戴。

唐尧在位七十年，他没有选自己的儿子做接班人，而选了在民间以孝闻名的舜作为接班人。舜姓姚，名重华，“舜”是他的谥号，意思是仁义圣明。他也是颛顼一脉的子孙，号有虞氏，所以《千字文》用“有虞”作舜的代称，人们习惯把帝舜称为虞舜。他出身贫寒，父亲是盲人，《史记》记载，舜“父顽，母嚚，弟傲”，就是说虞舜的父亲顽固、不讲道理，后母奸诈、经常使坏，弟弟骄纵、凶狠傲慢。传说他们几个多次设计要害死虞舜，没有得逞，可是虞舜始终对父母孝顺，对弟弟友爱，和他们和睦相处，劝他们上进，不干坏事，得到乡亲们一致称赞。

帝尧为了考察虞舜的德行和能力，把自己的两个女儿娥皇和女英嫁给了虞舜，又派自己的几个儿子跟虞舜一道工作。经过二十年的实践考验，帝尧才放心地把政务交给了虞舜，“命舜摄行天子之政”。八年后，唐尧去世。

虞舜在位三十九年。他也学唐尧的办法，预先选定接班人，由于其子商均德行能力较差，而禹治天下洪水有大功，诸侯服之，“舜乃豫荐禹于天”，虞舜在位二十二年时就向天下推荐禹做接班人，让禹参与治理政务。虞舜在位三十九年时，他到南方视察，在苍梧境内逝世，葬在九嶷山下，为现在的湖南宁远县。他的两位夫人娥皇、女英，闻耗悲痛欲绝，晋张华写的《博物志》说：“舜崩，二妃啼，以涕挥竹，竹尽斑。”毛泽东《七律·答友人》中的“九嶷山上白云飞，帝子乘风下翠微。斑竹一枝千滴泪，红霞万朵百重衣”，用的就是这个典故。

尧舜禅让的传说，数千年来一直被后人传颂，他们成为各代帝王的楷模。然而三皇五帝包括尧舜都不是皇帝。所以，战国末期秦国的嬴政统一了六国，自封为始皇帝，意思是从我开始称皇帝，我是第一个皇帝。

《吕氏春秋·恃君览》中描述了原始公社制的社会状态："昔太古尝无君矣，其民聚生群处，知母不知父，无亲戚、兄弟、夫妻、男女之别，无上下长幼之道，无进退揖让之礼。"从母系氏族社会到父系氏族社会的几千年间，男女老幼人人自由平等，没有贵贱之分，即使征服了异族，也只是把异族人容纳到自己的部落，拒绝加入的异族人，会被驱逐出境。那时没有国家君王，没有伦常礼教，一切争端由氏族评议会讨论解决。传说的三皇五帝都是氏族部落或部落联盟的首领。尧舜禹时代是原始的军事民主制时期，按照原始的军事民主制传统，部落联盟最高首领的产生，必须通过一定的民主程序，由众部落首领代表氏族成员共同选举贤能的领导人担任联盟最高首领，这就是原始社会后期盛行的禅让制。

儒家把原始公社制社会作为理想社会，孔子在《礼记·礼运》中说："大道之行也，天下为公。选贤与能，讲信修睦。故人不独亲其亲，不独子其子，使老有所终，壮有所用，幼有所长，矜、寡、孤、独、废疾者皆有所养，男有分，女有归。货恶其弃于地也，不必藏于己；力恶其不出于身也，不必为己。是故谋闭而不兴，盗窃乱贼而不作，故外户而不闭，是谓大同。”翻译成现代汉语就是：大道施行的时代，天下为人们共有。选择有贤德的人、推举有才能的人治理国家。讲究诚信，维护和睦。所以人们不仅仅敬奉自己的双亲，也不仅仅慈爱自己的子女，而是使老年人都能安度晚年，壮年人都能发挥作用，幼年人都能健康成长，鳏寡孤独者和残疾人都能得到抚养。男子各有其职分，女子都能出嫁成家。开发货财，只是由于不愿让它遗弃在地，并不一定是为了自己弄到手藏起来；出力劳动，只是不愿让自己身上的力气无处施展，并非只为自己谋利。因此奸谋机诈不会兴起，盗窃和暴力行为也不会出现，家家大门对外开着，用不着上锁。这就叫大同社会。

大同作为儒家的社会理想，是中华传统文化的一个重要内容，但是由于私有制的产生和发展，原始公社制社会不可避免地要过渡到阶级社会。

吊民伐罪，周发殷汤

上一节讲到虞舜禅位给禹。禹，号有夏氏，史称夏禹。夏禹继位后，汇合天下诸侯，打败了长期与华夏部落联盟对抗的南方三苗势力，建立了我国古代最早的奴隶制国家，有官吏，有刑法，有军队，实行君主世袭制。夏朝从公元前 21 世纪建立，先后十七代君主，到公元前 16 世纪灭亡，历时四百余年。夏朝的末代君主夏桀（又名履癸），不修德政，不恤下民，自比太阳，实施暴虐统治，遭到人民和四邻诸侯的强烈反对，最终被商部族首领汤战败，死于南巢（今安徽巢县）。夏朝遂亡。

商汤，又称殷汤。商朝起初的都城在亳（今河南商丘东南），后来第二十任王盘庚迁都到殷（今河南安阳），所以后人又将商朝称为殷。夏灭亡后，汤建立了商朝，也是奴隶制国家，从公元前 16 世纪到公元前 11 世纪灭亡，历时约六百年，其君主自汤算起，前后共十七世，三十任。最后一任帝辛名受，又作纣，史称纣王，也是个暴君。他耽于享乐，大修离宫别馆，《史记 · 殷本纪》记载，他“以酒为池，悬肉为林，使男女裸相逐其间，为长夜之饮”。向他进谏的大臣被绑在烧得通红的铜柱上活活烤死，他叔叔比干也被剖腹挖心。纣王的倒行逆施使商王朝分崩离析，人心涣散。而陕西的周部族力量日益强大，约在公元前 1027 年，周部族首领姬发（周武王）率领西方和西南的方国部族组成联军大举伐商，在牧野（今河南新乡）与纣王的军队进行决战，商军虽然人多，但士气低落，纷纷倒戈投降，姬发乘胜攻入商都，纣王自焚而死，商亡。

商汤灭夏和周武灭商是中国历史上两次顺应天下民心、以暴力改朝换代的著名事件，史称“汤武革命”。《孟子·梁惠王下》称赞说：“诛其罪而吊其民，若时雨降，民大悦。”“吊民”是悼念死者，慰问老百姓。“伐罪”是讨伐有罪之人。（以有道对无道，以上对下，谓之“伐”。）

坐朝问道，垂拱平章

这两句是说，圣明的君王坐在朝廷上与群臣共商国是。“问道于贤臣”，垂衣拱手，从容处理政务，把天下治理得太太平平。《易·系辞》说：“黄帝尧舜垂衣裳而天下治。”《汉书·王褒传》说：“雍容垂拱，永永万年。”《千字文》的作者据此把明君治世归纳为“坐朝问道，垂拱平章”八个字。需要说明的是古代的坐不是现在的坐，那时都是席地而坐，有跪坐（跪姿）、盘坐（盘双腿）、箕坐（两腿分开前伸），箕坐被认为是对人不恭敬的表现。这种习惯一直持续到唐代晚期，而且影响到邻国，日本人至今还保留有这种习俗。由于唐朝实行开放的政策，当时许多外国商人和佛教僧侣到中国定居，带来了国外的生活习俗，影响着唐代的文化。以垂足而坐的“胡床”先在宫廷、都市流行，后来扩展成为晚唐的时尚。所谓“胡床”，又称“交床”，就是我们现在的“马扎”。从此，高足家具开始为汉民族接受，席地而居的生活方式逐步过渡为垂足而居的生活方式了。不过上朝的时候朝臣们大概还是席地而坐的，只有皇帝坐着高足的家具。传说宋朝的开国皇帝赵匡胤一次临朝，群臣起立致敬，再想坐下来时发现座席全被太监撤走了，大家只好都站着，此后朝廷议事，宋元明清历代都是君坐臣站的模式了。

关于“垂拱平章”中的“平章”，要多说几句。《尚书·尧典》中有“九族既睦，平章百姓”，《史记·五帝本纪》中有“九族既睦，便章百姓”。专家认为，“平章”的“平”应该是“釆”读作 biàn，“釆章”是辨别彰明的意思。由于“平”的古文和“釆”的篆书，字形类似，所以写成楷书时把“釆”误作了“平”，而史记是按照“釆”的字音记了个“便”字。

“釆章百姓”的意思是明确各个部落的封土范围和各部落首领的职守。上古时代的百姓不是现在说的人民大众。在母系社会，人们没有姓氏，以部落崇拜的图腾互相指认，姓氏是从黄帝创制文字之后才有的。《尚书·禹贡》：“中邦锡土、姓，祗台德先，不距朕行。”这句话是说：九州之内的土地分赐给诸侯，并赐给姓氏，而赐给土地和姓氏的原则是按照他们的品德决定先后，给那些不违抗我命令的人。可见姓什么不是一个简单的事情，是由君王赏赐下来的，“以德赐姓，德薄者不录”。君王赏赐给这个部落什么地方，常常就以这个地方的名字给这个部落的人作为姓氏，或者以这个部落首领的官职为姓。所以“九族既睦”、天下趋于安定的时候，君王就必须“采章百姓”，把众多的部落一一进行合理安排，使其区域分明，各守其土，以能长治久安。

顺便说一下，“平章”这个词，在唐、宋、元时期（包括辽、金）曾经作为一个官职的简称。唐太宗时，下诏给因病请辞官职的仆射李靖，让他病好转后“三两日一至中书门下平章政事”。这“平章政事”就成为宰相的名义职衔，后来演变为平章军国事、平章军国重事、同中书门下平章事等职官名称，简称“平章”。

爱育黎首，臣伏戎羌
遐迩一体，率宾归王

这四句是说，仁德的君王爱护、抚育人民群众，四方的少数民族也愿意俯首称臣，无论远近如同一个整体，全都归顺君王。“黎首”的“黎”是黑色的意思，“黎首”有两种解释：一种说因为夏代崇尚黑色，那时人们都用黑布裹头，所以古时把民众称为“黎首”；一种以为由于我们华夏民族的头发是黑色的，因此泛称民众为“黎首”，这两种解释都可供参考。后来秦始皇也崇尚黑色，民众被称为“黔首”，黔也是黑色。于是古诗文中有用“黎黔”来指代“庶民”的，如元张养浩诗句“日为黎黔欲长哭”。

“戎”和“羌”都是少数民族，这里的“戎羌”是泛指各个少数民族。“戎”的原意是古代的兵器，《诗经》中有“整我六师，以修我戎”，意思就是要整顿好我们的军队，准备好我们的武器。“戎”也被古时华夏人用来称呼生活于西方的少数民族。《礼记》中用“东夷、南蛮、西戎、北狄”指称中原之外四方的少数民族，把西方的少数民族专称为“戎”。古戎人有一支分布在陕西、山西和甘肃东南部，史称犬戎。西周末年，申侯联合犬戎攻杀了周幽王，迫使周王室东迁洛邑（今洛阳），这是历史上一个著名事件。后来犬戎被秦始皇击败，一部分北去，与匈奴族融合，一部分与邻族融合。

羌族的历史和戎人不同，他们部落众多，有一部分进入中原地区与汉人杂处，从事农耕。他们曾多次起义，反抗封建统治的残酷剥削和压迫，魏晋南北朝时期曾建立后秦政权，两宋时期建立过西夏政权，后来逐渐与西北和西南地区的汉族及其他民族融合，但羌人仍以羌为族称。现在羌族主要分布在岷江上游，四川省茂县、汶川、理县、黑水、松潘、北川等县，人口二十余万他们自称尔玛、日玛，意是本地人。1935 年红军长征经过羌族地区，曾在那里建立革命政权，新中国成立后，设立了阿坝藏族羌族自治州。

“遐”是远，“迩”是近。《尚书·太甲下》：“若升高，必自下；若陟遐，必自迩。”就是说：要想登高，一定得从下面开始；要想行远，一定得从近处起步。“遐”不仅表示空间上的距离，还表示时间上的距离，如遐龄、遐年都是高龄长寿的意思。

《说文》：“王，天下所归也。”这个“归”是归顺、归附、归心的意思。“率”是都的意思，“宾”是服的意思，如《尚书·旅獒》中“明王慎德，四夷咸宾”。

这四句和上文联系起来，描述了推翻商朝后建立的周朝，进入了太平盛世，君圣臣贤，百姓安居乐业，边境的少数民族也俯首称臣，四方安宁，天下太平。

鸣凤在树，白驹食场

化被草木，赖及万方

这四句是作者描述在圣明君王统治下的一派理想的太平图景。

凤凰是传说中的吉祥鸟，雄的是凤，雌的是凰。大家都知道，古乐有一首很有名的曲子叫《凤求凰》。凤凰的出现是一种祥瑞，古人在诗文中对凤凰多有赞咏。《诗经·大雅·卷阿》有“凤凰鸣矣，于彼高冈。梧桐生矣，于彼朝阳”，《三国演义》第三十七回中也有诗句“凤翱翔于千仞兮，非梧不栖”。这些诗句都称赞了凤凰的高贵，它飞在离地千仞（八尺为一仞）的九天之上，落在高高的梧桐树上欢快地和鸣，标示着太平盛世的到来。所以老的《千字文》版本这一句是“鸣凤在树”。

但在流传的宋徽宗赵佶写的《千字文》中，把“鸣凤在树”改成了“鸣凤在竹”，这是由于他为了避祖父宋英宗赵曙的名讳。按照避讳的要求，当时不可以写与“曙”字声音类同的“竖属树署抒”等26个字，他根据古籍《春秋孔演图》说的：“凤非竹实不食。”而且“竹”字与“千字文”中的其他字都不重复，就把原来的“鸣凤在树”改成了“鸣凤在竹”。以致后来有不少人也跟着写了。

“白驹食场”出于《诗经·小雅·白驹》，诗的开头是“皎皎白驹，食我场苗”。说的是一匹毛色洁白的小马驹，跑到我场院自由自在地吃嫩草，使人产生一种安宁自在、愉快祥和的感觉。

《论语·颜渊》：“君子之德风，小人之德草，草上之风，必偃。”是说君子的德行好比风，小人的德行好比草，草遇到吹来的风，一定会倒下。“化被草木”就是说明君子的仁德教化百姓，如同浩荡春风覆盖着一草一木。“化”是教化，“被”是覆盖。

“赖及万方”的“赖”是得益、受益的意思。《尚书·吕刑》有“一人有庆，兆民赖之”，意思是一个人做了好事，亿万民众都得到好处。“赖及万方”也是这个意思，圣明君王的仁德慈爱，使四面八方的民众乃至鸟兽草木都得到了好处。

以上是《千字文》的第一部分。从开天辟地讲起，讲了日月星辰、物候气象、珍宝物产和远古上古的历史传说，最后以儒家理想的王道政治、太平盛世结尾，为转入后面三个部分奠定了基础。

以下为《千字文》第二部分，讲述为人处世之道，主要宣传“仁义礼智信”等儒家道德观念。

盖此身发，四大五常

“盖”是发语词。“身发”是身体发肤，指代我们每一个人。这里的“四大”是印度哲学的概念，认为物质世界由地、水、火、风四大元素构成，这种观点与现代科学认定的物质四种状态很接近。现代科学认为物体随温度变化出现四种状态：低温时为固态；温度升高到物体的熔点时，固态化为液态；再升高温度到物体的沸点，液态变成气态；温度升高到一万摄氏度以上时，气体分子分解为离子、电子、中子，成等离子状态。太阳表面就全是等离子态的物质。佛教的《圆觉经》说：“此身四大和合，所谓发毛爪齿、皮肉筋骨、髓脑垢色，皆归于地。唾涕脓血、津液涎沫、痰泪精气、大小便利，皆归于水。暖气归火。动转归风。”这是从物质层面上看人这个生命体。

从精神层面上说，人有“五常”，就是仁、义、礼、智、信。“常”是恒常，永远存在、不能改变的意思。这是做人的基本要求，所以，汉儒董仲舒在《举贤良对策》中把仁义礼智信称为五常之道。

孟子认为仁、义、礼、智是人生来就有的。他说：“恻隐之心，人皆有之；羞恶之心，人皆有之；恭敬之心，人皆有之；是非之心，人皆有之。恻隐之心，仁也；羞恶之心，义也；恭敬之心，礼也；是非之心，智也。仁义礼智非由外铄我也，我固有之也，弗思耳矣。”也就是说，仁、义、礼、智这些德性的根芽，人人都有。人心都是向善的，如果人们都修心求善，善德的根芽就可以茁壮成长，发扬光大。

恭惟鞠养，岂敢毁伤

这句话源自《孝经·开宗明义章》。孔子向曾子讲解关于孝道的问题，曾子及其门人将其记录下来，是为《孝经》，共十八章。孔子说："夫孝，德之本也。……身体发肤，受之父母，不敢毁伤，孝之始也。"儒家十分强调孝顺父母，认为孝是道德的根本，是一个人最基本的德性，所谓"百善孝为先"。爱护从父母那里接受来的身体、头发、皮肤，不使它损害、毁坏，是行孝的开始。所以古人除了和尚、尼姑都不剃发、剪发。可见孔子说的"身体发肤，受之父母，不敢毁伤"已经成为汉族人民的文化传统。当然，这与"舍生取义"并不矛盾。"岂敢毁伤"是指应该珍爱自己的生命和身体，不辜负父母的期望，而"舍生取义"是为了人民的利益而牺牲，让自己的生命更有价值、更有意义。

"恭惟鞠养"中的"恭惟"现在写作恭维，含义也变了。现在恭维是吹捧、奉承的意思，但是原来写作"恭惟"，是恭恭敬敬地思考、想到的意思，是对上的谦辞，常放在句子的开头。"鞠"是养育。"恭惟鞠养"是恭敬地想到父母把自己抚养长大的养育之恩，想到父母对自己的殷切期望。

女慕贞洁，男效才良

“女慕贞洁，男效才良”这两句说，女子要仰慕贞洁，坚守节操；男子要以德才兼备的人为榜样，努力提高。需要说明的是，我们不能狭隘地理解为讲贞洁是女子的事，讲德才是男子的事。

“贞”是坚定不移，“洁”是干净清白。“忠贞”“廉洁”是不分男女的。《论语·卫灵公》：“君子贞而不谅。”《韩非子·守道》：“托天下于尧之法，则贞士不失分，奸士不侥幸。”《晋书·张天锡传》：“睹松竹则思贞操之贤，临清流则贵廉洁之行。”这里说的贞、贞士、贞操、廉洁，都是对男子而言的。

男女性别不同，在家庭中的分工不同，一般是男主外、女主内，所以历来强调男子要有好的品德和才干，以能胜任所从事的工作。但现在时代不同了，男女都一样，都参加工作，因此女子也要“效才良”。在当代社会，各行各业确实有不少德才兼备的女劳模、女干部、女强人。

知过必改，得能莫忘

“过”在这里是“错”的意思。一个人知道自己错了，就必须去改正，这是自古以来的明训。《易·益·象辞》：“君子以见善则迁，有过则改。”《左传·宣公二年》：“人谁无过？过而能改，善莫大焉。”《论语·子张》：“君子之过也，如日月之食焉，过也，人皆见之；更也，人皆仰之。”（君子的过错，好像日食、月食一样，有了错误，人人都看得见；错误改正了，人人都敬仰他。）

历史上有不少“知过必改”的范例。《史记·廉颇蔺相如列传》记载的廉颇蔺相如的故事，早已编成京剧《将相和》演出，家喻户晓。蔺相如完璧归赵有功，在其后的渑池会上，又逼秦王击缶，为赵国挽回了面子。回国后，赵王封蔺为上卿，位置高于大将军廉颇。廉颇心里很不平衡，觉得自己在战场上出生入死、拼杀立功，竟不如一个出身卑贱只会耍嘴皮子的，扬言见到蔺相如就要给他难堪。蔺听说后，尽量避免跟廉颇碰面，经常请病假不去上朝，外出时见有廉颇的车仗，就绕道躲开。蔺相如的家臣看不下去，给他提意见。蔺相如说：“吾所以为此者，以先国家之急而后私仇也。”秦王我都不怕，怎么会怕廉颇呢？但是现在秦国对我赵国虎视眈眈，不敢出兵侵犯我国是因为有廉颇和我在，如果我们争斗起来，两虎必有一伤，对国家不利。有人把蔺相如的话告诉了廉颇。廉颇恍然大悟，知道自己错了，于是他脱去上衣，露出肩膊，背上荆杖，到蔺相如家里请罪。两人终于和好，并结成生死之交。

蔺相如的先公后私和廉颇的知过必改都给后人树立了

光辉的榜样。“得能莫忘”是说学到的知识技能要“学而时习之”，牢记它，熟练它。不要像“狗熊掰棒子”，随掰随丢，当时学会了，因为不复习、不实践、没巩固，过后全忘了。

同样，在品德操行方面，也有一个“得能莫忘”的问题。在现实生活中，一个人刚参加工作的时候，在领导和人民的培养教育下，克己奉公，发奋图强，表现很好，后来由于环境变化、地位变化，忘记了为人民服务的宗旨，抛弃了艰苦奋斗的作风，以致违法乱纪、腐化变质的事例，并不少见。所以，我们都应该保持和发扬中华民族的优良传统，努力加强修养，不断提高个人的思想品德。

罔谈彼短，靡恃己长
信使可覆，器欲难量

这四句继续讲人的品德修养。“罔谈彼短，靡恃己长”出自东汉崔瑗的《座右铭》：“无道人之短，无说己之长。”译成现代汉语就是：不要议论别人的短处；不要仗着自己的长处，骄傲自大。

孔子在《论语·阳货》中说过：“恶称人之恶者。”意思是讨厌议论别人缺点的人。这是处理人际关系中很重要的一条，和开展批评与自我批评不矛盾。对于别人的缺点、不足，我们可以而且应该善意地提出批评，帮助他进步，从团结的愿望出发，达到团结的目的。但是如果在背后议论，甚至添油加醋，夸大其词，那就会败坏别人的名誉，破坏同志间的团结，造成恶劣影响。

《尚书·大禹谟》：“满招损，谦受益。”做人不可自满，应当谦虚。每个人都有长处和短处，如果只看到自己的长处，骄傲自大，自以为是，如民间的俗语“看自己一朵花，看别人豆腐渣”，就很容易犯错误。所谓骄兵必败，因为骄傲，丧失警惕，麻痹大意；因为骄傲，低估对方的实力，没有做好充足的准备；因为骄傲，听不进逆耳忠言，不能接受好的意见建议，结果遭到惨重损失，甚至一败涂地。历史上这样的事例不胜枚举。

《论语·为政》：“人而无信，不知其可也。”《论语·学而》：“信近于义，言可复也。”做人要讲诚信，有信义，守信用，这是中华民族的传统美德之一。“言可复也”的意思是：说的话经得起实践的反复检验。《说文》：“复，往来也。”“信使可覆”也是这个意思，“覆”与“复”在古代相通，就是使你的信用做到可以经得起反复考验的程度。说话算数，说到做到，因此，也要求说话慎重，不可轻易表态。《弟子规》中说：“事非宜，勿轻诺。苟轻诺，进退错。”所以古人是很“重然诺”的。战国时候，商鞅帮秦王实施改革，怕老百姓不信他的话，改革推行不下去，于是，他把一根三丈长的木头放在市场的南门口，并吆喝说："谁把这根木头背到北门，我赏他十两黄金。"当时人们都不相信，没人搭理。商鞅再次吆喝，而且把赏金提高到五十两金。这时有一个小伙子好奇，走上去将木头背到了北门，果然这个小伙子如数拿到了五十两黄金。这件事在秦国引起了轰动，提高了老百姓对商鞅的信任，使商鞅变法在秦国得以推开。

"器"是容器，这里指人的度量，俗称肚量。"欲"是要求。一个人的度量要宽广，宽广到什么程度？要"难量"，就如我们常说的"宰相肚里能撑船"。这也是为人修养的一个重要内容。要求心胸开阔，宽容大度，不要小肚鸡肠，斤斤计较，听不进一点批评，受不了一点委屈。度量宽广，才能搞好人际关系，团结更多的朋友，协作共事。

墨悲丝染，诗赞羔羊

"墨悲丝染"源出《淮南子·说林训》："墨子见练丝而泣之，为其可以黄可以黑。"这里说了一个关于墨子的典故。墨子，名翟，战国时人，是著名的思想家、科学家，主张"兼爱""非攻"，提倡人与人互相爱护，反对不正义的战争。有一次他看到有人在染丝，洁白的素丝被染成了各种颜色，联想到人在幼年时单纯朴素，由于受到复杂的社会环境的影响，长大后，在思想意识、道德观念、行为作风等各个方面变得千差万别，如同染丝那样，白的丝被染成了苍黄红黑等各种各样的色丝，从而丢掉了纯洁的本色，不禁感慨丛生，潸然泪下。他说："染于苍则苍，染于黄则黄，不可不慎也。"后人说的"近朱者赤，近墨者黑"，也是这个意思，告诫人们要学好样子，不要学坏样子。要走正道，不要走邪路。

《诗经·召南》里有一首诗《羔羊》："羔羊之皮，素丝五纶，退食自公，委蛇委蛇。羔羊之革，素丝五缄，委蛇委蛇，自公退食。羔羊之缝，素丝五总，委蛇委蛇，退食自公。"意思是有人穿着用白丝缝了许多道道的皮袄，下了班去吃饭，摇摇摆摆悠闲自得地在路上走着。"纶、缄、总"都是量词，"五"在这里是表示多。"退食自公"是下班吃饭，"委蛇委蛇"是走路从容自在的样子。古人理解这首诗是赞美一个当官的穿着打了补丁的旧皮袄在凛冽的朔风中从容地下班回家吃饭。《后汉书·王涣传》说："洛阳令王涣，秉清修之节，蹈羔羊之义，尽心奉公，务在惠民。"宋代的大儒家朱熹说《羔羊》这首诗反映了："南国化文王之政，在位皆节俭正直，故诗人美其衣服有常，而从容自得如此也。”《千字文》作者也说，《羔羊》这首诗赞颂了节俭正直的官员。但是对于这首诗还有不同的理解，关键是“纶、緎、总”三个字的含义，有人认为这些都是丝带上的装饰，因此这诗是描写官员领赏回来得意扬扬的样子。关于这方面的探讨和争议，我们不详说了。

景行维贤，克念作圣

“景行”出自《诗经·小雅·车辖》：“高山仰止，景行行止。”“景”是日光、光明的意思，“景行”是明亮的大道。这两句诗原意是仰望着高山，在明亮的大道上行进。后来人们引申为：贤德之人犹如高山，人人敬仰；贤人崇高的德行为人们树立了榜样，人人都应该按照贤人的榜样行动。“观之高山巍然，则思企仰而止之，景慕贤人之德行，则思效法而行之。”也就是孔子说的“见贤思齐焉”。

“克念作圣”是《尚书·多方》里的话，“惟狂克念作圣，惟圣罔念作狂”。意思是狂妄无知的人如果能够思考，可以成为圣明的人；圣明的人如果不动脑子思考，也会成为狂妄无知的人。这里的“克”作能够讲，如我们说的克勤克俭。所以“克念作圣”应该理解为：一个人只要能想着不断加强自我修养，也可以达到圣人的境界。有的书上把

“克念”解释为克服邪念，如果把克服邪念作为加强自我修养的一个内容来理解，这种解释也说得通。古人认为，圣人是道德和智能极高、能为天下人做表率、能给社会带来幸福昌明的导师。这样的人很少见，但也不是现实生活中找不到的。《孟子·告子下》就认为“人皆可以为尧舜”。《荀子·儒效》也说：“圣人者，人之所积而致也。”鼓励人们认真学习，加强修养，积极实践，最后达到圣贤的境界。

“景行维贤，克念作圣”就是要以贤人为榜样端正自己的行为，思想上要以做一个圣人作为自己的努力方向。

德建名立，形端表正

人生活在世上，都愿意有一个好的名声，怎样才能得到好的名声呢？《易·系辞》说：“善不积不足以成名，恶不积不足以灭身。”这也就是“德建名立”所表达的意思。“德”是因，“名”是果。人要有好的名声，首先要加强自己的思想道德建设，多做对社会对他人有益的善事。一个人的名声好坏，从根本上说，是由其自身的道德修养情况决定的。有好的德行，才会有好的名声。缺德的人是不会有好名声的。也有的图虚名，不办实事，例如在救灾募款的大会上表态本企业捐多少多少万元，受到了大家的热烈赞誉，可是实际捐款却并没有那么多，经媒体把实情公布出来后，受到舆论一致谴责，该企业的名声反而一落千丈。对个人来说也是如此，所以，俗话说：“图虚名者遭实祸”。不论企业还是个人都要讲诚信，诚信是建设和谐社会不可缺少的一条基本的道德要求。

《管子·心术下》说：“形不正者德不来，中不精者心不治。”意思是一个人的形象不端正是由于他没有养成好的德行，思想不专一是由于他没有治理好自己的内心。可见古人对个人的形象也是很重视的，认为人的仪容举止与个人的道德修养有关。《礼记·玉藻》中有一段说君子的仪容要求：“足容重，手容恭，目容端，口容正，声容静，头容直，气容肃，立容德，色容庄，坐如尸。”翻译成现代汉语意思是走路要稳重，举手要恭敬，眼睛不斜视，嘴巴不乱动，不咳嗽打喷嚏，不摇头晃脑，屏气敛息，站有站相，脸色庄重，坐要端正。古代朝廷选拔官员也很注意被选人员的仪容。如唐朝实行科举制度选拔人才，但通过科举选出的人员还必须经吏部考核合格，才能委任官职。考核的内容有身、言、书、判四项，第一项“身”，就是看这个人的体貌仪表。所以，《千字文》作者在“德建名立”之后加上了“形端表正”，就不难理解了，因为外在的形象能体现个人内在的品德。举止稳重端庄，仪表堂堂正正，这才符合儒家对君子的要求。

空谷传声，虚堂习听
祸因恶积，福缘善庆

“谷”原来是指两山之间的小溪流。《说文》：“泉出通川为谷。”后来所指扩大，把两山之间所夹的空地也称作“谷”，相当于现在人们说的“山沟”。在空荡荡的山谷里，由于音波遇到山体会反射回来，结果造成声音在两山之间的反复传递和放大，这是大家都知道的，在山区待过的同志会有更深的体会。

“虚堂”指空的堂屋，大房间。“习”是重复的意思。在大的空屋子里说话，会听到说话的回声，这也是大家都有的经验。

《千字文》作者在这里说“空谷传声，虚堂习听”，目的不是简单地讲一个众所周知的物理现象，而是通过这种物理现象使读者从切身的生活体验中去理解下面的话。

“祸因恶积，福缘善庆”就是俗话说的“善有善报，恶有恶报”，源自《易·坤·文言》：“积善之家必有余庆，积不善之家必有余殃。”“庆”是喜庆吉祥，“有余庆”就是福泽绵长。“殃”是祸害，“有余殃”就是祸害不断。自古以来，人们都把福与积善、祸与积恶连在一起，认为福是积善的回报，祸是积恶的回报，所谓“种瓜得瓜，种豆得豆”。由此，我们可以理解上文的含义：空谷里反复传递的声音是你自己在山上呼喊的结果；你不说话，就不会在空空的大屋子里响起你说话的回声。故而，三国时蜀国的皇帝刘备临终给儿子下的遗诏中谆谆告诫他“勿以恶小而为之，勿以善小而不为”。

《老子·五十八章》说：“祸兮福之所倚，福兮祸之所伏。”福与祸这一对矛盾是可以转化的。善与恶也是这样，好人可以变坏，坏人可以变好。历史上有不少实例，有一个著名的故事“除三害”流传了千百年。据《晋书·周处传》记载，周处，义兴阳羡（今江苏宜兴）人，是个干部子弟，他父亲是鄱阳太守。可惜周处很小的时候，父亲就死了，使他没有接受很好的教育。他年纪轻轻，但膂力过人，喜欢骑马打猎，在乡里为非作歹，横行霸道，老百姓对他又恨又怕，都躲着他。慢慢地他也察觉到别人都讨厌自己，想改过。有一次他问一个老年人：“为什么今年丰收了，大家却愁眉苦脸不高兴呢？”这个老人说：“三害未除，何乐之有！”周处问是什么意思，老人告诉他，南山有白额猛虎，长桥下有蛟龙，还有你，是老百姓的三大祸害啊！周处说自己能除掉这三害。于是他进山射杀了白额虎，又跳入水中与蛟龙搏斗，游出去数十里，三天三夜没有回来。人们以为周处已经和蛟龙同归于尽，互相庆贺，谁知周处真的杀了蛟龙回来了。周处听到了老乡们庆贺“三害已除”的话，才深深意识到自己给乡里造成的祸害，坚决洗心革面，重新做人。他发奋学习，后来被推荐担任官职，有忠义贤良之名。

尺璧非宝，寸阴是竞

璧是一种玉器，扁平，圆形，中心有孔，边阔大于孔径。古代的贵族把璧作为朝聘、祭祀、丧葬时使用的礼器，也作为身上佩带的饰物，后世常把美玉泛称为璧。璧的直径通常只有一二十厘米，直径达到一尺（三十多厘米）的极其罕见。前面我们已经讲过，自古以来中国人对于玉是十分重视的，“君子比德于玉焉”。因此，直径盈尺的玉璧绝对是价值连城的稀世珍宝。然而，《淮南子·原道训》说：“圣人不贵尺之璧，而重寸之阴，时难得而易失也。”这是“尺璧非宝，寸阴是竞”的语源。“寸阴”就是“一寸光阴”。古人为什么用尺寸长短来衡量时间呢？因为古代是以观察日影的方法来确定时间长短的。一根木头立在地上，在太阳的照射下出现它的阴影，这个阴影随太阳的移动变换着方向和长度，古人由此可以判断四季的变化和时间的长短。所以古人把时间称作光阴，“寸阴”是一寸的阴影，表示很短的时间。“竞”是比赛争胜的意思。“寸阴是竞”就是珍惜时间，即使很短的一丁点儿时间也看得很宝贵，要争取充分利用，不轻易浪费。

人们在自己的生活经历中，都深深体会到时间的宝贵，“时难得而易失也”。民间俗语说：“一寸光阴一寸金，寸金难买寸光阴。”为什么？因为黄金玉璧这些物质是可以失而复得的，而光阴却是一去不复返的。古往今来有许许多多告诫人们要珍惜时间的名言警句，值得我们去学习领会。《论语·阳货》：“日月逝矣，岁不我与。”晋陶侃：“大禹圣人也，乃惜寸阴，至于吾人，尤当惜分阴。”东晋陶渊明：“盛年不再来，一日难再晨。及时当勉励，岁月不待人。”清朱经：“勿谓寸阴短，既过难再获。”李大钊：“世间最可贵的就是‘今’，最易丧失的也是‘今’。”“浪费了时间就是牺牲了生命。”鲁迅：“无端空耗别人的时间，其实是无异于谋财害命的。”

把时间看得比珍宝还贵重，与生命一样重要，目的是要为国家为人民做更多的好事。雷锋同志说得好：“人的生命是有限的，可是，为人民服务是无限的。我要把有限的生命，投入到无限的为人民服务之中去。”我们都要学习雷锋，有生之年在力所能及的范围内多做有益于国家、有益于人民的好事、善事。

资父事君，曰严与敬
孝当竭力，忠则尽命

“资父事君”源于《孝经·士章》中孔子的话：“资于事父以事母而爱同，资于事父以事君而敬同。”“资”是钱财，也指以财物供养他人，后来引申为凭借、依靠等含义。“事”作名词讲是事情，作动词讲是做事情，引申为服侍、侍奉。孔子的话是说：用侍奉父亲的爱心去侍奉母亲，这种爱心是相同的；用侍奉父亲的敬意去侍奉君王，这种敬意是相同的。

前面讲过，中国儒家把仁义礼智信称作人之“五常”，这“五常”要贯彻到人的五种伦常关系中去，也就是要在君臣、父子、夫妻、兄弟、朋友之间认真实行仁义礼智信的原则，才能维持国家与社会的正常秩序。五伦关系中有家庭关系、有社会关系，古人以为其中最重要的是君臣和父子。三国魏曹植说：“士之生世，入则事父，出则事君。”这是因为中国古代，从上到下实行的是以血缘为纽带的宗法制度，国有国君，家有家君。《易·家人·彖传》说：“家人有严君焉，父母之谓也。”可见，在宗法制度下，国君是国人的家长，是父的延伸和扩大；对国君尽忠是对父母尽孝的延伸和扩大，都建立在同一社会基础之上。所以《千字文》涉及五伦关系时，首先讲应该怎样对待君父和怎样尽孝尽忠。

《千字文》说：供养父母和侍奉君王，都要做到一丝不苟（严）和恭敬诚意（敬）。对父母的孝应该竭尽自己的全力；对君王的忠应该恪尽职守，不惜牺牲生命。这也是儒家的思想。《论语》中有“事父母能竭其力，事君能致其身”的话。

关于尽孝的问题，孔子在《论语·为政》中曾说过：“今之孝者，是谓能养。至于犬马，皆能有养。不敬，何以别乎？”这话讲得很深刻。可见，对父母尽孝重在一个“敬”字。如果只是给父母提供物质保障，供吃供穿而没有对父母的敬重之心，那和饲养猫狗就没有区别了，能算是尽孝吗？所以我们常说要孝敬父母，这“孝”和“敬”是紧密相连在一起的。

“夫孝，德之本也。”孔子认为孝道是道德的根本，孝是做人的最基本最起码的道德。历史上的忠臣都是孝子。很难想象，一个不孝父母的人会爱国家爱人民。到清代，有人把历史上记载的和民间流传的著名的孝行故事编成《二十四孝》一书，在社会上产生了广泛的影响。这里讲一个《二十四孝》的故事：芦衣顺母。孔子有一个学生姓闵名损，字子骞，是个大孝子。他的亲生母亲去世得早，他的后母生了两个孩子，对待闵损很不好。做棉衣时，他后母给亲生的孩子棉衣里充填的是棉絮，给闵损的棉衣里充填的是芦花。冬天出去干活，父亲让闵损驾车。天寒地冻，闵损穿着的棉衣不能御寒，冻得手都麻木了，抓不住缰绳。父亲很生气，抽了他一鞭子，棉衣裂开，才发现里面全是芦花。回家后，父亲要把闵损的后母给休了，闵损却跪下求父亲不要休妻。闵损说："母在一子寒，母去三子单。"（后母在，我一人受冻。后母如果走了，我们三个孩子都没人照顾了。）他后母听了很感动，对自己的行为很后悔，改变了对他的态度，全家从此和好了。

然而，封建社会那种"君要臣死，臣不得不死；父要子亡，子不得不亡"的无原则的愚孝愚忠，必须批判。

临深履薄，夙兴温凊

这两句是接着上文"资父事君"说的。

"临深履薄"由《诗经·小雅·小旻》中的"战战兢兢，如临深渊，如履薄冰"简化而来。"临"是从上往下看，后来"临"引申为靠近、走到的意思。"渊"是回旋的水，也指深潭。"履"作名词是鞋，作动词是踩踏、实践。全句是说：好像走到了深潭边上，又好比踩着很薄的冰在河面上走，一不小心就会发生危险。因此，大家都战战兢兢，十分小心谨慎。以此比喻"资父事君"，尤其是"事君"，大家都听说过“伴君如伴虎”。封建社会统治者对百姓对下属有生杀大权，因为一点小事招来杀身之祸的事例是不胜枚举的。

“夙兴温凊”，主要指“资父”。《礼记·曲礼》说：“凡为人子之礼，冬温而夏凊，昏定而晨省。”“夙兴”就是早起，晨省。按《礼记》要求，儿子和媳妇清早听鸡鸣就得起床，梳洗装束完毕后，要向父母请安，扶父母起来行走，伺候父母洗漱吃饭，然后才可以告退，去办自己的事。办事完毕回来，首先要问候父母，伺候父母吃晚饭和就寝，自己再去休息。“温凊”就是冬天要使父母得到温暖，夏天要使父母得到凉快。在《二十四孝》中有一个扇枕温衾的故事，说东汉和帝时曾任尚书令的黄香是江夏安陆（今湖北安陆市）人，他九岁失母，但博学能文，而且事父至孝。夏天暑热时，他用扇子为父亲扇凉枕席；冬天寒冷时，他用自己的身体为父亲温热被褥。江夏太守很受感动，专门上表皇帝褒彰黄香的事迹，名动京师，洛阳人们都赞扬他，称他“天下无双，江夏黄童”。

似兰斯馨，如松之盛

川流不息，渊澄取映

这四句是说君子的德行就好像兰草那样芳香远播，松柏那样茂盛常青，江河那样奔流不息，深泉那样明净清澈，可以显照人影。

人们都喜欢用美好的花草树木来比喻人的美好品德。《说文》：“兰，香草也。”因此，古代诗文中多用兰来表示美好的事物。《易·家人》中有：“同心之言，其臭如兰。”“臭”在这里同“嗅”，意思是气味。“其臭如兰”就是它的香气如同兰草。屈原《离骚》中说“纫秋兰以为佩”，意思是把秋天开花的兰草连缀在衣带上作为饰物，显示了君子高洁芬芳、守身如玉、暗香远播的人格品质。

《论语·子罕》：“岁寒，然后知松柏之后凋也。”松柏以顽强的生命力迎霜斗雪，顶天立地，独立不移，常青不老，象征了君子德行的影响深远，百世流芳。

《中庸》有两句话：“小德川流，大德敦化。”“溥博如天，渊泉如渊。”前一句说圣人细小的德行像水流一样在人间传播，大的德行化育万物使之敦厚纯朴。后一句说圣人的德行像天那样广大无边，像渊那样深不可测。《千字文》在这里化用了这两句话。

容止若思，言辞安定

这两句是从《礼记》中来的。《礼记》的第一篇是《曲礼》，《曲礼》的第一句是：“毋不敬，俨若思，安定辞。”

这是《曲礼》的开场白，也是《礼记》的开场白。意思是君子在行礼的时候要怀有诚敬之心，举止严肃庄重，好像在思考问题；说话的时候要安详沉稳，言之有理。

《孝经 · 圣治章》上也说，君子应该“容止可观，进退可度”。为什么古人对一个人的容貌举止那样重视呢？在前面讲“形端表正”时说过，这是因为一个人的形象、说话和行动可以反映出他的气质。君子有德行，必形之于外。容貌、举止、言辞都是外在的表象，是由人内在的品德修养水平决定的。所以人们通常都是通过一个人的容貌、举止、言辞来判断、评价这个人的品质如何。

我们中国自古以来是礼仪之邦，社会上的法律法规、典章制度都包含有“礼”的内涵。而“礼”的核心是一个“敬”字。没有诚敬之心，“礼”就仅仅是个形式。所以，“容止若思，言辞安定”的前提是“毋不敬”。对人（古代还包括对神）要怀有一颗真诚敬重之心，否则就做不到“容止若思，言辞安定”；即使表面上做到了，那也是虚伪的假惺惺。

笃初诚美，慎终宜令

“笃”的本意是马低着头慢慢地走，后来用以表示厚实、厚重的意思，用于思想品德方面，就是实实在在、扎扎实实、不搞虚假。“诚”是诚然，的确。“笃初诚美”是说扎扎实实地做好一件事的开头的工作，的确很好。

俗话说，万事开头难。创业确实不容易，里里外外、上上下下、方方面面的矛盾都要妥善解决，很艰难。所以创业有成，大家都要庆祝一番。可是开了个好头，能不能有个好的收尾？不一定。《诗经·大雅·荡》有云：“靡不有初，鲜克有终。”（谁人不是开头好，很少能有收场好。）可见古人早有“虎头蛇尾”“有始无终”等生活经验，因此十分重视“慎终”。《尚书》说：“慎终于始。”“慎厥终，惟其始。”《老子·六十四章》说：“慎终如始，则无败事。”《荀子·礼论》说：“故君子敬始而慎终。”我们在日常生活工作中，也常说做事要善始善终。“慎终宜令”是说应当谨慎地想到这件事的结果也要好。“宜”是“应当”，“令”是“美好”。

怎样才能善始善终呢？一要有预见。孔子在《礼记·中庸》中说：“凡事豫则立，不豫则废。”这里的“豫”就是预。做一件事从开始就预想到最终的结果和在发展过程中会遇到的各种情况、可能需要解决的问题，准备好解决问题的措施，有计划有步骤地开展工作，这样就不会在事情进行过程中遇到问题时心中无数、乱了阵脚，以致草草收场，不了了之。二要有毅力。定下目标之后，只要这个目标方向是正确的，就应该下定决心努力去完成它，不可由于遇到困难而畏缩不前，或是自己懈怠而轻易放弃。《尚书·旅獒》云：“为山九仞，功亏一篑。”《孟子·尽心》曰：“有为者辟若掘井，掘井九轫而不及泉，犹为弃井也。”“仞”“轫”指古时七尺或八尺长度，“篑”是古时盛土的筐子，“辟若”就是“譬如”。《尚书》说：“为山九仞，功亏一篑。”“用土堆山，堆了九仞高，就差一筐土，没有最后完成。”孟子说：“有为者辟若掘井，掘井九仞而不及泉，犹为弃也。”做事情好比掘井，掏了六七丈深，没有见到水，那就是一口废井。都是比喻做一件事已经做了百分之九十，只差最后一点努力未能完成，半途而废，很可惜。所以我们做事一定要始终如一，坚持到底，没有最后完成就得继续努力，“慎终宜令”，不可松懈。

荣业所基，籍甚无竟

“业”字日常应用得很广，学生有学业，要做作业；工作有不同职业，工业，农业，各行各业；有志者要做大事业。佛教中把做事情的结果也叫作“业”，所以有善业、恶业、业根、业障、业报等词语。

这里说的“荣业”指什么呢？古人把做官作为既能

为国为民做事又能光宗耀祖、光大门庭的职业，所以作者称之为“荣业”。“荣业所基”是指前文所述的“景行维贤，克念作圣”“孝当竭力，忠则尽命”“德建名立，行端表正”等，都是从事“荣业”的人员所应该具备的基本的品德。如果具备了这些品德，那就会“籍甚无竟”。

“籍甚”意思是盛大，源自《汉书·陆贾传》：“贾以此游汉廷公卿间，名声籍甚。”说的是陆贾在汉朝的公卿大臣中间交游，名声很大。“竟”本义是一曲音乐的终了，从音从人，是个会意字，引申为结束、完毕。在古汉语中，常把“竟”用作“境”，如《礼记·月令》有“边竟不宁”，《周礼·夏官》有“及归，送之于竟”等。“籍甚无竟”的“无竟”就是没有止境的意思。“荣业所基，籍甚无竟”连起来可以理解为：优秀品德是从事“荣业”的基础，具备了优秀品德的人就会有盛大的名声远播四方，没有止境。

学优登仕，摄职从政

孔子的学生子夏（姓卜，名商，比孔子小44岁）说过：“仕而优则学，学而优则仕。”这是两句话，然而我们大多数人都只记得“学而优则仕”，不知道前面还有一句“仕而优则学”。而且由于这两句话记录在《论语·子张》中，很多人误以为这话是孔子说的。实际上，“学优登仕”是中国古代社会知识分子传统的人生道路，甚至可以说是唯一的最有出息的道路，既能借此实现济世安民、治国平天下的伟大抱负，又能彰显个体的人生价值，当然也能光耀门庭，所以读书人都踊跃地向做官的目标努力。

古时成年男子称为“士”，有了官职称为“仕”，有了个人字旁，身份就不一样了，所以说“登仕”，“登”是上升的意思。“学优登仕”和“学而优则仕”容易理解，就是学习成绩优秀的可以做官。那么子夏说“仕而优则学”怎么理解呢?

我国春秋时期社会实行的是以宗族血缘关系为纽带的宗法制度，天子把国家土地分封给皇亲国戚和异姓功臣，由他们管理，世代相袭。被封的诸侯王也把土地分封给自己的子弟管理，也是世代相袭。这些管理人员，相当于现在的地方各级干部，他们的任职是由于他们的贵族身份，读没读过书无所谓。因此子夏说“仕而优则学”，意思是官做得好的知道要读书学习。

古代社会的统治者，包括天子诸侯、王公贵族，为巩固自己的统治，需要有人协助自己，因此也都注意招贤纳士，名士可做高官。春秋战国时期，各国竞争激烈，竞相招揽人才，养士之风盛行，但没有形成制度。直到汉代，开始实行察举制度，由郡国考察并定期向中央朝廷举荐孝廉贤能之士。后来，隋唐创立了国家纯粹按才学标准选拔官吏的科举考试制度，这个“学优登仕”制度延续至宋、元、明、清，长达一千三百年之久。

“摄职从政”，“摄”是代理、兼职，长官兼理部属职责，或低级官员代行较高职权，都可以称“摄”。“摄职从政”是代理职务、参与政事的意思，不是“摄政”。“摄政”专指代皇帝听政，多是由于继位的皇帝年龄太小，不能亲理政务，就由皇族近亲中德高望重者代为听政。如清世祖福临继位之初，由睿亲王多尔衮摄政，多尔衮称摄政王。

存以甘棠，去而益咏

“甘棠”就是棠梨，又称杜梨，树名。有红白两种，开红花的，木质坚韧；开白花的，果实可食用。《诗经·召南》中有一首诗《甘棠》，全文如下；

蔽芾甘棠，勿翦勿伐，召伯所茇。

蔽芾甘棠，勿翦勿败，召伯所憩。

蔽芾甘棠，勿翦勿拜，召伯所说。

诗中“蔽芾”形容树木长得高大茂盛。“翦”是去除枝叶，“伐”是砍掉树枝，“茇”是草房子。诗的第一句说：高大茂盛的甘棠树啊，大家不要砍枝除叶伤害它，召伯曾在树下搭过草房子。

“败”是毁坏，“憩”是歇息。第二句说：高大茂盛的甘棠树啊，大家不要去枝除叶毁坏它，召伯曾在树下歇息过。

“拜”在这里是拔、扒的意思“说”在这里念 shuì，停留的意思。第三句说：高大茂盛的甘棠树啊，大家不要去拔（扒）它，召伯曾在树下住宿过。

《甘棠》诗中怀念的召伯是周文王的儿子，姓姬，名奭，与周武王是同父异母的兄弟，曾帮助武王伐纣。武王灭纣后，封召伯于燕。武王建立周朝不久就去世了。儿子成王继位，封召伯为太保，主管陕县以西的地域。他在巡视主管地域的乡邑时，尽量不扰民，曾在一棵甘棠树下临时搭了间草房办公、休息，晚上就住在这间简陋的草房里。由于他处事公正合理，《史记》中有“自侯伯至庶人各得其所”，深受大家爱戴。他去世后，《史记·燕召公世家》中有“民人思召公之政，怀棠树不敢伐，歌咏之，作《甘棠》之诗”。

“存以甘棠，去而益咏”就是说《甘棠》诗流传了千年，至今还在；召伯走了，人们却更加怀念他、歌颂他。《千字文》作者告诉读者，做官就要做好官，做一个爱护人民利益、为国为民办实事、受人民爱戴、值得人们永远怀念的好官。

乐殊贵贱，礼别尊卑

“乐殊贵贱”的“乐”念 yuè，指音乐，广义的“乐”也指诗歌、舞蹈等艺术形式。诗歌、音乐、舞蹈都源自民间，但随着阶级的产生，这些艺术形式也有了雅俗之分，有所谓阳春白雪与下里巴人的分别。《荀子·乐论》说：“先王贵礼乐而贱邪音。”（先王推崇礼乐，鄙视邪音。）所以《千字文》说“乐殊贵贱”。“殊”在这里是不相同、有区别的意思。

中国是世界上音乐文化发展最早的国家之一。考古发现八千年前就有用于吹奏的骨笛。到三千年前的商代，已能制造出精美的玉磬、铜鼓、编钟。周王朝建立了礼乐制度，设置了中国历史上第一个礼乐机构——春官，春官中有大司乐、乐师等乐官，并在全国开展音乐教育。周王朝的礼乐制度十分严格而又烦琐，规定在贵族举行的政治、军事、外交以至日常生活方面的各种典礼场合都要有音乐配合，而且等级森严，平民百姓是没有享受礼乐的权利的，即所谓“礼不下庶人”。儒家主张实行周代的礼乐制度。孔子本人就是一个音乐家，精通乐理，能欣赏，能歌唱，会鼓瑟击磬、使用乐器，而且重视推行音乐教育，在他的私学中就设有音乐这门功课。他认为乐必须服从礼。他“恶郑声之乱雅乐”，认为“郑声”（郑国的音乐）是靡靡之音，雅乐才是符合周礼的音乐。

《礼记》中专有《乐记》一章，论述了音乐的产生和它的社会功能，以及乐与礼相辅相成的关系，是我国古代音乐理论的代表作。《乐记》说："治世之音安以乐，其政和；乱世之音怨以怒，其政乖；亡国之音哀以思，其民困。声音之道，与政通矣。""乐者，通伦理者也。""知乐，则几于礼矣。礼乐皆得，谓之有德。""礼乐刑政，四达而不悖，则王道备矣。"这些话阐述了乐的作用和重要性，认为乐是和政治和伦理相通的，懂得乐就接近懂得礼了，既懂得礼又懂得乐，就叫作有德。一个国家，如果礼、乐、行政和刑罚四个方面互相协调而不发生矛盾，王道就完备了。

一般人讲"礼"，通常只是指礼貌、礼节这些人际交往的规矩。孔子、荀子他们所说的"礼"是建立在宗族制度基础上的周礼，内涵要广泛得多，涉及上层建筑的各个领域。《礼记》说："夫礼者，所以定亲疏，决嫌疑，别同异，明是非也。"译成现代汉语就是："礼"用来确定人际关系的亲或疏，判断疑惑不解的问题，区别什么是相同的什么是不同的，明辨事理的是非曲直。可见，"礼"贯穿于社会生活的各个领域，无处不在。因此《论语·尧曰》载："不知礼，无以立也。"（不懂得礼，就不能在社会上立足。)《荀子·大略》说:“人无礼则不生,事无礼则不成,国家无礼则不宁。”(做人不讲礼就不能生存,做事不讲礼就办不成,国家不讲礼就无法安定。)

“礼”是随着私有制的产生,为适应社会发展的需要而在社会生活中逐渐形成的,是为了建立稳定的社会秩序、维持国家长治久安而制定的社会个体和群体行为的规范,是中华文明的重要标志之一。古代中国流传下来的关于“礼”的主要典籍有《周礼》《仪礼》《礼记》三部,合称“三礼”。《周礼》记录了周朝的官制体系,从中央到基层各级官员的名称、职责、赏罚,什么时间干什么、怎么干,都规定得清清楚楚。《仪礼》记录了周代贵族社会各种活动的行为规范和法定方式,包括少年加冠、士人相见、举行宴会、觐见天子、招待大夫、出国访问、婚丧祭祖、射箭比赛等等,共十七篇。《礼记》是对《周礼》和《仪礼》的解释、说明、资料补充,称得上是一部关于礼的论文集。

上和下睦,夫唱妇随

“和”与“睦”都是和顺的意思。汉代的大儒董仲舒说:“古之天下……上下和睦,习俗美盛;不令而行,不禁而止;吏亡(无)奸邪,民亡(无)盗贼。”他描述的是古代的理想社会,这反映了自古以来,人们都追求社会稳定与和谐。故宫里三个大殿的名称都有个“和”字：太和殿、中和殿、保和殿。（太和指天道之和，中和指地道之和，保和指人道之和。）

两千四百年前的孔子因为看到春秋时代诸侯贵族公然违反周礼，弑君夺位，互相攻伐，社会秩序极度混乱，所以大声疾呼要提倡周礼，呼吁“克己复礼”，其目的就是力求恢复西周初期的太平盛世，追求社会的稳定与和谐。《论语·学而》：“礼之用，和为贵。”此为有子之言，意思是礼的运用、施行，其可贵之处就在于和谐。（有子姓有，名若，鲁国人，是孔子晚年的弟子，比孔子小十三岁。他刻苦学习，日夜攻读，对孔子的思想有比较深刻的理解。有子有一些名言，能准确表达孔子的思想，被孔子的后代弟子编入《论语》）。

家庭是社会的细胞。家庭的稳定和谐是社会稳定和谐的基础。俗话说家和万事兴。儒家把君臣、父子、夫妇、兄弟、朋友称为五伦，并认为个人修养就要摆正并且处理好这五方面的关系。而古代的家庭都是大家庭聚居，几代同堂，把家庭方方面面的关系都处理好，还真不容易。《礼记·礼运》有云：“父子笃，兄弟睦，夫妇和，家之肥也。”（父子感情深厚，兄弟友爱和顺，夫妇恩爱和好，这是一个健康的壮实的家。）这话可以理解为对建立一个和美家庭提出的要求和标准。

“夫唱妇随”出自《关尹子》：“天下之理，夫者唱，妇者随；雄者鸣，雌者应。”“唱”与“倡”是通假字。这里的“唱”不是指唱歌，而是倡导的意思。夫唱妇随就是丈夫倡导什么妻子跟着做什么。显然，这是男尊女卑的封建思想糟粕，反映了封建社会妇女地位的低下。现代社会男女平等，夫妇之间应该互敬互爱。古代也有这样的事例——举案齐眉。汉代有个梁鸿，东汉初年入太学（国家的高等学府）学习，学习结束后曾在上林苑养猪，以后又回了老家扶风平陵（今陕西咸阳西北）。当地孟家有个姑娘肤黑体壮，喜爱劳动，看上了梁鸿这个太学生，非他不嫁。所以三十岁才和回了老家的梁鸿结婚。婚后，她天天把自己打扮得漂漂亮亮的。谁知七天过去，梁鸿都没搭理她。孟姑娘就责问丈夫为什么不理她。梁鸿说：“我回老家是要劳动干活的。你身穿绫罗绸缎，头戴金银珠宝，怎么能跟我一起下地种田、劳动过日子啊？”孟姑娘说：“我是在考验你呢！”立即回房摘去了佩戴的首饰，换上粗布衣服。梁鸿见了非常高兴，并且给她起名孟光。不久，夫妇俩一道进霸陵山，耕织为生，过上了隐居生活。汉章帝时，梁鸿一次因事外出，出函谷关，登北邙山，见皇家宫殿豪华，百姓生活艰难，万分感慨，写了一首《五噫歌》，抒发了对国家人民的关心和忧伤，对帝王劳民伤财的不满。结果，汉章帝下诏搜捕梁鸿，他不得不改姓易名，与孟光一起逃亡。先逃到齐鲁之间，之后又逃到吴国，借大户人家的一间小破屋住下，梁鸿在外面打工。梁鸿夫妇虽然过着底层劳动人民的艰苦日子，但仍然互敬互爱。梁鸿打工回来，吃饭的时候，孟光不敢仰视，总是恭恭敬敬地把食盘举到头上自己眉毛那么高的位置，将饭菜递给梁鸿。梁鸿双手接过食盘放到席上，等孟光坐好，再一同进餐。这家大户的主人皋伯通，见他们夫妇如此讲究礼数，就猜到梁鸿一定不是一般的农夫。于是把他们请进家里，作为客人招待，梁鸿得以闭门著作。后来梁鸿病逝，葬在吴国，孟光回到扶风。《后汉书》有《梁鸿传》，可惜梁鸿的著作已经遗失，但孟光举案齐眉的故事一直流传至今，成为千古佳话。

外受傅训，入奉母仪
诸姑伯叔，犹子比儿

这四句是说一个人在家与父辈亲属的关系。《礼记·内则》说：“十年，出就外傅，居宿于外，学书记。”是指家里的男孩子长到十岁，就要离开家跟外面的老师学习，吃住在外，学习识字和算术。（女孩十岁是在家学纺线织布，不出门的。）这就是“外受傅训”。“傅训”

是老师的教诲。“入奉母仪”是回到家里，要恭敬地接受母亲的教育。因为古代父主外、母主内，孩子从出生到成长，与母亲接触最多，母亲的言行举止对孩子的影响最深。“母仪”指母亲的言行举止。孩子从母亲的言行举止中接受教育，母亲的一言一行对孩子起着不可替代的示范作用，所以古人十分重视母仪。大臣们吹捧皇后、皇太后常说的话是“母仪天下”，意思是她的德行仪表可以作天下人的榜样。在民间流传最广的母亲教育孩子的故事有孟母三迁。

据西汉刘向《列女传》记载：孟子很小的时候，父亲就去世了，母亲守节，自己带着孟子度日。他家住在靠近墓地的地方，经常见到出殡办丧事，孟子也跟着学丧仪、学哭丧。他母亲说这地方不是孩子应该住的地方。于是把家搬到市镇上。可是附近有个卖肉的店铺，孟子又学杀猪做买卖那一套。他母亲说这也不是孩子应该住的地方，就再一次搬家，搬到了学校附近。学校靠近文庙，孟子见官员们每月初一、十五到文庙行礼跪拜，毕恭毕敬地出入进退，也都学着做。他母亲说这才是孩子该住的地方啊，就决定定居此地了。这故事也叫孟母择邻。

孟子上学之后，还有一个孟母断机杼的故事。当时孟子的母亲靠织布为生。孟子初上学时，年幼贪玩，经常逃学回家，孟母很生气。有一次，孟子又逃学回来，孟母一狠心，把织布机上的布剪断了。孟子看母亲发火，就跪在地上，请母亲教训，孟母说：“你读书就跟我织布一样。织布要一根线一根线连着织，最后才能织成一匹布。如果中间的线断了，连不上了，布也就织不成了。读书也得专心致志，持之以恒，不能三天上学两天不去，这样怎么能学好呢！你要不学好，我还辛辛苦苦地织布干什么！”孟子从此专心学习，成为孔子之后最著名的儒家学者，被尊为“亚圣”。

当然，对子女的教育，父亲也有不可推卸的责任。《三字经》里说：“养不教，父之过。”父母亲都应该以负责的态度，共同努力把子女培养成人。

《诗经·邶风·泉水》中有：“问我诸姑，遂及伯姊。”这句诗是讲姑娘出嫁前向诸位姑姑和姊妹们问候道别。古代“姑”这个称呼使用得很广。《说文》：“姑，夫母也。”“姑”是丈夫母亲的称谓，可是《礼记》：“昏礼，婿亲迎，见于舅姑。”这里的“舅姑”是“妻之父母也”。《尔雅》说：“父之姊妹为姑。”丈夫的姐妹称小姑，出家的妇女称尼姑。大体上，与父母同辈的妇女都称姑，和现在夫妻双方称呼对方的母亲都叫妈、称呼母亲的姊妹都叫姨不同。但是把与父亲同辈的男子称为伯或叔，古今都一样。至于有称呼丈夫的兄弟为伯叔的，那是一种敬称，称呼者自己以小一辈的身份称呼对方。

《礼记 · 檀弓》云：“兄弟之子，犹子也。”兄弟的孩子就跟自己的孩子一样。在一个大家庭中，除了父母，还有比自己长一辈的伯伯、叔叔、姑姑以及比自己小一辈的侄儿、侄女，都需要善于相处，才能维护家庭的和谐，所以对待“诸姑伯叔”要像对待自己的父母一样尊重，对待侄儿、侄女要像对待自己的子女一样爱护。

孔怀兄弟，同气连枝

《诗经 · 小雅》中有一首诗《常棣》是说兄弟之情的，其中有一句“兄弟孔怀”。《尔雅》：“孔，甚也。”“孔”相当于很、非常，“怀”是关心想念的意思。《后汉书》有“同气之亲”语，表示兄弟姐妹有血统关系的亲属。“连枝”可以理解为两棵树的枝条交错生长在一起，也可以理解为同根所生的枝条。总之，这两句是说：兄弟好比同根所生的枝条，关系十分亲密，彼此非常关心。

兄弟关系是儒家所说的五伦之一，提倡兄友弟恭，兄爱弟敬。儒家经常把孝和悌相提并论，悌就是敬爱兄长。孔子说：“教民亲爱，莫善于孝；教民礼顺，莫善于悌。”有子说：“孝弟也者，其为仁之本欤。”孟子说：“尧舜之道，孝弟而已矣。”（这里的“弟”就是“悌”，古时这两个字可以通假。）可见儒家认为孝和悌是做人的根本，也是治国教民的根本。处理好父母子女的关系要强调孝道，处理好兄弟姐妹的关系要强调悌道。兄弟姐妹的关系处理好了，实际也是对父母尽孝。在现实生活中，对兄弟姐妹好的人肯定对父母是孝顺的，对父母孝顺的人肯定对兄弟姐妹也是好的。历史上这样的例子不少。

《二十四孝》中有一则故事——卧冰求鲤，说汉朝末年琅玡（今山东临沂）有一位名叫王祥的孝子，他继母对他很不好，可是他对父母始终都很孝顺。一年冬天很冷，河水都结冰了，他继母想吃鱼。王祥就解开衣裳卧在冰上，冰忽然裂开，迸出两条鲤鱼，王祥抓了鱼回去给继母烹食。王祥尽孝的故事，大家都听说过。王祥的弟弟敬爱兄长的故事也是很感人的。王祥继母生了个儿子叫王览，王祥对弟弟王览十分爱护，所以兄弟俩非常亲密。每当母亲打骂王祥的时候，王览便抱着哥哥哭泣。王览长大后，还常常劝谏母亲，因此继母无故打骂王祥减少了，但是还时不时地刁难王祥，派他去做一些危险困难的事，王览就主动和王祥一起去做。继母心疼自己儿子，就不派他们去了。后来，王祥的父亲死了，继母想把王祥毒死。她在酒里下了毒药，斟了杯酒让王祥喝。王览察觉这杯酒有问题，立即去抢酒杯，王祥也意识到酒中有毒，牢牢地抓住酒杯不放，这时继母赶快把杯子夺过来将酒倒了。此后，母亲给王祥吃的东西，王览都要先尝过。尽管继母三番五次地要加害自己，但王祥却对继母愈加恭顺，加上王览时时劝谏，终于使继母受到感动，把王祥当作亲生儿子一样看待。

历史上兄弟不和的例子也不少，为了争权夺利，不惜互相残杀，尤其皇帝的儿子多，为争夺皇位，把同胞兄弟看作不共戴天的仇敌，必欲置之死地而后快的事例不胜枚举。随着时代的前进、社会制度的改变，现在这些现象已经少见，然而古代的反面经验，还是值得我们汲取的。

交友投分，切磨箴规

这两句是说朋友关系，也是儒家所讲的五伦之一。五伦是儒家认为人生中最重要的五种社会关系，其中父子、夫妻、兄弟都属于有血缘的家庭关系，重要性显而易见。家庭以外的则是君臣和朋友。古代同门曰朋，同志曰友。同门是在同一个老师门下的，同志是志趣相投的人。现在早已没有这种区分了，朋也罢，友也罢，统称朋友。孔子曰“有朋自远方来”，可以理解为有老同学从远方来，也可以理解为有好友从远方来。还有的理解为有学生（孔子的弟子）从远方来。

“投分”是意气相投的意思。这里的“分”读音同缘分、情分的“分”。“交友投分”就是交朋友要意气相投。

《礼记 · 学记》上说:“独学而无友,则孤陋而寡闻。”一个人单独学习而没有朋友一起切磋琢磨,就会学识浅薄,见闻不广。所以《千字文》在“交友投分”之后紧接着说“切磨箴规”,这是对朋友之间应该如何相处提出的要求。《诗经 · 卫风 · 淇奥》有“如切如磋,如琢如磨”,“切”指加工骨料的工艺,“磋”指加工象牙的工艺,“琢”指加工玉料的工艺,“磨”指加工石料的工艺,后来人们把互相讨论研究学问就称为切磋琢磨。“箴”就是“针”,古代篆书中“针”字有“箴”“鍼”两个写法。因为针可以用来缝补衣服,而且可以用来治病(针灸),箴的含义被引申为劝诫。劝人积德行善的话称为箴言。“箴规”是告诫规劝的意思。“切磨箴规”告诉人们,朋友之间除了讨论研究学问,还应该在思想品德层面上互相帮助。《论语 · 颜渊》记载,子贡问友,子曰:“忠告而善道之,不可则止,毋自辱焉。”孔子的意思是朋友之间的告诫规劝应注意方式方法,如果对方不听,适可而止,不必自找没趣。

俗话说,在家靠父母,出外靠朋友。每一个在社会上做事能做出点成绩来的人,必定有几个好朋友帮助他,集思广益,分担困难。所谓独木难成林,单打独斗是很难成功的。然而千人千面，志趣各异，品德有高有低，能力有强有弱，因而选择朋友必须慎重。孔子在《论语·季氏》中说："益者三友，损者三友。友直，友谅，友多闻，益矣。友便辟，友善柔，友便佞，损矣。"译成现代汉语是：有益的朋友有三种，有害的朋友也有三种。率真直爽的朋友，诚信有义的朋友，见多识广的朋友，这是益友；阿谀逢迎、虚浮不实的朋友，言行不一、两面三刀的朋友，夸夸其谈、尽耍嘴皮的朋友，这是损友。下面说一个历史上有名的故事——管宁割席。

东汉末年，管宁和华歆在老师那里学习，读书时坐在同一张席子上，进进出出也常在一起，人们都知道他们是好朋友。后来有一天，他们一道在菜园里锄草，挖出了一块碎金，管宁看也不看，继续锄草，华歆却把碎金拿起来看了看，然后扔到了一边。管宁对他很不满意，但当时只是看了他一眼，没说什么。过了一段时间，他们在屋里读书，忽然听见外面街上人声鼎沸，很热闹，华歆坐不住了，撒腿就跑了出去。一会儿，华歆回来跟管宁说刚才有个大官经过这里，如何如何排场，一副很羡慕的样子。管宁听后，生气地说："富贵荣华不是我想要的。如果你想要，那我们不是一路人，我们不能再做朋友了。"说完，管宁就把他们共同坐着的席子用刀割成两半，表示从此跟华歆绝交。

这就是管宁割席的故事。故事说明古人交友非常强调志同道合，“道不同，不相为谋”。志趣不合了，即使原来关系很好的朋友，也断然绝交，毫不顾惜。

仁慈隐恻，造次弗离

节义廉退，颠沛匪亏

这四句说“五常”，就是“仁、义、礼、智、信”这五种德行。其中“仁”是最基本的，是儒家思想的中心。儒家认为“仁”是人伦道德的本原，做人的最高准则。《论语》中谈论“仁”的章节，占全书的十分之一强。孔子说：“君子无终食之间违仁，造次必于是，颠沛必于是。”（《论语·里仁》）“终食之间”意思是吃完一餐饭的时间。“造次”是匆忙、仓促、来不及思考，“颠沛”是跌倒、困顿、受挫折。孔子这话译成现代汉语就是：君子没有吃完一餐饭的时间离开仁德（一时一刻不离开仁德），即使在仓促匆忙的时刻也是这样，在困顿受挫折的时候也是这样。“造次弗离”“颠沛匪亏”就是从孔子的话引申出来的，意思是（做人应该具备高尚德行）在时间紧迫、情况危急的时候也不能背离，在穷困潦倒、生活困难的时候也不可缺少。

《论语·颜渊》记载：孔子的学生樊迟问什么是仁，孔子曰：“爱人。”用现在的话说，就是有爱心。孔子认为仁属于人的本性，是每个人都具有的。他说："仁远乎哉？我欲仁，斯仁至矣！"（仁离我们远吗？我想要仁，仁就来了。）所以，孟子说："仁也者，人也。"又说："仁，人心也。"我们在前面讲"四大五常"时，曾引用孟子说过的：恻隐之心、羞恶之心、辞让之心、是非之心，人皆有之。孟子还说："恻隐之心，仁也。"（有同情心，就是仁的表现。）他举例：有个幼儿在井边玩，眼看他要掉井里去，大家见了都会有害怕和同情的心理，这种心理的产生并不因为自己和这幼儿有什么亲戚关系，也不是为了讨好幼儿的家长或为了自己出名，也不是因为厌恶幼儿的哭叫，而是自然而然产生的；如果有谁见到这种情况居然无动于衷，那就不配做人了。

"隐恻"就是恻隐，分开说，恻是忧伤，隐是哀痛；放在一起，表示对别人的不幸有深切的怜悯同情。"慈"也是爱。《说文》："慈，爱也。"在实际使用中，慈多指上对下、父母对子女的爱。

"节"原意是竹节，竹子在初生的时候就有节，随着竹子的生长而生长，但是当竹子受到外力弯曲变形的时候，竹节却绝不扭曲；即使竹子被剖开，竹节也跟着剖开而不变形。所以人们用节来比喻一个人有骨气，有高尚的操守。对老年人来说，保持晚节是很重要的。中国历史上有许多高风亮节的著名人物，流芳百世。千百年来流传很广的一个故事是苏武牧羊。

苏武，汉武帝时的大臣，他以中郎将的身份出使匈奴。不料，在他出使期间发生了密谋刺杀降将卫律并且企图劫持匈奴单于（匈奴最高首领称号）母亲的事件，此事件与苏武的副使张胜有牵连。单于大怒，下令扣留苏武使团，派卫律处理此事。苏武对手下人说，我没有完成皇帝交代的使命，有何脸面再回汉朝！遂拔刀自杀。卫律当即找医生来把苏武救活。等苏武身体逐渐恢复之后，卫律奉单于的命令劝苏武投降。苏武不为所动，而且痛斥了卫律的卖国叛汉行为。单于就把苏武关在一个大地窖里，不给吃喝，逼他投降。苏武在地窖里，吞冰雪吃毛毡，决不投降。于是，单于下令将苏武流放到北海（今贝加尔湖）牧羊，说要等到放牧的公羊产奶的时候才能放苏武返回汉朝。那里人迹罕至，吃粮不能保证，没粮食的时候，苏武只得靠挖野鼠洞里的草籽和草根维持生命。第二年，汉将李陵兵败投降匈奴，单于派李陵再去劝降苏武，苏武还是宁死不降。汉武帝去世后，昭帝与匈奴和亲。汉朝要求匈奴放回苏武，单于撒谎说苏武已经死了。后来，汉使得到苏武还活着的信息，就编造了天子在上林苑打猎得雁，雁腿上系有帛书，上面写着苏武在北海的话。单于大吃一惊，不得不释放苏武和使团的人返回汉朝。苏武在匈奴十九年，去时是个四十岁的壮汉，回来时须发皆白；手中拿的旌节（古代使者出使时作为信物所持的节杖）上装饰的牦牛尾的毛已经全部掉光了。苏武威武不屈、不辱使命的高风亮节，受到大家的高度敬仰。他持节回到长安时，城里的老百姓都来迎接。

“义”，宜也，就是社会认为合宜的道理和行为。也可以理解为合情合理合法地处理事务。对于不顾个人利益甚至牺牲自己生命去帮助他人、维护公道的人，我们就说这人很仗义。孔子说：“君子以义为上。”意思是君子最看重义。孟子说：“仁，人之安宅也；义，人之正路也。”他把仁比作人的安适的住宅，把义比作人应该走的正确道路。汉儒董仲舒曰：“仁者所以爱人类也，义者所以除其害也。”两者相合，相辅相成。孔子还说过：“君子喻于义，小人喻于利。”意思是君子懂得的是义，小人懂得的是利。所以他认为一个有道德的人应该“见利思义”。人为了生存，为了过更好的生活，不可能没有对利的追求，这是人之常情；可是在利的面前，你必须思考自己该不该取？如果只顾自己的私欲，贪取了不义之利，那你可能会后悔一辈子。

“廉”有正直、节俭、不贪的含义。在“五常”中属于信德。《论语》里没有对廉的论述，一百年后的《孟子》

中有对廉洁的探讨，如《孟子·离娄下》：“可以取，可以无取，取伤廉。”（可以拿，可以不拿，拿了对廉洁有损害。）但文字不多，可见当时反贪还没有成为社会问题。到南北朝时候，是否廉洁已经成为群众关注的问题，所以《千字文》作者把“廉”作为一个人应该具备的品德写进了文中。

“退”在这里是谦让的意思。谦让之德，远古时就受到重视，前面我们讲过唐尧虞舜推位让国的故事。《论语·里仁》：“能以礼让为国乎？何有？不能以礼让为国，如礼何？”（能以礼制、谦让来治国吗？有什么难的？不能以礼制、谦让来治国，还要礼干什么？）可见谦让是礼德的一个重要内容。《左传·襄公十三年》中有“让，礼之主也”“让，德之主也”。在人们的日常生活中，涉及个人名利时，不争不抢，宁后毋先；待人接物，谦虚谨慎，宽容大度。这已经成为中华民族优秀的文化传统。现代城市里人多车多，就要注意互相避让，不然很容易发生事故。当然，容让或退让不是无原则的，关乎原则性的问题，我们应该坚持原则，当仁不让，这和我们提倡的礼让并不矛盾。

性静情逸，心动神疲
守真志满，逐物意移

这四句是从精神层面上来说个人的修养问题，也就是从现代称为心理学的角度来谈个人修养问题。古人认为性是与生俱来的、天赋的。《礼记 · 中庸》：“天命之谓性。”汉儒董仲舒说：“性者，生之质也；情者，性之欲也。”就是说：性是人天生的心理素质，情是在待人接物时的心理表现，是个性在外界刺激下的心理反应。《礼记 · 礼运》：“何谓人情，喜、怒、哀、惧、爱、恶、欲。”中医学上说人有七情：喜、怒、哀、乐、悲、恐、惊。因为情是有感而生，所以感情二字常常连用。性静的人，心态平和，遇事不急不躁，他的情绪是轻松自在的，不受各种俗事俗物的影响，这叫作“性静情逸”。

诸葛亮《诫子书》说：“夫君子之行，静以修身，俭以养德。非淡泊无以明志，非宁静无以致远。夫学须静也，才须学也。非学无以广才，非志无以成学。”可见古人很重视这个“静”字。这一段名言常被人们写成书法作品作为座右铭。修身要静，成学要静，想达到远大目标也要静。关键是心要静。我们在写字的时候都有这个体会，如果心里乱糟糟的，字就肯定写不好。

现在我们都知道，“心”在生理学上指人的心脏，思想是人脑的产物。但古人认为人的思想是从心里产生出来的。《孟子·告子上》："心之官则思。"因此有关人的思想活动的字词，汉字一般都用心字作偏旁。如思、想、怀、念、意、志、恩、情、怨、恨、愤、怒、忧、愁等。由于并不影响人们的理解和交流，几千年来，大家已经认可这种以"心"代"脑"了。"心动神疲"的意思是脑子动多了精神必然疲惫。在竞争激烈的社会里多数人都有这个体会：活得很累。然而《千字文》中这句话是和"性静情逸"对着说的，作者有另一层意思，那是告诫人们不要为名利地位等个人私欲去劳心劳力、疲于奔命。

"守真"就是保持自然质朴的本性。《庄子·杂篇·渔父》："谨修而身，慎守其真，还以物与人，则无所累矣。"(如果你严格地加强自己的修养，保守住自己的真性，把人和物都还给自然，就不会有牵累了。)

"志满"是人的志向、抱负、理想得以实现、得以满足。为什么"守真"可以"志满"呢？因为懂得守真的人，不为外物所诱惑，头脑清醒，不会脱离现实去制定自己的人生目标，所以他的理想、愿望就比较容易实现、比较容易满足。《老子·四十六章》有一句话："祸莫大于不知足，咎莫大于欲得，故知足之足，常足矣。"（灾祸没有大于不知足的，罪过没有大于贪得无厌的，所以懂得满足的这种满足，才是永远的满足。）

与“守真志满”相反的是“逐物意移”。“意”是人的心思、想法、念头，不像“志”那样坚决，因此很容易转移，而这种转移常常是由于追求外物的缘故。这是《千字文》作者提醒和告诫读者，在物欲横流的社会里应该守住自己纯真的心灵，不要受世俗功利的污染，为外物所奴役，而要做一个品德高尚的人。

坚持雅操，好爵自縻

这是《千字文》第二部分的最后两句。对于这两句话有不同的理解。“坚持雅操”的“雅操”究竟指什么？一部分人理解为上句中的“守真”，即保持自然质朴的本性、不追逐功名利禄是应该坚持的高雅的情操。但另一部分人认为这里的“雅操”是指前面所说的“五常”，即“仁义礼智信”这些高尚品德。于是，对下一句“好爵自縻”也就有了不同的解释。

《易·中孚·九二》有：“我有好爵，吾与尔靡之。”“爵”是古代的一种酒杯，在这里指酒。“靡”在这里是分散的意思。全句是说：我有好酒，与你共享。可是《千字文》中“好爵自縻”的“縻”由“麻”和“糸”组成，本义是拴牛的缰绳，引申有束缚、牵制的含义。因此，同意“雅操”

是指“守真”的人认为，“好爵自縻”的“好”是喜好的意思，“爵”是爵位，泛指功名利禄，所以这一句是说：如果喜好追求功名利禄，就好比自己给自己拴上了牛缰绳，会被这些身外之物牵着鼻子走。与这种解释相反，同意“雅操”是指“五常”的人认为，“好爵自縻”是说好的爵位（比喻名誉地位）会自动送上门来。

显然，这是两种截然不同的观点。一种观点是一个人应该坚持高雅情操，不要去追逐名利，受身外之物的拖累。另一种观点是一个人只要提高自己的品德修养，好运自然会来。前一种观点属于主张出世的道家，后一种观点属于主张入世的儒家。从中国历史上看，汉武帝“独尊儒术”之后，两千年来，孔孟学说一直占据着中国文化的主导地位，然而，道家思想却如影随形地与儒家思想一起传流着。许多古代知识分子做了官，春风得意时，就讲儒家的治国平天下；丢了官，身处逆境，就谈老子、庄子，用道家思想排解胸中的郁闷。所以，《千字文》的这两句话作者想表达的是道家思想，或是儒家思想，都有可能。

以下为《千字文》的第三部分。前面第一、二部分讲了天、地、人，这个部分讲地理历史，包括富丽京都的、广袤的国土、诸侯争霸和贤相良将。先从首都讲起。

都邑华夏，东西二京

背邙面洛，浮渭据泾

“都”和“邑”是古代行政区划的名称。《尚书大传》说：“五里为邑，十邑为都。”到春秋战国时，《左传·庄公二十八年》中说：“凡邑有宗庙先君之主曰都，无曰邑。”汉代《说文》说：“有先君之旧宗庙曰都。”可见，当时是把有供奉国君先人宗庙的城邑称为“都”，以区别于其他城邑。以后演变为“国君所居曰都”，全国最高行政机关所在地为国都、首都。在首都以外另立的都城称为陪都，如周代的洛邑（今河南洛阳）、宋代的建康（今江苏南京）、抗战时期的重庆。

“华夏”指中国。这是众所周知的，但是中国为什么又称为华夏呢？《尚书·武成》中有“华夏蛮貊，罔不率俾”（中原地区和南北方各民族，无不赞同）。《尚书孔氏传》解释说：“冕服彩章曰华，大国曰夏。”意思是：服饰灿烂称作华，地大人众称作夏。孔颖达还说华和夏合在一起“谓中国也”。然而，他说的“中国”并不是一个正式的国名，而是指国家的中原地区。我国各民族是经过长期的交流、融合、同化，最终形成了以中原地区华夏民族为主体的汉族，并与其他各少数民族组成了中华民族大家庭。但古时历代都以王朝的名称为国名：夏、商、周、秦、汉、隋、唐、宋、元、明、清，直到辛亥革命推翻清王朝后，我国才自称中国。由于我国历史上汉、唐时期国家繁荣强盛，与国外贸易和文化交流发达，在世界上影响很大，因此国外常称我们为汉人、唐人。我们因为都是中华民族的儿女，所以都自称华人。

从公元前 2070 年夏王朝建立到 1911 年辛亥革命推翻清王朝，在近四千年时间里，我国有统一时期，有分裂时期，许多城市都曾被定为国都。2004 年，中国古都学会认定西安、洛阳、北京、南京、开封、杭州、安阳、郑州为中国八大古都。《千字文》作者是南北朝时期的人，只了解南北朝之前的历史，所以他说华夏的首都是“东西二京”。

“东京”是指河南洛阳。（后来赵匡胤建立北宋王朝，定都开封，开封也称为东京。）洛阳原称洛邑，汉代称雒阳，三国魏时改为洛阳，位于河南西部，背靠北邙山，南临洛河。它西接秦岭，东临嵩岳，南有伏牛山，北有太行山，群山环绕，黄河横贯东西，水利充足，土质肥沃，物产丰富，“居天下之中”，是“九州腹地”，而且东面有虎牢关，西面有函谷关，都是交通咽喉和征战要塞，为兵家必争之地。编纂《资治通鉴》的北宋史学家司马光有诗云：“若问古今兴亡事，请君只看洛阳城。”有一种说法，历史上有九个王朝定都在这里，它们是：东周、东汉、曹魏、西晋、北魏、隋（炀帝）、唐（武周）、五代后梁和后唐，故洛阳有“九朝古都”之美名。而根据当代考古发现，我国第一个王朝夏就曾建都洛阳，还发现了商王朝早期在洛阳境内的宫殿遗址。只是夏商两朝经常迁都，所以夏商是否曾定都洛阳，至今尚无明确结论。

“西京”是指长安，东汉时称西京，明代开始称西安。我国著名地理学家谭其骧认为，西安作为古都，应该把附近的西周故都丰京、镐京和与西安毗连的咸阳包括在内，它们的历史遗存、文化内涵有很强的同质性。在这个地区先后有西周、秦、西汉、新莽、东汉（献帝）、西晋（惠帝、愍帝）、前赵、前秦、后秦、西魏、北周、隋（文帝、恭帝）、唐（高祖至中宗、昭宗）十三个王朝于此建都，成为中国政治、经济、文化重心的千年所在，与世界历史名城雅典、开罗、罗马齐名，被誉为“世界四大文明古都”之一。

“背邙面洛”是说东京洛阳的地理形势。上面说过，洛阳的北面是邙山，南面是洛河。作者非常形象地将洛阳比做坐北朝南的一个人，用“背”和“面”两个词，把洛阳的地理位置描述出来了。我们中国人历来讲究面南背北，衙门都朝南开，以南为正，罗盘叫指南针，古代地图都上南下北，西方人却和我们相反，以北为正，罗盘叫指北针，地图是上北下南。这是东西方文化的差异。我们为什么讲究坐北朝南呢？因为古人认为人的一举一动要经得起南方阳光的检验，坐得正，行得正，影子也正。一个人做事正大光明，才能施政。“政者，正也。”

“浮渭据泾”，是说西京长安的地理形势。但作者描述的不是汉代的长安，而是秦代的咸阳。咸阳是秦国的都城，南临渭水，北临泾水。战国时期，随着国力的增强，秦国宫室不断增加，咸阳城越来越大。秦始皇吞并六国后，咸阳向南延伸到渭水岸边，接着又跨过渭水到了渭南，在渭南建朝宫。据《史记·秦始皇本纪》记载：“乃营作朝宫渭南上林苑中，先作前殿阿房，东西五百步，南北五十丈，上可以坐万人，下可以建五丈旗。”准备“自阿房渡渭”，在渭水上架一座六丈宽的大桥，把南北两岸东西八百余里的三百座宫殿连成一片。所以《千字文》作者说，（西京好像）浮在渭水之上。“据”是依靠的意思，“据泾”就是“靠着泾水”。秦始皇的梦想最后没有实现，他死后，秦朝很快就灭亡了。据说是楚国的项羽带兵攻入咸阳，一把大火三月不灭，把城里的宫室全部烧光。刘邦进咸阳后，只好在渭南建新都。由于选址在名为长安的村落所在地，新都也就命名为长安了。

顺便说一下成语“泾渭分明”的由来。泾水和渭水是流经咸阳的两条河。泾水发源于宁夏平凉府六盘山下，流至西安（现为高陵区）入渭水。渭水发源于甘肃临洮渭源县鸟鼠山，东流至西安华阳县潼关入黄河。泾水清，渭水浊，水质不同，所以在泾水流入渭水的地方，一清一浊，看得很清楚，于是就有了“泾渭分明”这个成语。人们用来比喻事物的是非分明、好坏分明。

宫殿盘郁，楼观飞惊

图写禽兽，画彩仙灵

上文说了东西二京的地理状况，现在说京都恢宏豪华的建筑。“宫”原是房屋的通称。《说文》：“宫，室也。”在上古，宫也称室，室也称宫。“殿”原指高大的屋子。可是秦汉以后，“宫殿”成为帝王住所和供奉神佛所在的专用词语。“盘郁”的意思是曲折盘旋，重重叠叠。“楼”是两层以上的房屋。“观”是宫门外的细高建筑，可能是从瞭望塔演变过来的，所以称“观”。“观”是朝廷张贴布告的地方。两座“观”的上部连接起来后，下面中间的空处称为“阙”。后来观阙合一统称为“阙”，成为宫的正门。“飞惊”是说京都的楼观很高，直插云霄，好像飞在天半，令人惊叹。“图写禽兽，画彩仙灵”是说京都的宫殿楼观等建筑物的梁柱墙壁上都画有鸟兽等各种动物和传说中的各种神仙鬼怪，色彩缤纷，绚丽夺目。

汉朝有一首有名的赋《鲁灵光殿赋》（作者王延寿），说汉景帝的儿子鲁恭王刘余在封地曲阜造了一座灵光殿，房梁、木椽和斗拱、短柱上雕刻着各种姿态的龙虎熊猿、白鹿狡兔、朱鸟螣蛇以及神仙玉女。殿壁上“图绘天地，品类群生，杂物奇怪，山神海灵”。画中有开天辟地的远古故事“五龙比翼（人面龙身的五龙兄弟在空中齐飞）、人皇九头、伏羲鳞身、女娲蛇躯”，有黄帝、唐尧、虞舜和夏商周三代的淫妃昏君、忠臣孝子、烈士贞女等各种历史人物的形象。

灵光殿仅仅是诸侯国的一座宫殿，规模不大，尚且如此，我们可以想见京都宫殿之奢华更要胜过它多少倍。可惜秦汉宫殿俱已毁坏，不能看到真实面貌了。令人可喜的是，1979 年，考古工作者在秦都咸阳第三号宫殿遗址发现了残缺的车骑、人物等秦代壁画，形象简洁生动，风格瑰丽豪放，可以窥得秦宫壁画壮丽灿烂之一斑，填补了中国美术史上的这一空白。

前面讲过秦国的京都咸阳有三百座宫殿，被项羽放火烧了，刘邦进咸阳后，只得另建新都。新都由丞相萧何主持督造。有一年，刘邦在外打仗回来，见建造的未央宫异常壮丽，很生气，责问萧何说：“天下大动乱，苦战连年，成败尚未可知，为什么修造如此豪华的宫室？”萧何说：“正因为天下尚未安定，才可以趁这时机修造宫殿。（言下之意是：天下安定后，要忙于处理政务，没空闲了。）天子以四海为家，宫殿不壮丽就不足以显示威严，而且不可以让后世的建筑规模有可能超过它。”刘邦听后，转怒为喜，认为萧何讲得有理。

其实，早在战国时代，因铁器的广泛使用，大大推动了生产力的发展，城市繁荣了，规模也扩大了，建筑业更为发达，出现了砖和彩画，各诸侯国修建富丽堂皇的宫室楼台成风，以致秦始皇每攻破一个国家就在咸阳仿建一座该国的王宫建筑。秦灭六国后，又集中了全国的能工巧匠和各种上好的建筑材料，在首都咸阳附近建造了很多规模巨大的宫苑建筑。虽然这些建筑在秦朝灭亡后已付之一炬，但修建豪华宫室的风气并没有消亡。西汉王朝初期，在长安建造了未央宫、长乐宫、北宫，大宫之中都套若干小宫，每个小宫自立门户，各成一区。宫殿规模和所占面积都很大。未央宫方圆二十八里，宫中有大小宫殿四十三座。长乐宫周围长约二十里，内有长信、长秋、永寿、永宁四组宫殿。汉武帝时又大修宫苑，兴建了桂宫、明光宫、建章宫和上林苑。

东京洛阳从东周开始建都，秦汉又建了不少宫殿，众多的台、观、馆、阁、苑囿、池沼，一派富丽景象。汉朝班固的《两都赋》和张衡的《二京赋》对长安、洛阳这两个京都的豪侈和繁盛，都有细致的描写。尤其张衡借赋中虚拟人物之口，批判了统治者的穷奢极欲，“取乐今日，遑恤我后”（只知寻欢作乐于今朝，哪顾得上去考虑子孙的将来），提出了“水所以载舟，亦所以覆舟”（水可以把船托起，也可以把船掀翻）的劝诫，显示了作者以民为本的思想。

丙舍傍启，甲帐对楹

“丙舍”有两种含义：一指正殿边上的配殿、偏殿，正屋两侧的厢房，《后汉书·清河孝王庆传》有“遂出贵人姊妹置丙舍”，说把曾受宠幸的贵人姊妹俩迁出正殿，安置在偏殿；二指停放灵柩的场所，元代著名的回族诗人乃贤有诗句：“墓田丙舍知何所，一夜令人白发长。”（《秋夜有怀侄元童》）说他想念已去世的侄子元童，但不知侄子的墓地在哪里，晚上翻来覆去睡不着，头上增加了不少白发。

“傍”与“旁”，古时多通用，是边上、附近的意思。“丙舍傍启”是说偏殿（丙舍）在旁边开着门。下一句说正殿上“甲帐对楹”。“甲帐”源自汉武帝的故事，《北堂书钞·汉武故事》：“上（指武帝）以琉璃珠玉、明月夜光、杂错珍宝为甲帐，其次为乙帐。”据说汉武帝敬神十分虔诚，感动了西王母，每晚都派神仙来见汉武帝，因此武帝在宫中用非常豪华的缀着珍珠宝玉的帷幕，把大殿分隔为甲帐、乙帐，神仙来住甲帐，汉武帝自己住乙帐。“对楹”是指成对的楹柱。《说文》：“楹，柱也。”在实用中，“楹”有两个含义，一指厅堂的最前面一排柱子，也泛指柱子；一作数量词，是古代计算房屋的单位，一间屋或一列屋都可称为一楹。

因为厅堂的前柱通常都是成对的，于是人们常常利用它贴上或挂上对联，称为楹联。楹联又称对联、楹贴，这是富有中国特色的一种文学样式，是我国宝贵的民族文化遗产。它上下两句成一副，或叙事写景，或抒情勉志，有的嬉笑怒骂，有的幽默风趣，字数相等，结构相同，而且格律严密，看起来整齐美观，读起来朗朗上口，听起来铿锵悦耳，想起来意味深长，所以受到各阶层人们的喜爱。许多好的对联，家喻户晓，大家耳熟能详。例如黄埔军校的门联：“升官发财，请走别路；贪生怕死，莫入此门。”（后来，由于国民党腐败，有人就说这副对联应该将“请”与“莫”两个字对换一下位置，改为“升官发财，莫走别路；贪生怕死，请入此门。”）潭柘寺弥勒佛的对联：“大肚能容，容天下难容之事；开口便笑，笑世间可笑之人。”

又如鲁迅先生之诗:“横眉冷对千夫指,俯首甘为孺子牛。”林则徐的“海纳百川,有容乃大;壁立千仞,无欲则刚”“苟利国家生死以,敢因祸福避趋之”。蒲松龄所写:“有志者,事竟成,破釜沉舟,百二秦关终属楚;苦心人,天不负,三千越甲可吞吴。”顾炎武诗云:“苍龙日暮还行雨,老树春深更着花。”又如在书法作品中常见的“宝剑锋从磨砺出,梅花香自苦寒来”“俯仰无愧天地,褒贬自有春秋”等。

对联在民间应用最广泛的莫过于春联。早在秦汉以前,我国民间就有过年在自家门上挂桃符驱鬼压邪的习俗。所谓桃符,是画着古代传说中的神荼、郁垒捉鬼形象或写着神荼、郁垒名字的桃木板。王安石的诗句“千门万户曈曈日,总把新桃换旧符”,就是对这种民间习俗的描述。把挂桃符改为挂春联的习俗,相传始于五代后蜀皇帝孟昶,明德二年(935)的春节,他在寝宫门的桃符板上题词:“新年纳余庆,嘉节号长春。”可是根据莫高窟出土的敦煌遗书发现,唐开元十一年(723)有刘丘子作春联十二副,第一副为:“三阳始布,四序初开。”说明春联早在唐代就有了。就皇帝亲自写对联而言,第一位题写对联言志抒怀的帝王是唐太宗,他在山西晋祠题写的“文章千古事,社稷一戎衣”,近年已被考古工作者发现。但是作为一国之主亲写春联有据可查的第一人还应该说是孟昶。

把挂春联改为将春联写在红纸上再贴到门上的习俗，是从明朝开始的。明朝开国皇帝朱元璋十分喜欢对联，是他第一个命令在老百姓中推广贴春联。有一个故事，传说朱元璋定都金陵（今南京）后，传旨除夕时家家门上都要贴春联。他还亲自微服上街查访，发现居然有一家没有贴春联。他询问后才知道这是一户做阉猪生意的，家里没有识字人，也没求到别人代写。朱元璋当即随手给写了一副“双手劈开生死路，一刀割断是非根”，写完就走了。过了一天，朱元璋再次经过这家门前，见没有贴他写的春联，他很奇怪，派人去问，才知那一家知道了那副春联是皇帝的御笔，大喜过望，没敢往门上贴，而是“高悬中堂，燃香祝圣，为献岁之瑞”，将春联供起来了。朱元璋很高兴，便又赏了这家三十两银子。

对联这种文学样式，千余年来已经从新春祈福发展到宫室寺庙、风景名胜、婚丧寿喜、交际应酬等社会生活的各个方面，现在有一门专门研究对联的学科——楹联学。爱写楹联的人还组织成立了楹联学会。

肆筵设席，鼓瑟吹笙

升阶纳陛，弁转疑星

“肆筵设席”是引用了《诗经》中《大雅·行苇》的诗句。这首诗叙述了周王在宫廷里举办宴会的情形，其中有“肆筵设席，授几有缉御”之句（陈列好筵席，并给客人可以倚靠的几，还有人在旁伺候）。我国古代没有桌椅，人们都席地而坐。举办宴会时，先在地上铺“筵”。《说文》：“筵，席也。”“筵”是用竹子编的竹席，上面再放上“席”，“席”是用莞草或蒲草编的草席。席有大小，有单人席，有双人席。举办酒宴时，先把筵和席都安排妥当，然后再摆放饮食用的酒具、食具。“肆”和“设”都是陈列、设置的意思。

“鼓瑟吹笙”是引用《诗经》中《小雅·鹿鸣》的诗句:“我有嘉宾，鼓瑟吹笙。”是说在宫廷宴会上弹瑟吹笙，这相当于现代的管弦合奏，迎接来宾并在宴会过程中助兴。瑟是一种弹拨乐器。古时弹拨乐器七根弦的叫作琴，五十根弦的叫作瑟（后改为二十五弦），都是弦乐。“鼓”在句中是弹奏的意思。笙是簧管乐器。《说文》：“笙，十三簧，像凤之身也。”在中国传统管乐器中，它是唯一能够吹出高中低音和声的乐器。甲骨文中的和（龢）字就是依照笙的形状写出来的。春秋战国时期，笙常和竽一起演奏，成为当时声乐伴奏的主要乐器。后来竽应用得少了，而笙不断发展，由早期的竹制改为铜制，由十三簧增至十七簧、十九簧，明清时期又有方、圆、大、小各种不同的形制，在民间广泛流传。

“升阶纳陛”，阶是台阶，陛也是台阶，《说文》：“阶，陛也”“陛，升高阶也”。古代的建筑制式，厅堂楼阁都要建筑在高出地面的台基之上，而且，主人的地位越高，台基越高，台阶也随之增高。因此凡登堂入室都是要升阶而进。皇帝的地位最高，出席皇宫的宴会，当然要走过高台阶，才能进入殿堂。大概从秦汉开始，“陛”逐渐成了帝王宫殿门前台阶的专用名词，有“天子之陛九级”的说法。汉蔡邕《独断》中说：因为天子之陛左右都有警卫，群臣不能直接到天子跟前说话，所以高呼“在陛下者”，以告知天子有臣求见。后来，“陛下”一词成了对天子（皇帝）的代称。但“纳陛”另有特殊的含义，“纳陛”是古代天子赐给有特殊功勋的诸侯或大臣的“九锡”（九种赏赐）之一，是一种最高的礼遇。即允许受赏诸侯或大臣上朝时不走一般官员走的台阶，而是在宫殿的屋檐下另建一个台阶，他们可以由此台阶就近上朝。《宋史·吕端传》记载了一个有关纳陛的故事：吕端在宋仁宗时任宰相，仁宗去世后，宋真宗继位，还任吕端为相。当时吕端年事已高，且躯体洪大（又高又胖），而宫廷的台阶两端比较陡险，上下不安全，于是，宋真宗特为此下令制作了一个木制的纳陛供吕端使用。可见“纳陛”为上朝的专用台阶。

“弁转疑星”的“弁”是古代贵族戴的一种帽子。弁有两种：爵弁、皮弁。古书上对爵弁、皮弁有两种解释，一种说爵弁是文官戴的帽子，皮弁是武官戴的帽子；另一种说爵弁是礼冠，皮弁是日常戴的，爵弁比冕低一等。古代天子、诸侯、卿大夫在举行庆祝或祭祀大典时都戴冕，冕是黑色的方冠，近似于现代的硕士帽，上面还有一块长方形的板，称为延，通常前圆后方，以象征天圆地方。延的前后檐都挂了许多五彩丝绳串起来的珠玉，叫作旒。旒的数量按周礼规定，天子挂十二串，诸侯挂九串，上大夫七串，下大夫五串。南北朝以后，只有皇帝一个人有戴冕的资格，冕就专指皇冠了。弁是用一块块白鹿皮缝制而成的，样子类似现代的瓜皮帽。在拼缝的地方，古代贵族喜欢缀上一些彩色的小玉石，在光照下灿若星辰。《诗经·卫风·淇奥》诗句：“有匪君子，充耳琇莹，会弁如星。”（风度翩翩的君子，耳侧垂坠的美石多么莹润，帽上缝的宝玉像星星一样闪亮。）“弁转疑星”参用了《淇奥》的“会弁如星”，意为（参加宫廷宴会的官员们起坐移动）帽子上缀的玉石晃来晃去，好像是天上闪烁的星星。

右通广内，左达承明
既集坟典，亦聚群英

广内和承明是汉朝长安城中两座宫殿的名称。《三辅黄图》书中有："建章宫中，西则广内殿""未央宫有承明殿"。按我们古代坐北朝南定方位的习惯，朝西是向右，朝东是向左。因此，《千字文》作者把这两句写为："右通广内，左达承明。"《三辅黄图》是记载秦汉时期长安地理情况的书籍，原书成于东汉或三国时，作者不详。西汉景帝时任命左、右内史与主爵中尉分管长安地区，汉武帝时将官名改称京兆尹、左冯翊、右扶风，谓之"三辅"。

《三辅黄图》记载了汉代长安地区的城池、宫观、明堂（帝王颁布政令、祭祀天地和祖先等举行隆重典礼的处所）、辟雍（周代为天子设立的最高学府，后代为天子举行祭祀典礼的场所）、陵庙、官署、仓库、街市、闾里等各种建筑物的所在方位和相关的历史，清晰详备，是研究长安和关中地区历史地理的重要资料。

前面讲过秦汉时期建造的皇宫规模都是十分宏大的。汉朝的未央宫、长乐宫和建章宫，是长安著名的"汉三宫"。据《三辅黄图》记载，汉武帝时建的建章宫"周二十余里，千门万户，在未央宫西，长安城外"。其面积和汉初建的未央宫类似，而宫内建筑比未央宫还要多，还要豪华，东西两个观阙就高达二十多丈(相当现在四五十米高)，并专修了通往未央宫的飞阁辇道，以便皇帝在两宫间往来。正门阊阖阙后面有玉堂，建于高台之上，屋顶有一米多高的鎏金铜凤，能随风转动。宫内众多宫殿无不气魄雄伟，尤其建章殿更加巍峨壮丽，因为殿的台基高于未央宫，故登上建章前殿，可以“下视未央宫”。在玉堂西面，有祭祀神仙的神明台，台基高五十丈(相当一百多米)，上有承露盘，是一个四五十米高的铜人在头顶上双手高举着铜盘玉杯。这是汉代创造的新型建筑物。建章宫的北部还有一个十公顷大的人工水池——太液池，池中修了以仙山瀛洲、蓬莱、方丈命名的三个小岛。

广内殿在建章宫中，是汉天子收藏图书典籍的书库之一。《尚书》中有“惟殷先人，有典有册”，说商王祖先有典籍有书册，表明早在三千多年前我国已经注意图书文献的收藏，这对我们中华民族几千年的文化传承具有重大而深远的意义。据《汉书 · 艺文志》记载，汉朝宫廷藏书共 13269 卷。《隋书 · 艺文志》记载，隋朝藏有 89666 卷。由于战乱，唐藏书比隋少，《新唐书 · 艺文志》记载，开元间有古籍 53915 卷和唐代学者的著录 28469 卷，到南宋时仅有两万余卷。明成祖朱棣（年号永乐）命解缙等将收藏的图书七八千种辑成了 22877 卷的《永乐大典》。清代康乾盛世时，清高宗爱新觉罗·弘历于乾隆三十八年(1773)命永瑢、纪昀组织抄录古代重要典籍79070卷，存目书93551卷，编成《四库（指经、史、子、集四个藏书库）全书》。可惜现在都不齐全了。除了宫廷藏书，我国民间也很重视藏书，最著名的是浙江宁波的天一阁，是明朝嘉靖年间做过兵部右侍郎的范钦为个人藏书而建造的，为中国现存年代最古老的藏书楼。

“既集坟典”是说收藏了我国最早的古籍“三坟五典”。汉孔安国《尚书序》：“三皇（伏羲、神农、黄帝）之书谓之三坟，言大道也。五帝（少昊、颛顼、帝喾、唐尧、虞舜）之书谓之五典，言常道也。”“坟”是大的意思。《礼记·檀弓》中记载，上古“墓而不坟”。就是上古人死了，挖坑埋葬，上面不堆土，称为墓。后来人们为了记住墓的位置，就在墓上堆土，这种上面堆着土的墓，被称为坟。后世人们说的这个坟与“三坟”的“坟”含义是不同的。《左传·昭公十二年》中记有楚灵王称赞左史倚相，说他能读“三坟、五典、八索、九丘”这些上古的书籍，遗憾的是这些古籍早就失传了。清朝乾隆年间有位著名诗人袁枚曾经闹了个大笑话，他迁进新居随园后很高兴，写了副对联“此地有崇山峻岭茂林修竹，斯人读三坟五典八索九丘”，挂在大门上。另一位名士赵翼看后觉得他口气忒大，就去找袁枚的管家，要借“三坟”“五典”，管家禀告了袁枚。袁才察觉自己门上的对联有问题，他哪里去找这“三坟”“五典”啊，就让管家赶紧把那副对联撤下来了。

承明殿在未央宫中，离藏书的石渠、天禄二阁不远，是“著述之所”，也是皇帝约请名儒学士讲解经典篇章的地方。陶渊明有“四座列群英”的诗句，所以《千字文》作者写了“亦聚群英”，意思是（承明殿）也聚集了众多精英。

杜稿钟隶，漆书壁经

上面刚讲过，广内殿是汉代宫廷藏书的书库，藏有“三坟五典”，这里接着说还收藏有杜度的稿书和钟繇的隶书真迹、古代的漆书以及曾藏在夹墙中的经书。

杜度是东汉著名书法家。汉章帝时他是齐（今山东淄博地区）相（相当于县长），善于写草书，很受章帝的赏识，下诏让他写奏章都用草书，因此后人就把这种草书称为章草。

草书也称稿书。唐代的书法评论家张怀瓘说：“稿亦草也，因草呼稿，正如真正书写而又涂改，亦谓之草稿。”所以草书是相对于写得端正的隶书、楷书而言的比较潦草的书体，但是草书绝对不是胡写乱抹。草书作为我们中国书法的一种书体是有章法的。在上古时代，文化掌握在极少数统治者手中，文字书写主要用于记录宫廷祭祀情况、先祖先王的业绩等想传万世的内容，所以绝大多数都写得规规整整。以后，随着文明的进展，知识阶层逐步扩大，国家的律令档案、奏章行文大量增长，民间诸子百家蜂起著书立说，一笔一画地写字太慢，为了提高书写效率，大家都在想办法快写。到战国时期，各国有各国的写法。秦始皇统一天下后，就以秦国的文字大篆为基础制定了小篆，作为官方统一的规范文字。可是小篆写起来还是比较费劲，不适应形势的需要，于是，在秦代为了应付紧急时能快速书写的需要，出现了隶书，但只在基层部门使用。秦亡后，西汉时期创造了比隶书书写更简捷的草书。东汉光武帝和明帝时，北海靖王刘睦擅草书，很受皇帝器重。刘穆得病后，明帝怕他一病不起，“令为草书尺牍十余首”。可见我国自古就有收藏书法名家真迹的传统。唐太宗甚至在临终时下诏把王羲之写的《兰亭序》作为自己的陪葬品，致使至今无人得知这件号称“天下第一行书”的真面目，给世人留下了永远的遗憾。

“杜稿”就是指汉朝杜度写的草书。汉代的草书，我们现在统称章草。章草经过三百余年的发展，逐渐演变为今草，到东晋王羲之时代今草臻于成熟，一直传流至今。

“钟隶”是指钟繇的隶书。刚才讲过隶书是在秦代创造的。张怀瓘《书断》云：“案隶书者，秦下邽人程邈所造也。邈字元岑，始为衙县狱吏，得罪始皇，幽系云阳狱中，覃思十年，益大小篆方圆而为隶书三千字，奏之始皇，善之，用为御史。以奏事繁多，篆字难成，乃用隶字，以为隶人佐书，故曰隶书。”这一段话说隶书是秦始皇时候的下邽（今陕西渭南）人程邈造的。他原来是县衙的监狱看守，得罪了秦始皇，被关押在云阳监狱里。他在狱中十年，费尽心思，研究大篆、小篆怎么简写，造出三千字，上报给皇帝。秦始皇觉得很好，把他从狱中释放，提拔他当了御史，并下诏允许基层的差役可以使用它，作为书写规范字小篆的辅佐。所以这种书体称作隶书或佐书（“隶”字有附属和贱役的意思）。实际上，从出土的秦代简牍上看，篆书的简写在秦始皇之前的秦昭王时代就已经有了，因此所谓程邈造隶书，估计是程邈曾对当时已经在使用的隶书三千字进行过整理。从出土的秦代和汉代简牍上，还可以看到，秦代的隶书接近于篆书，现在称为古隶。汉代的隶书则逐渐接近于楷书，称为今隶。

书法有篆书、隶书、楷书、行书、草书五种书体。南宋高宗赵构在《翰墨志》中说：“士人作字，有真、行、草、隶、篆五体。”其中真书就是楷书。赵构说的隶书在唐代称为“八分”，也称“分书”。它的特点是线条为有装饰性的笔画——蚕头雁尾。从出土的简牍考察，分书主要是汉代书写文字的人们为追求字形的美化而创造并逐渐成熟的一种书体，到东汉末期已经成为书刻石碑的正体。灵帝熹平四年（175），蔡邕用分书书写后由刻工镌刻了《诗经》《尚书》《周易》等经典共四十六块石碑，立于太学门前，史称“熹平石经”。分书由此作为一种正体，流行天下。蔡邕的女儿蔡琰说：“臣父造八分时，割程邈隶字八分，取二分；割李斯小篆二分，取八分。”说明分书与古隶有血缘关系，是由篆书向隶书转变过程中产生的一种新书体，因此，后来有人把八分称为分隶、隶书。最后是宋高宗“金口玉言定终身”，分书从此称隶书。

钟繇，字元常，东汉颍川郡长社（今河南许昌）人。曾任尚书仆射，相当于副宰相，被封为东武亭侯。当时曹操带兵跟袁绍打仗，怕后方出问题，派钟繇主持关中地区的工作，钟繇不仅稳定了关中的局面，而且给曹操送去一千匹军马，帮助曹操打了胜仗，对统一北方有很大贡献。东汉末年，黄巾起义加上军阀混战，京城洛阳的老百姓绝大部分都逃亡了，钟繇从关中大量迁民洛阳，并广纳流民充实京城，使洛阳逐步恢复了生气。所以曹氏父子对钟繇都十分器重。三国时，钟繇先后被魏文帝、魏明帝任命为相国、太傅，位列三公，后人常尊称他“钟太傅”。钟繇还是一位大书法家。他少年时就痴迷书法，平时常蹲在地上拿着树枝练习写字；睡觉躺在床上时就用手指在被子上写写画画，把被面都磨破了；上厕所也练写字，甚至忘了出来。后来进抱犊山学习，三年才出山。据传说，他曾在当时的书法家韦诞那里见到了书法名家蔡邕谈论笔法的著作，可是无论怎么请求，韦诞也不肯借给他看。回来后他懊恼之极，猛捶自己的胸部，以致呕血不止，是曹操派人送来了五龙膏才救了他的命。韦诞去世后，钟繇盗了韦诞的墓，终于得到了蔡邕的笔法论著，从此书艺大进。历代对钟繇的书法评价都很高，尤其是他的隶书（今隶，现在称为楷书）。传世的钟繇隶书有《戎路表》《荐季直表》《宣示表》《力命表》《还示帖》等，虽然数量很少，而且都是摹本，但仍是我们常用的楷书法帖。

“漆书”是指用漆写的简牍。汉班固《东观汉记·杜林传》：“于河西得漆书《古文尚书经》一卷。”元吾丘衍《学古编》说：“上古无笔，以竹梃点漆书竹上，竹硬漆腻而不能行，故头粗尾细。”（上古时没有毛笔，这漆书就是用竹子做的小棍蘸了漆在竹简上写字，由于竹棍硬，漆又粘，流动性差，写出来的字像蝌蚪一样，头圆圆的很粗，尾巴很细。）故“漆书”又称为“蝌蚪文”。

“壁经”是藏在墙的夹壁里的经典书籍。秦始皇兼并六国后，为了统一思想，接受李斯建议，天下诸子百家的书除了医药、占卜、种植的，下令统统烧掉。当时，有许多读书人想方设法把书藏起来，进行了抵制。所以，秦亡后，汉代曾发现多处夹壁藏书，最著名的是孔府的壁中书。据《汉书·艺文志》记载，汉武帝末年，鲁恭王为了扩大自己的居住面积，把孔子的故居拆了，结果在孔府的墙壁夹层中发现了《尚书》《礼记》《论语》《孝经》等数十篇，都是以古文字（战国文字）写的。后来，孔子的后人孔安国把发现的这些古籍都献给国家了。

府罗将相，路侠槐卿

南北朝时的诗人鲍照有诗句：“扶宫罗将相，夹道列王侯。”“扶”是辅佐的意思。全句是说京城里住着很多将相王侯辅佐着皇帝。“府罗将相，路侠槐卿”，也是这个含义。“府”原指藏书的地方（《说文》），后来多指官署和官员的居处。“罗”本义是捕鸟的网，这里是分布、排列的意思。“路侠”就是“夹道”，指道路两旁。作者用“侠”字代替了“夹”字，这在古籍中很普遍。段玉裁《说文解字注》说：“经传多假侠为夹，凡夹皆用侠。”

用音同或音近的字代替本字，在我国汉文字运用中叫作通假，亦称通借，在古代著作里是常见的现象。例如：以“谷”代“穀”，以“吁”代“籲”，都称之为通假。实行汉字简化方案后，“谷”和“吁”名正言顺地成为规范字，把“穀”和“籲”作为繁体字简化掉了。然而，我们一定要注意汉字实行简化方案后的字的多义问题，否则在用繁体字写书法作品时会闹笑话。就以“谷”字来说，“谷”成为“穀”的规范替代字后，“五穀杂粮”应写作“五谷杂粮”。“谷”在简化字中可以完全代替“穀”，但是在繁体字中“穀”不能完全代替“谷”，“谷”字原来含有的一些字义并没有取消。所以表示山间的夹道时，譬如“深山峡谷”，繁体不可写作“深山峡穀”。古代的少数民族“吐谷浑”也不可写作“吐穀浑”。

“槐卿”是“三公九卿”的意思。《周礼·秋官》规定，（外朝）“左九棘，孤卿大夫位焉，群士在其后；右九棘，公侯伯子男位焉，群吏在其后；面三槐，三公位焉，州长众庶在其后”。其大意是：左面立九根棘木，是孤卿、大夫等朝廷官员的位置，众多的士站在他们后面；右面立九根棘木，是公侯伯子男的位置，官府的办事人员站在他们后面；正面立三根槐木，是三公的位置，乡、村长和民众代表站在他们后面。在三公的位置立槐木，那是因为古人很尊敬槐树。槐树不怕寒暑旱涝，有很强的生命力，能活千年，而且，槐树花和槐树皮都可以食用，灾荒年份能救人性命。所以古人往往以“三槐”作为“三公”的代称。

“三公”在古代是太师、太傅、太保的总称（据《尚书》记载），都由德高望重的皇亲国戚或资深官员担任，作为帝王的最高辅佐大臣，位居百官之上。但各个朝代的官员设置不同。秦朝不设三公。汉朝设丞相（相国、大司徒）、太尉（大司马）、御史大夫（大司空），为三公；丞相为最高行政长官，相当于现在的总理，太尉为最高军事长官，相当于三军总司令，御史大夫为最高监察官，相当于副总理兼最高检察院检察长。汉朝也有太师、太傅、太保，但不常设。隋唐两朝既有三师（太师、太傅、太保），又有三公（太尉、司徒、司空）。宋朝还增加了三孤（少师、少傅、少保）。元、明、清各朝设太师、太傅、太保，恢复了“三公”称谓，但多作为大臣的加官、赠官，逐渐变成荣誉职称了。

“九卿”是古代中央政府中掌管具体政务的高级官员。《汉书·百官公卿表》记载：周代有天官冢宰、地官司徒、春官宗伯、夏官司马、秋官司寇、冬官司空，是为“六卿”，与三公之副少师、少傅、少保三个孤卿，共称“九卿”。秦汉的“九卿”是：奉常（太常）、郎中令（光禄勋）、卫尉、太仆、廷尉、典客（大鸿胪）、宗正、治粟内史、少府。其中，太常是九卿之首，掌管宗庙礼仪，下属官员有管天文历法的太史令和传授经学的博士官；郎中令负责皇宫内部的警卫；卫尉负责宫门的警卫；太仆掌管皇帝的车马，兼管全国的马政；廷尉是全国最高司法官员；典客负责少数民族事务；宗正管理皇族内部事务；治粟内史主管盐铁和国家财政；少府为皇帝私府，掌管皇家的财物。南北朝时北齐建太常、光禄、卫尉、太仆、大理、鸿胪、宗正、司农、太府九寺，寺的长官称卿。隋、唐开始建立吏、礼、兵、刑、户、工六部治理政务，九卿所管与六部重叠的事务逐步归入六部，但到清朝仍有太常、光禄、大理、鸿胪四寺官制，到光绪年间才撤销，至此延续两千年的九卿制最后终结。

户封八县，家给千兵

《说文》：“封，爵诸侯之土也。……守其制度也。公侯百里，伯七十里，子男五十里。”这里说的是周朝的制度。周初按公侯伯子男的等级分封同姓子弟和有功之臣以及古代帝王的后裔，在全国各地建立了七十一个大小不等的诸侯国，其中同姓同宗的五十三个。各地诸侯在自己的统辖地区内，世代掌握军政大权，但要服从王命，定期向天子朝贡述职，并有出军赋和服兵役的义务，从而达到天子对全国实行有效统治的目的。各国的国君赐给卿、大夫作为世禄的封地称为采邑、食邑，封地的大小通常以封地上的民户多少来计量，受封的官员对封邑有统治权。战国时，有被封为侯爵，食邑一万户的，人称“万户侯”。

“户封八县”是秦代以后的事。秦始皇统一六国后，在全国实行郡县制，取消了分封制。秦始皇把全国分为三十六郡，郡下设县。郡县制与分封制的主要区别在于郡县的长官不是世袭的，由皇帝直接任免。郡县长官成为职业官僚，领取俸禄而不据有土地，从而有效地保证了中央的行政管理，有利于中央的集权统治。此后各朝都实行这种政治体制，尽管还有封王封侯，但也只是作为皇帝对个人的奖赏，受封的官员对封邑没有统治权，只有权征收封邑内民户的赋税作为自己的食禄，与周朝的分封制在性质上不同。史料上多见的是封某某侯，食邑多少户，例如：东汉光武帝封姚期“安成侯，食邑五千户”。按县多少进行封赏的少见，更没见过“封八县”的。这里的“八”字应该只是一个表示很多的形容词。好比我们说有人生气时“火冒三丈”，谁见过这“三丈火”？《后汉书》记载，光武帝时受封县数最多的是将军贾复，河南南阳人，他在战场上，身先士卒，骁勇善战，战无不胜，攻无不克，为光武帝打江山立下了卓著功勋，被封为胶东侯，食六县。

“家给千兵”是说高官家中有皇上给的亲兵（警卫人员）一千人。历史上实有其事，《晋书·卫瓘列传》记载：卫瓘被任命为征伐蜀国大军的持节监军（代表皇帝监督军事行动的官员），由朝中有关部门“给兵千人”，为他看家护院。卫瓘是西晋的一位军事家，做过镇西将军、镇东将军、征北大将军，同时又是一位大书法家，善草书；与当时另一位书法家索靖齐名，人称“一台二妙”。有一个误传，说王羲之的书法启蒙老师卫铄是卫瓘的女儿，其实卫铄是卫瓘儿子卫恒的侄女。

高冠陪辇，驱毂振缨

“冠”就是帽子，样式和我们现在戴的帽子不同。古代汉人都蓄长发，剪短发是“蛮夷”风俗；剃光头是一种刑罚，叫作“髡”。头发太长也碍事，要把头发包起来，怎么包？贵族是把头发盘成发髻，然后用发笄（俗称簪子）绾住发髻，再加冠束住。冠有冠圈，圈两旁有缨，是两根小丝带，可以在颔下打结。《礼记·曲礼》：“男子二十冠而字”，规定贵族男子二十岁戴冠，是成人的标志，要到宗庙举行冠礼。平民百姓是不许戴冠的，只能用帻。蔡邕《独断》：“帻者，古之卑贱执事不冠者之所服也。”通俗地讲，帻是套在头上包住头发的便帽。秦代把庶民百姓称为黔首，就因为老百姓戴的帻都是黑色的。汉代老百姓戴的帻都是青色的，所以被称为苍头。后来贵族士大夫觉得平时戴帻比较方便，所以也喜欢戴帻了。帻都是遮住额头的，戴帻而露出前额，古人称为岸帻，表示洒脱不拘礼节。

“冠”有很多种，名目、形制各不相同。《后汉书·舆服志》记载：皇帝乘舆外出，常戴通天冠，高九寸，前有山形装饰。近臣戴高山冠，高九寸，没有山形装饰。高级文官戴进贤冠，高七寸。执法官员戴法冠，武将戴武冠。所以“高冠陪辇”就是说皇帝外出时，有许多戴着高冠的王侯将相们陪同。“辇”原指人力拉的或有人在后面推的车子。秦汉以后专指皇帝、皇后所乘的车，皇帝乘的叫龙辇，皇后乘的叫凤辇。

“毂”是车轮中心穿轴承辐的部分。《老子·十一章》：“三十辐，共一毂”，是说古代的木制车轮规格，每个轮子有三十根木制的辐条连接在轮子中心的毂上。古人常以毂代车，如《梁书·武帝纪》中“受任边疆，推毂万里”，这里的推毂就是驱毂即驱车（驾车行驶）的意思。

“缨”有两个含义，一个是前面刚说过的系冠的丝带。《左传·哀公十五年》：“君子死，冠不免。结缨而死。”这个故事发生在孔子去世的前一年。孔子的学生子路在卫国大夫孔悝里当管家，卫国内乱，子路去救助孔悝，不幸被戈击中，身负重伤，系冠的丝带也断了。子路自知难免一死，他说，君子死的时候，冠不能不戴。于是挣扎着把丝带结好，死后倒地时冠在头上没有脱落。还有一个故事，《史记·滑稽列传》："淳于髡仰天大笑，冠缨索绝。"是说战国时，齐国有个能说会道的辩士淳于髡。有一年楚国发兵进攻齐国，齐王派淳于髡带黄金百斤、车马十驷，去赵国求援兵。淳于髡仰天大笑，用力过度，把系冠的丝带都迸断了。齐王问他笑什么，淳于髡说，我在路上见一个农民拿一个猪肘、一杯酒向老天爷祷告，求年年收成好，五谷丰登。他就拿那么一点东西，却要得到那么多的回报，实在是痴心妄想啊，所以我觉得好笑。于是齐王令淳于髡带着黄金千镒、白璧十双、车马百驷去见赵王，赵王同意出兵十万。消息传出后，楚国就把攻齐的兵撤回去了。

"缨"的另一个含义是驾车时套在马脖子上的绳索，即马缰绳。由这个含义引申为捆绑人的长绳，如毛泽东的《清平乐·六盘山》词句"今日长缨在手，何时缚住苍龙"中的"长缨"。

对于"振缨"有两种不同的理解。一种理解是驾车时抖动手中的缰绳，这与前两个字"驱毂"是可以呼应的，很多人都这么理解。但是"振缨"在古代还有另一种含义。

《晋书·周馥传》："馥振缨中朝，素有俊彦之称。"（周馥在朝为官，向来有杰出人才的美誉。）晋朝陆机诗句："弛厥负担，振缨承华。"（放下那些思想包袱，在承华宫高高兴兴地参加官员们的活动。）在这里，"振缨"是不能理解为抖动缰绳的，应该理解为飘动着冠缨。

世禄侈富，车驾肥轻

《孟子·梁惠王下》曰："昔者，文王之治岐也，耕者九一，仕者世禄。"（从前文王治理岐周，对耕者收税是九抽一，给官员以世袭的俸禄。）"世禄"就是世袭的俸禄。俸禄用现在的话说就是工资收入，古代称"禄"。《说文》中没有俸字，俸禄这个词是后来才有的。古代天子是全国最大的地主，"四海之内，莫非王土"。天子把土地分封给诸侯，再分给各级官员，形成了大大小小的各级官僚地主，拥有对所有土地的管辖权，征收赋税作为自己的收入（除上交国库外），并且世代继承，这些人家都十分富裕。《左传》："郑驷秦富而侈。"是说春秋时期，郑国一个下大夫，名叫驷秦，富裕而且奢侈，以致郑人都讨厌他。"侈"是大、阔、浪费的意思，"侈富"意指豪富。

"车驾肥轻"出自《论语·雍也》。子华使于齐，冉子为其母请粟。子曰："与之釜。"请益。曰："与之庾。"冉子与之粟五秉。子曰："赤之适齐也，乘肥马，衣轻裘。吾闻之也，君子周急不济富。"这个故事发生在孔子为鲁国官员的时候。孔子在鲁国先后担任过中都宰、司空、司寇并代理宰相。子华是孔子弟子，姓公西，名赤，字子华，奉命出使齐国，按规定应拨给安家口粮。冉子也是孔子的弟子，姓冉名有（也称冉求），当时是孔子任用的总管。他为公西赤的母亲来请示给安家口粮的事，孔子说给一釜(六斗四升)，冉有请求再加一点，孔子说加一庾（二斗四升），可是冉有却徇私情，给了五秉（八百斗）。孔子批评了他，说："公西赤到齐国去，乘着肥马驾的车辆，穿着又轻又暖的皮袍。（说明他家富裕）我听说：君子应该周济急需周济的人而不是给富人添富。"

"乘肥马"不是骑肥马。古代中原的马都是用来驾车的，乘马就是乘车。到战国时代，赵武灵王向匈奴学来了胡服骑射，才兴起骑马之风。古代的车有两种，一种是牛车，又称大车，一般是用来载运货物的；一种是马车，又称小车，是供贵族出行和作战用的。马车中驾两匹马的叫骈，驾三匹马的叫骖，驾四匹马的叫驷。《论语·季氏》："齐景公有马千驷。"是说齐景公有一千辆由四匹马驾的车，意指齐国是千乘之国，是个大国；而不是说齐景公有四千匹马。古人乘车都是站在车上，称为立乘（老人、妇女除外）。乘车的规矩是尊者在左，驾车的御者在中，陪乘的在右。兵车是主帅居中，自掌旗鼓；御者在左；保护主帅的在车右。但一般的兵车还是御者在中间，战士在两边。

策功茂实，勒碑刻铭

《左传·桓公二年》“凡公行，告于宗庙，反行，饮至，舍爵，策勋焉。礼也。”古代诸侯去朝见天子，拜会诸侯，或与诸侯盟会，或出师攻伐，这些都是“公行”，行前都要亲自祭告祖庙和父庙，并派官员祭告其他宗庙和众神。回来也同样要进行祭告。然后在祖庙和群臣饮酒，饮酒完毕，放好酒杯，再“书勋劳于策”，这是古代礼仪的要求。《千字文》中的“策功”就是“策勋”，把功劳记载在简策上。“茂实”源自汉司马相如《封禅文》中的：“蜚英声，腾茂实。”（美好名声飞扬天下，高尚德行与功业蒸蒸日上。）这里的“蜚”就是“飞”，古时两字通用。“茂实”的原意是茂盛而多实，引申为盛美的德业，即高尚的德行和丰功伟绩。所以，“策功茂实”的意思是把美好德行和功绩记录在简策上。

“勒碑刻铭”就是在石碑上刻制铭文。“勒”在这里是雕刻的意思。《礼记·月令》：“物勒工名，以考其诚。”

（器物上都要刻上工匠的名字，以便考查有无偷工减料。）但是古代并没有刻碑的习俗。商周时代王公贵族喜欢把需要永志不忘的事情或话语刻在青铜器上，如《礼记 · 大学》说："汤之盘铭曰：苟日新，日日新，又日新"。盘是古代盥洗时使用的盛水器。汤王在其上刻的铭文的意思是：如果愿意洗去污垢，一日自新，就要天天自新，每天自新。"铭"原来就是"记"的意思（《说文 · 新附》：铭，记也），后来引申为"刻"，又引申为名词，指刻在器物上的铭文，如"盘铭""座右铭"。然而，青铜器上的铭文绝大部分是和青铜器一道铸造出来的，不是青铜器铸成之后再刻的。至于在石碑上刻铭是后来的事。

据现有资料，古代的碑有三种用途：一、在宫中用来观测日影，看时间；二、在庙中举行祭祀或其他礼仪时拴牲口（用作牺牲的）；三、在国君或大夫以上的高级官员棺木下葬时用来引棺木平稳下入墓穴。那时的碑上部、在靠近碑顶处还有个圆孔，称为"穿"，可以穿过下放棺木的绳索。古代的碑上并不刻字，在石碑上刻铭文起始于战国后期。最早在石碑上刻制长篇铭文的是秦始皇，他去泰山封禅或外出巡游，几乎每次都要在所到之地立碑为自己歌功颂德，碑上的铭文由丞相李斯用标准的小篆书写。因此，虽然现在秦碑都没有了，只有个别碑的残石，但碑铭的拓片成了后世学习篆书的法帖，如《封泰山碑》（亦称《泰山刻石》）、《峄山碑》（亦称《峄山刻石》）。汉朝尤其东汉时期，刻碑十分普遍，祭天、祭神、祭孔、记功、记事都常常以刻碑的形式作永久的纪念。前面讲过，东汉灵帝时，蔡邕奉命勘定“六经”文字后，就将“六经”亲自写在四十六块石碑上，经工匠镌刻完成，立于太学门外，世称“熹平石经”。东汉后期，厚葬之风盛行，不仅葬仪豪华奢侈，而且对死去的官员们都要立碑赞美一通，“厚死伤生”，劳民伤财。所以，东汉建武十年（205），朝廷曾下诏禁止厚葬，包括禁止立碑；后来西晋武帝司马炎也曾宣布禁止碑表，都对刹住当时的奢靡之风起了很好的作用。

磻溪伊尹，佐时阿衡

这里讲的是古代传说中两个著名的历史人物：伊尹和姜太公。这二位都是辅佐开国君主成就改朝换代大业的贤相。

伊尹是一个孤儿，出生后被放在伊水边一棵中空的桑树里。有莘氏家的姑娘去桑园采桑叶时发现了这个婴儿，把他抱回家交给家中的厨师收养，并给他起名伊尹。这个小孩很聪明，长大后向厨师学到了一手好厨艺。有莘氏家姑娘嫁给商君成汤的时候，就把他作为陪嫁奴隶带去做厨师。战国末年，秦相吕不韦邀集门客编写的《吕氏春秋》书中有一篇《本味》，专门记载了伊尹与成汤关于烹饪和饮食方面的对话。后世的厨子都尊伊尹是他们的祖师爷。

伊尹出身奴隶，了解民情。人们对于当时夏朝的暴虐统治已深恶痛绝，迫切希望有明君出来改变这一切。于是，伊尹通过改变饮食的口味，与成汤进行了几次长谈，纵论天下大事。成汤听后大喜过望，发现伊尹不仅厨艺高超，而且懂得治国谋略，是个难得的人才，决定任命伊尹为阿衡。阿衡是商的官名，相当于宰相。在伊尹的辅佐下，成汤率领诸侯，兴兵伐夏，推翻了夏朝，建立了商王国，打下了六百年商王朝的基业。所以《诗经·商颂·长发》中有歌颂伊尹的诗句：“允也天子，降予卿士。实维阿衡，实左右商王。”意思是：天子有诚意，天给我们降下好卿士，就是这个阿衡伊尹，真是商王左右的好帮手。

《孟子·万章》还记载了孟子讲的关于伊尹摄政的故事：商汤去世后，太子未立就死了，后来太子的儿子太甲继承了王位，但太甲破坏了汤王制定的法度，伊尹就把他流放到桐邑反省思过，自己摄政，处理国事。三年之后，太甲悔过自新，接受了伊尹对他的教训，在桐邑，能够以仁居心，唯义是从。伊尹又把他接回京都，让他重新登上王位。

“佐时阿衡”就是说阿衡伊尹适时地辅佐成汤建立并巩固了商王国，立下了不朽的功勋。

“磻溪伊尹”是说周文王在磻溪遇见了像六百年前伊尹一样能帮助他完成大事业的姜太公。

姜太公是家喻户晓的名人。传说姜太公在渭水磻溪畔垂钓时鱼钩上不放鱼食，咬不咬钩，听鱼自愿。所以民间有“姜太公钓鱼，愿者上钩”这一句俗语。“磻溪”是一条水流的名称，在今陕西省宝鸡市附近。姜太公在中国老百姓的心目中是一个有些神化的人物，关于他的传说散见在许多古书之中。

据说姜太公是炎帝的后裔。前面我们讲过神话传说中的炎帝和黄帝。他们是我国古代在黄河流域的两个大部落的首领。生活在姬水流域以黄帝为首的部落以姬为姓，生活在姜水流域以炎帝为首的部落以姜为姓。他们结成部落联盟，彼此通婚，后来逐渐向东南发展，到达黄河中下游和长江流域，称为华夏民族。华夏子孙就是炎黄子孙。所以，姜太公的族姓是姜，但姜太公的祖上由于协助大禹治水有功，被虞舜封于吕，因此姜太公本姓吕，名尚，字牙，尊称子牙。后来周文王在磻溪见到他时说：“吾（先君）太公望子久矣。”于是人们又称他为“太公望”，周武王继位后尊之为“师尚父”。故而，后世书籍中对他的称谓很多：吕尚、吕牙、吕望、太公、尚父、师尚父、师望、太公望、姜子牙、姜太公、齐太公（姜太公的封地是齐）等。姜太公出生在东吕，即今山东的日照、莒县一带。他自幼好学，满腹经纶，可是家境贫寒，娶不起妻，做了马家的倒插门女婿，当时称为赘婿，社会地位低下，受到妇家和外人的轻视。由于他不善家务劳作也不善经营理财，最后被他妻子逐出家门。估计他妻子的年龄比他大，所以古书上说他“为老妇所逐”，他被称作“逐夫”（被逐之夫）。吕尚那时已过“而立”之年，但是怀才不遇，在家隐居了几年。后来他离开故乡，闯荡江湖。在黄河渡口棘津做过摊贩，当过小伙计，在河南孟津开过小饭店。在商纣王时的都城朝歌（今河南淇县），他以屠牛为业，又为人占卜算卦。大概由于他占卜灵验，曾经被推荐到商王朝，担任政府的小吏，然而那时商朝的末代帝王纣荒淫无道，暴虐残酷，听信奸佞，无恶不作，所以姜太公没干多久就自动离职不干了。他先后游历了七十来个诸侯国，看到商纣王的倒行逆施已丧尽人心，商王朝即将灭亡，而当时众多诸侯国中，周的威信最高，将来有能力推倒商纣王朝的必定是周。因此姜太公在八十岁时，决定去周国隐居。他说：“吾闻西伯贤，又善养老，盍往焉。”意思是：我听说西伯贤明，又能很好地赡养老人，何不到他那里去呢。（见《史记·齐太公世家》）西伯就是周族的领袖周文王姬昌，在商代末年曾被封为西伯。姜太公在周隐居不长时间，果然遇见周文王，并且受到了重用。

关于周文王与姜太公的相遇，据《史记·齐太公世家》记载：有一次，西伯准备出去打猎，先进行占卜。卜辞记载：得到的不是龙不是螭（一种没有角的龙），不是虎不是熊，得到的是霸王的辅佐。之后周西伯出猎，到岐山脚下渭水北边，果然遇见了太公，与他进行交谈后十分高兴。西伯说："我的先代君主太公说过，一定有圣人到周国来，周国将靠他兴旺发达。您就是这个人吧？"随后，西伯就带着他同乘一辆车回去，任命他做了统帅军队的长官。

在姜太公的辅佐下，周文王推行德政，国力不断增强，征服了周围的密须、阮、共和犬戎等部落，消灭了崇侯虎等商纣王的部下，逐渐发展壮大，在沣水、渭水之间新建了城邑。周文王晚年，已有四十多个诸侯国归顺了周。"天下三分，其二归周。"周文王去世后，姜太公继续辅佐文王的儿子姬发（武王）"倾商灭纣"。据说周武王曾到孟津"观兵"（大检阅），有八百诸侯参加，可见人心所向。过了两年，纣王愈加昏乱暴虐，他的亲信太师疵、少师强都投奔周武王了。于是武王决心吊民伐罪，出兵伐纣，任命姜太公为军师，指挥全军四万八千人向朝歌进发。纣王听说西周的军队已经进到离朝歌七十里的牧野，才慌慌张张地调集了兵丁、奴隶和东夷的战俘，总共七十万人，开到牧野应战。两军一交战，商纣王虽然兵多，但是士气低落，士兵们无心恋战，纷纷倒戈，结果一败涂地，周军一路追杀到朝歌城下。纣王逃回宫中，在他靠搜刮大量民财建筑起来的高大的鹿台上自焚死了。商朝至此灭亡。

姜太公助周灭商立下大功，武王把他封在齐地，都城营丘（今山东临淄），所以姜太公是齐国的始祖。《史记·齐太公世家》记载："太公至国，修政，因其俗，简其礼，通工商之业，便鱼盐之利，而人民多归齐，齐为大国。"说明姜太公在治理齐国的过程中推行了一系列得民心、顺民意的政策措施，他顺应当地的风俗习惯，简化烦琐的礼仪，沟通工商业，发展渔盐生产。因此，人们都拥护姜太公，愿意到齐国去谋生，齐成为人口众多的大国。

姜太公是周的国师，齐的始祖，而且传说是兵家之祖。古代有一本谈论兵法的书《六韬》，又称《太公兵法》，以姜太公与周文王、武王对话的形式，记录了姜太公的军事思想和战略战术。这是中国最早的兵书，被称为"韬略鼻祖"。但据后人考证，这书应该是战国后期的著作，不是姜太公亲自写的。

伊尹和吕尚出身低微，一个是奴隶，一个是“逐夫”，但他们被明君发现而且重用，发挥了他们经天纬地的大才，辅佐明君完成了改朝换代的大业，建立了永垂青史的大功，名耀千古而不朽。所以，他们成为封建社会士大夫的榜样。

奄宅曲阜，微旦孰营

“奄”是商代的一个诸侯国，都城在山东曲阜。“宅”是住所、墓穴。

“微”在这里用作假定副词如果不是。“孰”是疑问代词谁的意思。

这两句的意思是：曲阜原来是奄国的住地，如果不是周公旦，有谁来经营这座文化名城?

曲阜在古代是座名城。传说黄帝出生在曲阜东门北面的寿丘，三皇五帝时代的少昊定都在曲阜，商朝帝王南庚也曾迁都到曲阜。后来，曲阜是殷商盟国奄国的国都。

周朝建立初期，商纣王虽然死了，但是殷商贵族的势力并没有消灭，所以周武王把殷商国都附近的土地封给纣王的儿子武庚（禄父），让他管理纣王留下来的部队和殷商宗族；同时派自己的弟弟管叔、蔡叔辅助禄父治理殷国，以监视殷商的残余势力。但是武王死后，由于儿子成王年纪小，周公摄政，代理国事。管叔、蔡叔他们制造谣言说周公要篡夺王位，勾结武庚发动叛乱，史称“三监之乱”。于是周公带兵东征两年，取得了讨伐叛军的重大胜利，杀了武庚、管叔，流放了蔡叔。后来，成王又亲自出征，任命周公为军师，用一年时间，讨伐了附和“三监”起来叛乱的徐、奄、熊、盈、蒲姑和淮夷、东夷诸国，征服了今天的山东全境、河北北部直至辽东半岛。经过这场剧烈的战争，才真正完成了灭商大业，巩固了新建周王朝的统治。奄国被消灭，国土加封给了鲁国。

周公旦，是武王的四弟。武王克商，大封功臣。周公被封于鲁，但是周公看到纣王刚被打倒，天下还不安定，自己没有去封地鲁国，留在京城，继续辅佐武王。武王去世时成王年幼，他又辅佐成王，让儿子伯禽代他去鲁就封，临行前，周公对儿子说了一番话:“我文王之子，武王之弟，成王之叔父，我于天下亦不贱矣。然我一沐三捉发，一饭三吐哺，起以待士，犹恐失天下之贤人。子之鲁，慎无以国骄人。”（我是文王的儿子，武王的弟弟，成王的叔父，我在天下的地位也不低了。然而我洗一次头发就三次握住头发，吃一餐饭就三次吐出口中食物，起身接待士人，还担心失去天下的贤人。你到了鲁国，千万不要凭着国君的身份看不起人。）《史记 · 鲁周公世家》中记载的这段话，正是周公礼贤下士、辛劳勤政的生动写照。“一沐三捉发，一饭三吐哺”成为千古传诵的明君贤相的形象。

周公不仅在军事上为巩固周王朝做出了重大贡献，而且在政治上文化上也做出了不可磨灭的贡献。他营造洛邑，分散安置殷商遗民，又总结历史经验，制礼作乐，改革法令制度，稳定了当时的社会秩序，推进了辉煌的周文化。周公称得上是中华传统文化第一位集大成者。他儿子伯禽到鲁国，也带去了周礼的典籍和精通礼制的人，历时三年，变革当地的风俗礼仪。周公去世后，为了褒奖周公的大德，周成王又特许鲁国可以使用天子的礼乐在郊外祭天并立庙祭祀文王。所以鲁国成为西周各诸侯国中周礼最完备的国家，是一个礼仪之邦。在这样的环境熏陶下，五百年后曲阜诞生了中华传统文化第二位集大成者孔子。孔子说:“周监于二代，郁郁乎文哉！吾从周。”（周的礼制是依据夏商两代的礼制制定的，多么丰富多彩啊！我拥护周的礼制。）他忠实地学习和继承周礼，而且积极宣传推广周礼。当代学者钱穆说：“孔子是开始把古代贵族宗庙的知识，来变换成人类社会共享的学术事业之第一人。”所谓“六经”：《诗》《书》《礼》《乐》《易》《春秋》，都是古代的官书，经过孔子的整理和解说，才广泛流布于民间。这是孔子对中华传统文化立下的最大功劳。

孔子是伟大的思想家，也是伟大的教育家。他的思想、德行流布千年，深刻影响着每一个中国人。据说，孔府有一块“至圣先师大圣文王孔子”之碑，“文化大革命”中被砸碎散失了。“文化大革命”结束后，曲阜市政府号召居民把收藏的该碑碎片都交回来，以便恢复原碑。结果收回了 108 块，拼起来正好就是一整块原碑。这证明孔子和中华传统文化已经深入曲阜人民的心底，他们不愧是曲阜这座千古文化名城的老百姓。

桓公匡合，济弱扶倾

“桓公”指齐桓公，“匡”在这里是纠正的意思，“匡合”是集合力量，匡定天下。“济弱扶倾”是救助弱小危难者。《论语 · 宪问》：“桓公九合诸侯，不以兵车，管仲之力也。”意思是：齐桓公多次召集各国诸侯合盟，不使用武力，这都是管仲的力量啊。又说：“管仲相桓公，霸诸侯，一匡天下，民到于今受其赐。微管仲，吾其被发左衽矣。”意思是：管仲辅佐桓公，称霸诸侯，使天下一切得到匡正，人民到今天还受到他的好处。如果没有管仲，我们都将披散着头发、衣襟向左边开（在落后民族的统治下生活）了。

齐桓公在我国历史上是“春秋五霸”的第一个霸主。我们要先介绍一下春秋时期的情况。前面讲了武王伐纣、灭商兴周和姜太公、周公旦的事迹，那是周昭王十三年（前

1040）左右的事情。到周平王元年（前 770），周平王迁都洛邑，周王朝进入了东周时期。周平王为什么要迁都呢？问题出在他父亲周幽王身上。周幽王奢侈腐败，宠爱妃子褒姒。《史记·周本纪》记载了幽王“烽火戏诸侯”的传说，大家可能都听说过。周幽王有一个妃子褒姒，长得很漂亮，但进宫后一直不爱笑，幽王怎么逗她也不行。有一次幽王在烽火台上点燃烽火，敲击大鼓，召集诸侯进京。诸侯们以为有外敌入侵，急急忙忙把部队带到京城，结果发现什么事情也没有发生。褒姒见诸侯们受了骗，乱哄哄的样子很可笑，就情不自禁地大笑起来。于是，幽王就多次“烽火戏诸侯”，以博褒姒一笑。后来，诸侯们见了烽火台点燃烽火也不理睬了。后来，申侯联合犬戎的势力进攻京城时，诸侯都不来救，幽王被杀。这个故事表明西周末年已经用烽火来传递外敌入侵的消息。据近代考古发现的战国竹简记载，周幽王被杀是因为他立褒姒的儿子做太子，把王后和已经立的太子废了，太子逃到王后娘家申国，幽王又带兵进攻申侯，结果被申侯联合犬戎的势力战败，幽王被追杀在骊山脚下，镐京（今西安）也被掳掠一空。所以《诗经·小雅·正月》说：“赫赫宗周，褒姒灭之。”西周因为褒姒而灭亡了。太子宜臼即周平王继位后，不得不将京城东迁到洛邑（今洛阳）。

东迁后的周王朝，史称东周，是中国历史上一个大动荡的时代，包括春秋和战国前后两个时期。为什么东周前一段称为春秋时期呢？当时周王室和一些诸侯国的史官编写的编年体史书，都称为《春秋》。但是孔子依据《鲁春秋》编修的《春秋》，被儒家奉为经典。所以过去多把孔子修《鲁春秋》的起讫时间鲁隐公元年（前722）至哀公十四年（前481）作为春秋时期，从鲁哀公十五年（前480）到秦始皇灭六国（前221）称为战国时期。现在一般按《史记》说的以周平王元年（前770）至周敬王四十四年（前477）为春秋时期，周元王元年（前476）至秦灭六国为战国时期。

春秋时期是我国奴隶制逐渐瓦解并向封建制转变的时期，周王室名义上还是诸侯共主，所谓“普天之下，莫非王土”，但实际已经开始衰落，直接管辖的地盘越来越小，大片国土都在各大诸侯国手里。传说西周初期有一千多诸侯国，经过不断兼并，到春秋时期只剩下一百多。司马迁在《史记·太史公自序》中说：“春秋之中，弑君三十六，亡国五十二，诸侯奔走不得保其社稷者，不可胜数。”可见春秋时期继续着大国吞并小国，由此形成了少数几个大诸侯国互相争霸的局面。所谓“争霸”，就是争当诸侯国联盟的首领。通常说“春秋五霸”，究竟是哪五个实力强大，威望很高，成了大家公认的霸主？说法不一。有的说是齐桓公、宋襄公、晋文公、秦穆公、楚庄王，有人说是齐桓公、晋文公、楚庄王、吴王阖闾、越王勾践。其中得到大家公认的是三位霸主：齐桓公、晋文公、楚庄王。

齐桓公于周庄王十二年（前685）即位后，在鲍叔牙的极力推荐下，任用管仲为相，又听从管仲的建议，选贤任能，在政治、经济上进行了一系列改革，推行富国强兵政策，使齐国迅速强大起来，并且提出“尊王攘夷”的口号，利用周王的传统影响，团结华夏各诸侯国，努力实现大一统的局面，改变“君不君、臣不臣”的混乱状态，同时也提高本国在列国中的地位。周厘王元年（前681），宋国内乱，齐桓公按照管仲的建议请周天子下旨大会诸侯，立定宋君名分。于是，齐桓公以王命布告诸侯于三月初在北杏（今山东聊城市东阿县）聚会。一般诸侯聚会，为显示本国实力，赴会时都带相当数量的兵车，所以齐桓公问管仲带多少兵车合适。管仲说：君是奉王命召集会议，带什么兵车！到会诸侯看齐桓公没带一兵一卒，觉得齐国是以诚待人，都把带来的兵车退回到二十里以外。齐桓公看这次聚会只来了四个诸侯国，想打退堂鼓，管仲说：第一次聚会诸侯，就不讲信用，以后怎么能成霸业？在这次聚会上，大家共推齐桓王为盟主。这是齐桓公会盟诸侯的第一次。《史记·封禅书》记载：齐桓公曾对管仲说，自己“兵车之会三，而乘车之会六，九合诸侯，一匡天下，诸侯莫违我”。但据统计，齐桓公在位四十余年，曾会盟诸侯二十六次，不是仅仅九次。

周惠王十三年（前 664），山戎攻打燕国，齐桓公应燕国的请求出兵帮助燕国打败了山戎。周惠王十六年（前 661）,赤狄攻打邢国,邢国求救,齐桓公征求大臣们意见时，管仲坚决主张抵抗异族侵略，救援邢国。赤狄见齐国大军过来就主动撤走了。第二年，赤狄进攻卫国，杀了卫国的国君还把他身上的肉割下来全吃了。卫国的老百姓逃亡到曹邑，齐桓公派兵保护他们，并送去许多物资用品，后来又联络其他诸侯国，在曹邑东面为卫国建造了新城（楚丘）作为国都。期间，赤狄再次攻打邢国，邢军大败，齐桓公和诸侯部队前去救援，赶走了赤狄。鉴于赤狄势力强大，邢国将长期遭受赤狄侵扰，齐桓公和诸侯部队便帮助邢国搬迁到夷仪（今山东聊城附近），还帮着筑城。这就是春秋时期齐桓公“存邢救卫”、济弱扶倾的历史故事。

周襄王六年(前 651)癸丘(今河南商丘市民权县)之会，周王派重臣到会，把祭神的胙肉赏赐给齐桓公，表示承认他做众诸侯的盟主。诸侯们在会上制订了约束自己、搞好相互关系的五条盟约。这是齐桓公霸业的巅峰。

周襄王七年（前645）管仲去世后，齐桓公没有听管仲的忠告，信用佞臣，结果宫廷内乱，齐桓公于周襄王十一年（前641）竟在宫中活活饿死。

绮回汉惠，说感武丁

“绮回汉惠”说的是汉高祖刘邦想废黜太子而太子最后没有被废掉的故事。“汉惠”就是这个太子，继位后称汉惠帝。这件事在《史记·留侯世家》中有比较详细的记载。

刘邦的原配夫人吕后，生了一个儿子和一个女儿。儿子刘盈理所当然地成为太子，是皇位的继承人。但是刘盈生性仁慈软弱，刘邦觉得刘盈不像自己那样刚强，不太喜欢他。刘邦立为汉王之后，又娶了个戚夫人，生下了儿子如意。戚夫人年轻貌美，经常跟随刘邦外出作战，而吕后年纪大了，常留守在家。戚夫人就老是给刘邦吹枕边风，哭哭啼啼地要求立自己的儿子如意为太子。所以刘邦曾多次表示要废黜太子，由于大臣们的劝谏，刘邦一直下不了决心。吕后知道这个情况后，很惶恐，不知道怎么办。有人给吕后出主意，说张良善于出谋划策，而且皇上也信任他，建议吕后去找张良。于是吕后派自己的二哥建成侯吕释之去跟张良说：“您是经常为皇上做谋划的老臣，如今皇上要更换太子，这样重要的大事，您怎么能垫起枕头睡大觉呢？”张良说：“当初皇上多次处于危急之中，幸而采用了我的计策。如今天下安定，因为偏爱的缘故想更换太子，这是至亲骨肉间的家事，即使我们去一百多人进谏，也不见得有什么好处。”吕释之说：“您无论如何要给我想一条计策啊！”张良说：“这件事光靠口舌争辩是很难解决的。我想有四个人，皇上想请他们出来做事却请不到。这四位都是老人，因为他们认为皇上对人傲慢、随便侮辱人，所以逃到商山中去了，坚持节操，不做汉臣。然而皇上还是很尊重他们四个人的。现在如果你们不吝惜金玉财帛，让太子写一封信，言辞谦逊，并备好座车，派说客去诚恳而坚定地请他们出山，他们应当会来。来了，要把他们当作贵客看待，让他们经常跟随着太子上朝，使皇上看见他们，就一定会惊异地询问他们。皇上问了他们，知道了他们的贤德，对太子就是一大帮助。”于是，吕后按计行事，派吕释之捧着太子的书信和丰厚的礼物去敦请人称“商山四皓”的四位老人。老人到了之后，以贵客的身份住在建成侯吕释之的家里。

汉高祖十一年（前196），淮南王黥布造反。刘邦有病，要派太子领兵出征。四老人商量后跟建成侯说，这件事很危险，太子没有带过兵，而与太子一道出征的将领都是和皇上一起平定天下的猛将，如果让太子统帅他们，就好比是让羊统帅狼，没有人肯为太子出力。黥布听到这样的部署，也会更加嚣张。平叛可能平不成，那样的话太子就麻烦了。现在皇上有病，可以乘坐卧车，躺着指挥，将领们也不敢不卖力的，还是皇上亲自领兵为好。建成侯听后连夜去找吕后，吕后找了个机会按照四老人的意思对皇上哭诉了一番。刘邦决定御驾亲征。

汉高祖十二年（前 195），大军击败黥布，刘邦得胜回朝，但病更重了，想换太子的心更迫切了。在庆功宴会上，刘邦见有四个老人跟随着太子，他们须发雪白，看上去都已八十岁了，穿的衣服和朝中的人也不一样，感到很奇怪，问他们是干什么的？四个老人上前应答，各自报了自己的姓名，叫作东园公、角里先生、绮里季、夏黄公。刘邦十分惊奇，说：“我访求诸位好几年了，你们总是躲避我，今天你们为什么自动跟随我的儿子呢？”四位老人都说：“陛下轻视士人，喜欢辱骂，我们讲骨气不愿受侮辱，所以惶恐不安地躲避起来。我们听说太子为人仁义孝顺，对人恭敬有礼，喜爱士人，天下的人没有不伸长脖子想为太子拼死效力的，所以我们来了。”刘邦说：“希望各位能善始善终地关心爱护太子。”四个老人向皇上敬酒祝福完毕，就告辞急步退出了宴会。刘邦目送四老离去，便召唤戚夫人来指着四个老人让她看，一边说："我想更换太子。但他们四人辅佐他，太子的羽翼已成，难以动摇他的地位了。"所以，"绮回汉惠"就是说绮里季等"商山四皓"使汉高祖回心转意，保住了汉惠帝的王位。

"说感武丁"来源于《史记·殷本纪》中有关商王武丁的一个传说。我们先讲一下"说"字在古文中有三个读音。一个是我们现在常用的，例如"说话""学说"的"说"，读作 shuō；一个是"说服"的"说"，古代都念 shuì；还有一个读音是 yuè，如《论语·学而》中的"学而时习之，不亦说乎"，这里的"说"应该念 yuè。

前面已经讲过伊尹辅佐成汤的故事。商朝从成汤建国到纣王亡国，一共历经十七代、三十王，历时六百年左右。商王朝前五代统治一直是稳定的，后来因为争夺王位继承权造成九世衰乱、五次迁都，直到第二十位商王盘庚才定都于殷（今河南安阳）。在以后的近三百年中，殷都成为商王朝的政治、经济、文化中心。近代发现的大量甲骨文就是在安阳殷墟出土的。

盘庚之后王位三传到武丁。《史记》说：武丁即位后，三年不问政事，都交给宰相办理。他自己在一旁"以观国风"。有一天，武丁说自己夜晚做梦遇到了一位圣人，名字叫说，并且按照梦中见到的相貌在手下的大臣官吏中寻找，没有找到，然后让百官在各地寻找。终于在傅险（又称傅岩，在今山西平陆北）找到了这个人，是一个受监督劳动的犯人。说被送到京都，武丁亲自接见谈话，果然是位圣人，立即提拔他做了宰相。因为是在傅险找到的，就把傅作他的姓，称他为傅说。《千字文》作者把这个听起来有点神奇的传说称为“说感武丁”，意思是傅说通过托梦感动武丁。我们用现在的观点分析，大概武丁的即位三年先“观国风”就是深入民间观察民风，了解国情。在此期间他寻访到民间一位名叫说的能人，可以辅佐自己复兴殷商。但是这人出身是奴隶，如果举荐他，很难得到大家的认可。因此武丁利用当时的迷信风俗，编造了夜梦圣人的故事，以达到引进贤人的目的。在傅说等贤相能臣的辅佐下，武丁内修德政，外治武功，在位五十九年，将商王朝推向全盛时期，国力十分强大。《史记》说：“武丁修政行德，天下咸欢，殷道复兴。”武丁被称为“中兴之王”。傅说年老后，武丁给他很多赏赐，并让他辅导王室子弟读书，颇受后人尊敬。山西平陆至今还有傅说庙、傅说墓、傅说当年劳动的遗址等古迹，供大家凭吊。

俊乂密勿，多士寔宁

“俊乂”出自《尚书·皋陶谟》的“俊乂在官”。汉代学者马融注解："才德过千人为俊，百人为乂。"通俗地讲就是千里挑一的人才称为俊，百里挑一的人才叫乂。"乂"原是割草的意思，是"刈"的本字，后来含义演变为治理、俊才。"俊乂在官"是说在职的官员都才德出众。"密勿"出自《汉书·刘向传》的"密勿从事，不敢告劳"，意思是：做事勤勉努力，不敢叫苦喊累。所以"俊乂密勿"就是才德出众而又勤勉努力。

"多士寔宁"源自《诗经·大雅·文王》中"济济多士，文王以宁"。"多士"是众多的士子。"寔"与"实"读音相同，在古文中常常通用，所以在汉字简化方案中把"寔"作为"实"的异体字，使用时都写成"实"，但实际上两字原来的含义是不同的。"实"的繁体是"實"，宝盖下面一个"贯"字，《说文》："贯，货贝也。"所以"实"的原意是家里有财、富裕，转意为实在。"寔"的原意是停止、休息，转意为是。古代一部专门解释词义的书《尔雅》释："寔，是也。""是"是一个表示肯定语气的词。"多士寔宁"和上一句连起来理解，就是：德才兼备而且勤勉肯干的贤士众多，国家于是得到安宁。

按古代社会等级：天子、诸侯、大夫、士、庶人，士介乎贵族与平民之间，一般很难升到统治集团上层。但自东周开始，周天子的实力和威望下降，曾被周王朝垄断的文化知识向兴盛的诸侯国分散，教育相对普及，下层平民中大量受过良好文化教育的人进入了诸侯大夫的权力阶层，加以各诸侯国为了巩固政权、争霸战争，急需网罗各种人才，促使春秋战国时期形成了一个逐渐壮大和崛起的士阶层。得士者昌，失士者亡，成为大家的共识。齐桓公相管仲而称霸，是一个典型例子。

管仲，名夷吾，字仲，颍上（今安徽颍水）人。少年好学，博古通今。年轻时和鲍叔牙一道经商。赚了钱，管仲经常多拿一些。鲍叔牙知道他家穷，要赡养老母亲，不认为是他贪财，反而肯定他有孝道。鲍叔牙知道管仲胸怀大志，腹富才学，所以遇到疑难问题，都按管仲的意见办；但管仲出的主意，往往失败，鲍叔牙不认为他的主意不好，认为是时机不利。以后，管仲做过三次小官，都被辞退了，鲍叔牙不认为他的能力不行，认为是国君不贤明。管仲三次去当兵，打仗中途都逃回了家，鲍叔牙认为他不是胆小，而是为养老母，不愿意为那些权力斗争去白白送死。对于鲍叔牙的照顾和理解，管仲当然很感激。他们成了非常要好的朋友。管仲说：“生我者父母，知我者鲍子也。”管仲称鲍子，是对鲍叔牙的尊重。古代“子”是对人的尊称。如称孔丘为孔子，称孟轲为孟子等。

齐襄公即位时，管仲、鲍叔牙都在齐国当谋士。管仲当了公子纠的师傅，鲍叔牙当了公子小白的师傅。后来，齐国内乱，管仲跟公子纠逃到鲁国，鲍叔牙跟公子小白逃到莒国。齐襄公死后，鲁国急忙派兵护送公子纠回齐继位，并派管仲带军队拦截从莒国回齐的小白。管仲截住了小白，向小白射了一箭，射在小白腰间的带钩上，小白当时口吐鲜血，装死躺倒在车上。管仲以为小白真的死了，就赶紧差人回鲁报告。鲁国护送公子纠的兵马闻讯后，情绪松懈了，行动迟缓，走了六天，才到齐都临淄。小白却在鲍叔牙等人的护送下，早就回到齐都即了位，就是齐桓公。然后，齐国和鲁国打了一仗，鲁国打败。鲁国应齐国的要求，杀了公子纠，把管仲用囚车送到齐国听候处理。原先齐桓公记着回国途中的一箭之仇，是要杀管仲的，准备任鲍叔牙为宰相。可是鲍叔牙对他说，管仲是个人才，你要想争霸，非用管仲不可。我不如他有五点：宽和关怀百姓，能使他们安居乐业；治理国家，能不使大权旁落；忠诚信义能得到百姓的充分信任；制定礼仪规范，能成为全国的行为法则；在营门击鼓指挥，能使士兵们勇气倍增。这些我做不到，管仲能做到。因此，齐桓公派了大臣去鲁国要管仲，名义是为了报仇雪恨，实际是要委以重任。管仲被押送到齐国后，齐桓公听从鲍叔牙的建议，亲自把管仲接到宫中，与管仲进行了三天三夜长谈，讨论治国争霸之术。他根据管仲的推荐，任用了五位内政外交方面的能臣。然后正式宣布管仲担任齐国宰相，并尊为仲父（相当于现在的称谓“干爹”）。齐桓公把所有国事都交给管仲全权处理。“国有大政，先告仲父，次及寡人。有所施行，一凭仲父裁决。”

在齐桓公的大力支持下，管仲利用齐国的地理自然条件，推行了一系列富国强兵的措施。发展农业、手工业、渔业、盐业和商业，多种经营，通货积财，国力大增。他的理论是“仓廪实而知礼节，衣食足而知荣辱”（仓库充实，人民就懂得礼节；衣食丰裕，人民就知道光荣和耻辱）。他把“仓廪实”和“衣食足”放在施政方针的第一位，就是解决国家储备和人民生活问题，为民富国强进而争霸打基础。他认为：“上服度，则六亲固。四维不张，国乃灭亡。”（做国君的遵守法度，上下左右就团结一致。礼义廉耻如果不能发扬，国家就会灭亡。）政令必须顺应民心。例如在农村，对农田不是简单地按地块大小收税，而是按土质好坏分等征税，很受农民拥护。他把全国分成二十一个乡，六个乡专心从事工商业，免服兵役。其余十五个士乡，即农乡，实行平时农夫耕田、战时当兵的兵农合一的整体编制。这些对加强齐国的生产力和兵力都起了很大作用，使齐国成为春秋列国中的第一强国。前面说过，管仲还为齐桓公制定了“尊王攘夷”的策略，团结了友邦，打击了敌对势力，提高了齐国在列国中地位，使齐桓公成就了春秋第一霸主。所以管仲实在称得上是春秋时期士的佼佼者。而管仲能受齐桓公的重用，是缘于鲍叔牙的竭诚推荐。司马迁在《史记·管晏列传》中说："天下不多管仲之贤，而多鲍叔能知人也。"这里的"多"是看重、赞美的意思。司马迁的话是讲天下人不是尽夸赞管仲的贤能，而更赞美鲍叔牙的知人，他深知管仲的长处和自己的不足，竭诚推荐管仲担任齐相。齐国的富强，鲍叔牙功不可没。管鲍之交也成为人们交情深厚、知心朋友的一个代名词，流传到现在。

晋楚更霸，赵魏困横
假途灭虢，践土会盟

这四句如果按时间顺序，应该是"假途灭虢，践土会盟"在先，"晋楚更霸，赵魏困横"在后，讲起来顺当，所以这里先说"假途灭虢"。

西周初期，周成王把弟弟叔虞封为唐国诸侯。唐国在今山西南部，南临晋水。叔虞儿子继位后就改称晋国。两百年后，传至春秋时期，公元前677年，晋献公继位。他登王位不久有大臣进言说，现在晋国的公子很多，尽在钩心斗角，争权夺利，不除掉他们，祸乱就将发生了。于是，晋献公来了个“尽杀诸公子”。虢国和虞国接壤，是晋国南边的两个邻国。于是很多公子逃亡到了虢国，虢国的君主为此常侵扰晋国。晋献公十九年（前658），晋献公给虞国君主送去名马玉璧，晋虞联军攻打虢国，夺取了虢国的下阳。三年后，晋献公用心爱的璧玉和乘马作贿赂，又一次要借道虞国攻打虢国。虞国的大夫宫之奇劝谏虞公说：“虢，虞之表也。虢亡，虞必从之。晋不可启，寇不可玩。一之为甚，其可再乎？谚所谓，辅车相依，唇亡齿寒者，其虞虢之谓也。”翻译成现代汉语就是：虢国是虞国的屏障，虢国灭亡，虞国必定随之灭亡。晋国的贪心不可助长，对侵略者不可忽视警惕。借路给晋国进攻虢国，一次就已经过分了，还可以再来第二次吗？俗语说，面颊和牙床骨是相互依存的，失去了嘴唇，牙齿就会露出来受到寒冷，那句话正是说虞国和虢国相依而存的关系啊。（见《左传·僖公五年》）这就是“唇亡齿寒”的典故。

但贪财的虞公不以为然，他认为晋侯和自己都姓姬，同姓同宗，哪能害我？还说：“我祭祀每次都很虔诚，鬼神会保佑我的。”宫之奇看他很顽固，不听自己的劝谏，就带着自己的家族离开了虞国。当年十二月晋献公灭虢，虢公逃往京都。晋军班师，驻扎在虞国，并袭灭了虞国。晋献公拿回了心爱的璧玉和乘马。后来人们把“假途伐虢”

列为兵法三十六计之一。

“践土会盟”是晋文公称霸的故事。晋文公名重耳，是晋献公的儿子，但他的继位却是经历了长时期的磨难和等待的。晋献公原先有三个儿子，重耳、夷吾和太子申生。晋献公五年（前672）晋献公攻伐骊戎，灭了骊国，娶了骊姬和她的妹妹少姬，又生下了两个儿子：奚齐和卓子。骊姬有了儿子后就千方百计想废掉太子申生，要把自己的儿子奚齐立为太子。骊姬先是怂恿晋献公把申生、重耳、夷吾都分封到外地去，于是申生去了曲沃，重耳去了蒲城，夷吾去了屈城。后来骊姬多次向晋献公告申生的状，说太子调戏她，晋献公就有了废太子之心。骊姬见机又设了一条毒计。她对申生说晋献公梦见了申生的母亲，她建议申生祭奠他母亲，并按当时的习惯，将祭祀用的酒肉献给他父亲。申生是个老实厚道的人，他祭奠了母亲，然后把酒肉亲自送到国都绛城。恰巧晋献公外出打猎，申生就把酒肉交给了骊姬，骊姬在酒肉里都下了毒。晋献公打猎六天回来，骊姬说申生送来了酒肉，晋献公正想喝酒吃肉，骊姬说外地送来的东西，应该先试一试，看有没有什么问题。晋献公就拿酒洒在地上，立刻冒起一股青烟。他扔一块肉给狗，狗吃了一口就死了。骊姬又强迫站在旁边的一个小内侍喝酒吃肉，小内侍七窍流血，也死了。晋献公于是下决心捉拿和处死申生。消息很快传到曲沃，申生自杀。骊姬又进谗言说重耳和夷吾是太子的同谋，晋献公立即派兵去抓捕。因为有大臣通风报信，重耳逃到翟国，夷吾逃到梁国。

晋献公死后，大夫里克杀了奚齐、卓子，骊姬投水而亡。里克等大臣派人去翟国迎接重耳回晋，重耳不愿意背一个“乘乱贪国”的坏名声，推辞了。夷吾却迫不及待地力争回国，他答应如果秦国助他回国，愿割河外五城给秦。夷吾终于在秦国支持下回国即位，是为晋惠公。但是晋惠公是一个不讲诚信的人，当初答应割城的事并没有兑现。后来晋国因连年歉收，闹饥荒，向秦借粮，秦国救济了晋。第二年，晋国丰收，秦国饥荒，秦向晋借粮，晋惠公非但不给，还打算乘秦之危攻打秦国。这就激怒了秦国。秦穆公率大军伐晋，晋军大败，惠公被俘。可是，秦穆公在晋国同意交割五城并把晋太子留在秦国作为人质后，就放了晋惠公。惠公回国后感到对他王位威胁最大的应该是在晋国臣民中威信最高的重耳，所以派人去刺杀他。重耳得到信息，匆忙离开翟国逃往齐国，所带的财物却被管理行李的小吏头卷走了。重耳和随行的八九个人途经卫国，卫文公不仅不接待，而且下令驱逐出境。他们只得忍饥挨饿继续逃亡。这天中午，走到一个名叫五鹿的地方，看到田间农夫正在吃饭，重耳就让人去借粮。有个农夫给了一块土疙瘩，大家都很气愤，重耳的一位随员却说，这是上天借农夫之手给公子土地，是个好兆头啊。于是，重耳下车磕头，把土疙瘩装到了车上。他们又走了几十里，重耳饿得头晕了，大家也纷纷到地里摘野菜煮了充饥。这时随员介之推在自己大腿上割了块肉下来，煮成肉汤给重耳吃。重耳十分感动，不知怎么报答才好。可是等重耳回国当了国君，大封功臣的时候，由于介子推没有主动报功请赏，没有得到任何赏赐。后来有人给重耳提起该赏介子推时，介子推已经和老母亲去绵上隐居了。重耳十分内疚，立即派人去寻找，介子推母子又躲进了山里。深山老林很难找，重耳让放火烧山，想用火逼介子推母子出山，结果把他们母子二人烧死了。重耳非常悲痛，下令以后每年在介子推母子去世这一天全国禁火。这就是传说的“寒食节”的来由。因为“寒食节”正好在二十四节气中的清明节前两天，唐朝时规定“寒食节”要禁火三日，所以民俗就把这两个节日合在一起，“寒食节”逐渐被清明节代替了。但是据《左传·僖公二十四年》记载，晋文公在绵上没有找到介子推也没有烧山，而是把绵上的田地赏给了介子推作为祭田。而且，古代就有中春禁火的习俗。因此，所谓晋文公为悼念介子推而规定了“寒食节”，其实只是个传说而已。

话说回来，重耳逃亡到了齐国，齐桓公热情接待，管吃管住，给车给马，还在宗室中选了一名女子给他做夫人。重耳很满足在齐国的生活，一住住了七年，不想走了。跟随他出来的人着急了，重耳复国才是大事，齐地再好，也是异国他乡，不是久留之地。而且齐桓公去世后，公子争立，内忧外患，齐国也很不安定。于是随员们设计灌醉了重耳，把他放在车上，连夜离开齐国，先奔宋国。宋襄公腿有箭伤，没有接见，但送了马二十乘。他们又去郑国，郑文公闭门不纳。重耳决定去楚国。楚成王以国君之礼相待，和重耳十分投契。一次宴会上，楚成王醉醺醺地问重耳：我对你这样好，你准备怎么报答我？重耳说：我们要世代友好。如果万不得已打起仗来，我一定先退避三舍（九十里）。

重耳到楚国的这一年，晋惠公夷吾去世，太子怀公继位。这个太子原先在秦国作人质，他为了继承晋国的君位，偷偷地从秦国跑回了晋国，引起秦穆公极大不满。秦穆公决心扶持重耳回国，派大臣去楚国迎接重耳到秦，然后亲自带兵护送重耳回晋国。怀公出逃被杀。重耳即位，为晋文公。重耳四十三岁逃至翟国，五十五岁奔齐国，六十一岁到楚国，回晋国即位时已经六十二岁了。他任用贤能，整顿内政，省刑薄敛，发展农业手工业，加强军队，晋国出现了“政平民阜，财用不匮”的局面。国家安定团结，为晋文公争霸诸侯创造了条件。当时，周王室发生了周王弟弟子带赶跑周襄王的事件，晋文公会合诸侯，打败了王子带，把周襄王护送回洛邑，在诸侯中树立了威望。公元前632年，南方的楚国围攻宋国，宋向晋国求救。晋文公联合齐、秦，率军攻楚。双方进行决战前，晋文公实践对楚成王的诺言，退避三舍，后撤到了城濮（今山东鄄城西南），巧妙地避开了楚军的锋芒，又赢得了人心，而且便于会合齐、秦、宋等盟国军队，集中兵力。决战开始，晋军首先击溃了楚军的右翼，这里由陈、蔡两国军队组成，是楚军的薄弱环节。同时晋军主力伪装退却，诱使楚军左翼追击，然后回师夹攻，楚军大败。楚军的中央主力发现左右两翼已经溃败，自己被晋国联军包围，就不得不下令撤退，狼狈逃回楚国，楚军统帅自杀。这就是历史上著名的城濮之战，对春秋时局有非常重要的影响。这场有十一国参加的战争结束后，原来亲楚的国家全都倒向了晋国，为晋文公称霸奠定了基础。

城濮之战结束，晋文公胜利班师，走到衡雍（今河南原武县西北）接到通知说周襄王要来犒劳他们。晋文公就在离衡雍不远的践土修建了一座行宫，迎接周王驾临；又通知各国诸侯到践土来参加盟会。五月初一，周襄王在践土行宫接见了各国诸侯。晋文公向周王行献俘礼，把俘获的战利品献给周襄王。然后，周襄王主持酒会赐诸侯美酒，并宣读策令，任命晋文公为侯伯，赏赐了车马弓箭，赋予他对不服从周王的诸侯有讨伐生杀之权。最后，由周王室大臣作监事，晋文公执牛耳第一个登上盟台，众诸侯随之登上盟台宣誓："凡同盟者，皆以王室为尊，不得自相残害，有违背盟约者，神明共诛，祸及子孙，灭绝后代。"个个歃血为信。"践土会盟"确立了晋文公的诸侯霸主地位。晋文公死后传给晋襄公，晋国的霸业先后达十二年之久。晋襄公死后，晋国内乱，霸业衰落。

楚庄王芈侣是春秋时期的又一位霸主。他是楚成王的孙子。即位后三年不问国事，天天寻欢作乐，还下了道命令："有敢进谏者，杀无赦。"有一次，伍举进宫谒见楚庄王，只见楚庄王左手抱着郑国的美人，右手搂着越国的艳女，在歌舞乐队中间坐着。楚庄王问他来有什么事？伍举说："我有个谜语想请国君猜一猜。"庄王说："你说。"伍举说："我在郊外看到一只大鸟，身有五色，落在一处高台上，三年了，既不飞，又不鸣，不知这是只什么鸟？"楚庄王知道是在讽刺自己，笑着说："这不是一只凡鸟。三年不飞，一飞冲天；三年不鸣，一鸣惊人。你下去吧。我知道了。"可是过了几个月，楚庄王依然吃喝玩乐，比以前还荒唐。大夫苏从忍不住进宫去进谏。楚庄王说："你没听说我的命令吗？”苏从说：“我愿意杀身以感悟国君。这是我的愿望。”楚庄王十分感动，从此停止淫乐，处理国事。《史记·楚世家》说：“所诛者数百人，所进者数百人。”就是他杀了几百个贪污腐败、欺压良民的坏家伙，提拔任用了一大批有德有才、积极肯干的贤能之人，委任平民出身的孙叔敖为令尹(即宰相)，伍举、苏从参管国政，得到楚国老百姓的热烈拥护，国家日益强盛。公元前 597 年，晋国和楚国在邲水（现在河南荥阳东北）进行了一场大战，史称“邲之战”，结果晋国大败。中原的诸侯国纷纷倒向楚国。楚庄王成为霸主。公元前 575 年，鄢陵大战，晋胜楚败。前 561 年，晋悼公复霸。这就是历史上的“晋楚更霸”。前 546 年，宋国大夫向戌在晋楚之间穿针引线，促成了弭兵大会召开，晋楚齐秦等十四个诸侯国在宋都(今河南商丘）盟誓弭兵，此后晋楚四十年没有相互攻击。春秋时期近百年的诸侯争霸到此结束。历史转入春秋后期。

“赵魏困横”是说战国时期的故事。

经过春秋长期激烈的兼并战争，战国初年，只剩下二十多个诸侯国。到战国中期，以东方的齐国、西方的秦国、南方的楚国、北方的燕国和由原来的晋国分裂形成的赵、魏、韩三国这七个诸侯国最为强大，历史上称为“战国七雄”。他们为了扩大地盘、争夺人口，展开了规模更大、更为频繁和激烈的战争。各诸侯大国在动用武力的同时还开展争取与国、孤立敌国的外交策略，进行着所谓“合纵”“连横”的外交斗争。“合纵”就是“合众弱以攻一强”，是阻止强国兼并的策略。“连横”就是“事一强以攻众弱”，是事奉一个强国作为靠山从而进攻其他弱国的策略，也是强国逼迫弱国帮自己进行兼并的策略。那么为什么不叫“合弱”和“事强”而叫作“合纵”和“连横”呢？这里的“纵”指南北方向，“横”指东西方向。当时，西边的秦国和东边的齐国，实力相对较强，持“合纵”论的主张南北方向的中原各国联合起来，阻止齐秦两国兼并弱国。持“连横”论的主张秦或齐国要拉拢一些国家，共同进攻另外一些国家。后来，秦国的势力不断强大，成为东方六国的威胁，于是“合纵”就是六国合力抵抗强秦，“连横”则是破坏六国间的合纵，以便各个击破。当时在各诸侯国之间进行穿梭外交，游说“合纵”或“连横”的谋士、说客被称为纵横家。最出名的纵横家是苏秦和张仪。

苏秦，东周洛阳人。传说他早年到齐国拜鬼谷子为师，学习纵横之术。后在外地游说了几年，“大困而归”，全家人都瞧不起他。他也很惭愧，于是发奋读书，刻苦钻研《周书阴符》，读到困倦不堪要闭眼睛的时候，就“锥刺股”，用锥子刺自己的大腿，鲜血直流到脚跟，还继续读书。如此埋头攻读了一年，他满怀信心地说：现在我真的有本事去游说各国国君了。但是开始并不顺利，周显王不信任他，秦惠王讨厌说客，赵相奉阳君不喜欢他。他没灰心，走了一年，到了燕国。燕文侯支持合纵，给了他车马和金银布帛，让他再去赵国。这时，奉阳君已死，赵肃侯接见了他，而且给了他一百辆车、一百双白璧、一千镒黄金、一千匹锦绣，支持他去各国游说。于是苏秦又去韩、魏、齐、楚游说，四国都同意合纵。苏秦做了合纵联盟的盟长，同时担任了六国的辅相。六国合纵成功，苏秦北上向赵王汇报，途经洛阳，身佩着六国相印，大量的车辆马匹加上各国护送的使者，气派可比国君。周显王赶紧派人清扫街道，又派人到郊外慰劳。苏秦的兄弟妻嫂都俯伏在地，不敢正眼看他。苏秦笑着问他嫂子："你怎么先前那么傲慢，现在却这么恭顺呢？"（何前倨而后恭也？）他嫂子说："因为我看到小叔现在地位尊贵，财物很多。"苏秦听后十分感慨。

张仪，魏国贵族后裔。被秦惠文君任用为客卿，筹划谋略攻伐诸侯之事。秦国开始设立相位时，他是秦的第一任相国，位居百官之首。他运用连横策略，使秦"拔三川之地，西并巴蜀，北收上郡，南取汉中"，占有了黄河天险，又占据了富饶的天府之国。秦国的实力和威势大为增长。

张仪号为武信君，当时名声很大。《孟子·滕文公下》中有："公孙衍、张仪岂不诚大丈夫哉？一怒而诸侯惧，安居而天下熄。"（公孙衍、张仪难道不是真正的大丈夫吗？一发脾气，诸侯都害怕；安静下来，天下便太平无战事。）

另一位名声很大的公孙衍，魏国阴晋（今陕西华阴）人，是魏国一位将军。为了对抗秦国张仪的连横之策，他首先发起燕、赵、中山、韩、魏五国合纵抗秦之策。五国用他为相。公元前318年，发动了魏、赵、韩、燕、楚五国合纵攻秦，推楚怀王为纵长。虽然最后攻秦失败，合纵瓦解，但是影响很大。

三十年后，公元前287年，苏秦在齐国为相，与赵国奉阳君李兑共同约燕、齐、韩、赵、魏五国合纵攻秦。秦因而归还了入侵赵、魏所夺取的五个地方，暂时打消了秦王称帝的打算。赵国封苏秦为武安君。

由于合纵国家都是想借外力以利己，抗秦不能持久，最终被实行连横策略的秦国各个击破。赵、魏两国与秦国靠得最近，受连横策略之害更甚，所以说"赵魏困横"。

何遵约法，韩弊烦刑

这两句说了两个人物：萧何和韩非。萧何是刘邦创建汉朝的第一功臣，他和刘邦都是沛县丰邑人。刘邦是亭长，萧何是县里的功曹（主管总务和人事的官员）。刘邦向秦始皇政权造反的时候，萧何带着家族几十人加入了刘邦的队伍，一直跟随刘邦东征西讨。那时，楚地的起义军拥立楚怀王的孙子为领导。楚王与众将约定，谁先攻下秦国都城所在的关中，就封谁为关中王。刘邦和项羽分从黄河南北迎击秦军。刘邦一路过关斩将，先打进咸阳，秦王子婴投降。萧何立即接收了秦丞相御史所收藏的律令图书，使刘邦全面了解了天下山川形势及户口数目。项羽知道刘邦已进咸阳后大怒，要进攻刘邦，发兵进驻鸿门（在今西安临潼）。这时，项羽有四十万兵马，刘邦只有十万，刘邦不得不委曲求全，亲自到鸿门向项羽表明没有反对他进咸阳的意思。在项羽招待刘邦的宴会上，项羽的亚父范增指使项庄舞剑以刺杀刘邦，没有得逞。刘邦侥幸逃回自己军中。这就是著名的“鸿门宴”“项庄舞剑，意在沛公”的来历。鸿门宴后几天，项羽带兵进咸阳，一路烧杀抢掠，“所过无不残灭”，秦王宫的火烧了三个月。然后，项羽自立为“西楚霸王”，把关中分封给三个秦的降将（所以，后人也称关中为“三秦”），把刘邦封为“汉王”，管巴蜀、汉中。刘邦当然不满，想跟项羽拼了，萧何劝阻了他。其时，萧何发现韩信是个帅才，因为得不到重用，离开了队伍，萧何连夜将他追赶回来，积极向刘邦推荐，委任韩信为大将军。根据韩信建议，刘邦夺取了三秦。此后，在楚汉战争期间，丞相萧何驻守关中，经营巴蜀、三秦，建造了一个稳固的根据地，前方缺兵给兵，前方缺粮送粮，成为汉军可靠的大后方，为刘邦打天下立下了“万世之功”。

刘邦打进咸阳的时候，曾经将附近各县的父老和知名人士召集在一起，跟他们约法三章：杀人者处以死刑，伤人者和抢劫者依法治罪。此外，秦朝的严刑苛法统统废除，受到关中老百姓的热烈拥护。但是，汉皇朝建立后，这简单的三条法律显然不能适应稳定社会秩序的需要。萧何就以“约法三章”的精神，贯彻刘邦“除秦苛法、与民休息”的施政方针，摘取秦法中可用的部分，制订了《九章律》，比秦朝苛严的律令远为宽缓和简明，成为制定汉朝律令的基础。所以《千字文》说“何遵约法”。

韩非是韩国王室的公子。韩国虽然也是战国七雄之一，但是地盘很小，只管辖今河南中部、陕西东部、河北南部地方，是七雄中最弱的。韩非为韩国的富国强兵着急，因为他生来口吃，说话不利索，不能像别人一样到处游说。因此他潜心著述，总结以前的法家学说，成为战国后期最重要的法家理论家，是先秦法家思想的集大成者。他曾多次上书韩王，主张变法图强，没有得到韩王采纳。后来，他的著作《孤愤》《说难》流传到秦国，秦王嬴政（即以后称帝的秦始皇）读后大为称赞，说：“如果能见到作者本人，与他畅谈，可以死而无憾了。”丞相李斯以前和韩非都是荀子的学生，就告诉秦王那是韩非的著作。于是，秦王发兵攻韩，索要韩非。韩非被韩王派遣出使秦国。秦王见到韩非很高兴，常召他畅谈天下大事。但是韩非建议先灭赵国，不要攻打韩国，使秦王对他产生了不信任。李斯出于嫉妒，怕韩非取代自己的地位，向秦王进谗言，说韩非是韩国贵族后裔，最终是要为他韩国效忠而不会为秦国效忠。秦王就把韩非下了狱，交给狱吏处理。李斯乘机派人给韩非送去毒药，让他自杀。韩非想找秦王申诉，却未能如愿，就服毒自尽了。后来，秦王后悔，派人去狱中赦免韩非，可惜已经晚了。

韩非虽然被杀害了，但是他的法家思想直接促进了在中国延续达两千年之久的君主专制国家的建立，把中国的历史推进到了一个崭新的阶段。韩非认为，历史是不断向前发展进步的，“世异则事异”，因此统治者要应世而变，不断改变统治方法。他坚决批判复古思潮，讥笑复古派如同守株待兔一般愚蠢；他主张加强中央集权，实行君主专制。“事在四方，要在中央，圣人执要，四方来效。”（具体事务分配给各地，要害的大权集中在中央，圣明的君主掌握了关键的大权，四面八方的臣民就会来效劳。）君主要牢牢掌握权势，具有至高无上的地位和驾驭群臣的权术。他反对实行“仁政”，强调“以法为本”，依法治国；赞成“法不阿贵”“刑过不避大臣，赏善不遗匹夫”（法律不偏袒权贵，惩罚罪过不回避权贵大臣，奖赏善行不遗漏普通民众）。在韩非看来，法是全国臣民行动的准则。有了法，才能有统一的步调，消除不合理现象，使社会秩序稳定。所以君主实行法治要掌握赏和罚这“二柄”，要利用人们喜赏怕罚的本性，施行严刑峻法，使人不敢轻易以身试法。他说：“禁奸之法，太上禁其心，其次禁其言，其次禁其事。”主张扼杀一切非法的思想、言论、行动的自由。秦始皇正是用这种法家思想，采取极端高压手段，对人民进行残暴统治，以至“诽谤者族，偶语者弃市”（有意说国君和朝廷坏话的人，全家族都得杀掉；偶然说了一句坏话的人也要杀头示众），搞得“赭衣塞路，囹圄成市”（穿着赭色衣服的犯人多得堵塞道路，到处都有关押罪犯的监狱，就跟市场上遍地商铺似的），结果是民不聊生，人人自危，“天下愁怨，溃而叛之”。秦王朝迅速崩溃灭亡。“韩弊烦刑”就是说韩非的法家思想虽然有积极进步的一面，但它的弊端是主张制订烦琐的法律条文，对臣民实施严苛的刑罚。

起翦颇牧，用军最精

“起翦颇牧”是四位古代名将。“起”指白起，“翦”指王翦，都是战国时期秦国的名将；“颇”指廉颇，“牧”指李牧，这两位是赵国的名将。

白起，又名公孙赵，陕西郿县（今眉县）人。他有勇有谋，能攻善战，人称“战神”。秦昭襄王十三年（前294），他第一次领兵进攻韩国新城，采取引蛇出洞的战术，以两万兵力灭了韩国七万大军，攻下了新城，打通了秦国东进的大门。第二年，韩国和魏国联军进攻秦国，陈兵伊阙（今河南洛阳龙门）。白起率十万秦兵，制定了集中兵力、各个击破的作战方案，捉了魏军主帅公孙喜，杀了韩军主帅何司亮，全歼韩魏联军，斩首二十四万。秦昭襄王二十八年（前279），已经升为秦国大良造（秦贵族爵位，高级将领）的白起承担了攻打楚国的重任，他采用直捣楚国统治中心的掏心战术。首先强攻楚国别都鄢城（今湖北宜城东南），没有得手。他就在鄢城外四百里处筑堰拦水，然后决堰放水淹城，鄢城军民淹死者不计其数。夺取鄢城后，白起于公元前278年又攻取了西陵（今湖北宜昌西），然后沿长江东下，直逼郢都（今湖北江陵西北），楚顷襄王慌忙出逃，迁都于陈（今河南淮阳）。楚国故都郢城被秦攻取，大片领土被秦国占领。白起被封为武安君。秦昭襄王四十五年（前 262），秦攻韩，韩王向秦国献上党郡求和。上党郡太守却不执行命令，把上党献给了赵国。秦王大怒，出兵攻赵。赵王派廉颇率军屯兵长平（今山西高平市西北），救援上党。廉颇鉴于秦军强大，采取筑垒固守的防御战略，与秦军相持了两年多。秦昭襄王四十七年（前 260），秦实施反间计，使赵王认为廉颇不敢与秦军作战，准备投降，撤了廉颇的职，换了一个兵书读得烂熟，可是毫无实战经验的赵括为将。秦王秘密任命了白起为上将军，统兵攻赵。白起用诱敌深入、分割围歼的战法，全歼了四十五万赵军，赵括在战场上被秦军乱箭射死。长平之战是中国历史上最早的规模最大、最彻底的包围歼灭战，战果之辉煌，在世界战争史上也是罕见的。但是，白起在这次战争中坑杀了四十万已经投降的赵军士卒，也留下了恶名。王翦，频阳东乡（今陕西富平东北）人。战国末期有名的军事家。他和儿子王贲灭了战国七雄中的赵、燕、魏、楚、齐五国，为秦始皇一统天下立下了赫赫战功。秦始皇十八年（前 229），因为秦攻赵都邯郸，久攻不下，王翦用重金宝物贿赂赵王宠臣郭开，诬蔑赵国守将李牧谋反，赵王将李牧处死，换了守将。王翦立即发起猛攻，俘虏了赵王，灭了赵国。秦始皇二十年（前 227），王翦率领秦国大军攻燕，燕王逃往辽东，燕国灭亡。秦始皇二十二年（前

225），王翦儿子王贲攻魏，决水灌魏都大梁，城毁人亡，魏王投降，魏国灭亡。秦始皇二十三年（前 224），王翦率六十万大军攻楚，他到了前线，不主动出击，反而筑垒固守，以逸待劳，相持了一年。在楚军拔营转移的时候，王翦不失时机地全线出击，一直杀到楚国新都寿春。秦始皇二十四年（前 223），楚王被俘，楚国灭亡。秦始皇二十五年（前 222），王翦乘胜进攻江南，降服了百越部落。秦始皇二十六年（前 221），王贲攻齐，齐王投降，齐国灭亡。至此，秦王尽灭六国。

廉颇，战国时赵国名将。当时赵国西有新兴的强秦，东有老牌的强齐，常受他们欺负。但是，廉颇不怕他们，他带兵守边，与秦军发生小规模的战争，七战七胜。在东边，收复了齐国侵占的赵地，还攻克了齐国有二十万守军的阳晋。被赵王封为上卿。《战国策》说，因为廉颇在，“四十余年，强秦不能得其所欲”。廉颇领军作战，攻必克，守必固。长平之战，廉颇固守三年，秦军不得入，只因赵王听信谗言，中了秦的离间计，撤了廉颇，换上赵括，才遭惨败，使赵国大伤元气。长平战后，秦攻赵都邯郸，赵王重新起用廉颇，并联络魏国和楚国合纵抗秦，终于打败秦军，秦国归还了侵占的城邑。秦昭襄王五十六年（前 251），燕国丞相栗腹率四十万大军攻赵，廉颇统兵八万出战，斩杀栗腹，追击五百余里，直抵燕都。燕王割五城求和。赵王封廉颇为信平君，代理相国。

李牧与廉颇都是赵国的名将。李牧常年驻守在北部的代郡、雁门郡，是我国历史上第一位抗击匈奴的中原将领。他不轻易出战，匈奴入侵时，他让士兵退回营垒固守。他不断加强士兵训练和改善士兵生活，重视敌情的侦察。这样过了几年，眼看匈奴频繁骚扰，士兵们都请求与匈奴决一死战。李牧看时机成熟，就决定实施反击。先引诱匈奴单于大举进攻，然后两翼包抄，出其不意地围歼了匈奴十余万骑兵。这是中国战争史上第一个以步兵大兵团全歼骑兵大兵团的典型战例。此后十多年，匈奴不敢再靠近赵国边境。秦始皇十三年（前 234），秦国攻赵，邯郸形势危急，李牧奉赵王命令率师从雁门关南下救援。他看秦军士气正旺，就拿出对付匈奴的招数，在宜安附近列营筑垒，坚守不出，伺机而动。秦军久攻不下，就袭击肥下（今河北晋州市），企图引李牧出兵救援，在半途迎击，打他个措手不及。不料李牧乘秦军宜安大本营空虚，集中了优势兵力端了秦军的宜安老巢，然后分兵三路迎击从肥下回撤的秦军，结果十余万秦军全军覆灭。赵王封李牧为武安君，统帅赵国全部兵马。战国时期是一个乱世，战祸连年，国无宁日。就在这兵戈不息、血雨腥风的岁月里涌现出了许许多多军事家。白起、廉颇、李牧、王翦是其中最著名的四位，他们高超的智谋、精妙奇巧的战略战术和辉煌的战绩，都将永垂青史。

宣威沙漠，驰誉丹青

“宣威沙漠”，就是威名远扬在沙漠。古代中国北方边疆大漠南北有一个少数民族匈奴，以游牧为生。他们常常因为侵扰中原地区的老百姓，和中原列国发生冲突。上面刚讲过李牧的故事，他是战国时期“宣威沙漠”的一位大将。

秦始皇时将军蒙恬率三十万大军北击匈奴，收复了被匈奴侵占的河套地区，然后连接秦、赵、燕三国旧长城，主持建成了西起临洮、东至辽东的万里长城，为抵御匈奴入侵、保障内地人民生产和生活，发挥了积极作用。他也是一位“宣威沙漠”的名将。

西汉的李广将军也曾“宣威沙漠”。他擅长骑马射箭，在北部边境的上谷、上郡、云中、雁门、北地、陇西郡都担任过太守，后来到右北平郡（今河北蓟州区）任太守。《史记 · 李将军列传》说，汉将李广“居右北平，匈奴闻之，号曰‘汉之飞将军’，避之数岁，不敢入右北平”。意思是李广担任右北平太守时，匈奴人听说了，称他为汉朝的

“飞将军”，好几年躲着他，不敢侵入右北平。

汉武帝时有三次对匈奴的大规模战争。第一次，漠南之战。汉武帝元朔二年（前 127），匈奴骑兵二万人侵扰辽西、上谷、渔阳，杀辽西太守、渔阳太守。汉武帝派卫青率四万军队出云中（今内蒙古托克托旗东北）向西扫荡追击，直至陇西（今甘肃西南），纵横数千里，大败匈奴，收复了失地。汉武帝元朔五年（前 124），匈奴分三路大军南侵报复，卫青统领十余万汉军与匈奴大战，追至塞北六七百里，俘获一万五千余人，牲畜数十万头，匈奴单于远遁漠北。第二次，河西之战。汉武帝元狩二年（前 121），汉武帝任命年仅二十岁的霍去病为骠骑将军，率精骑万人，出兵河西，直捣西部匈奴巢穴。霍去病转战三千里远征至祁连山下，连败匈奴骑兵，歼敌三万余人，匈奴浑邪王率部众四万人投降。汉王朝控制了河西走廊，肃清了中原通往西域的道路，设置了武威、酒泉、张掖、敦煌四郡。第三次，漠北之战。汉武帝元狩四年（前 119），匈奴骑兵又大举南侵，汉武帝决定彻底击败匈奴，调集骑兵十万、步兵数十万，由卫青、霍去病率领，分两路出击。一直打到瀚海（今西伯利亚贝加尔湖），歼敌七万余人，匈奴单于仅率数百骑逃走。这一仗消灭了匈奴主力，基本解除了匈奴对汉朝的威胁。卫青、霍去病都可以称得上是“宣威沙漠”的名将。

“驰誉丹青”中的“丹青”是指红色和青色的颜料，后来代指绘画或绘画作品。《晋书·顾恺之传》：“尤善丹青，图写特妙。”说顾恺之特别善于绘画，他的画非常精美神奇。古代没有照相，只能通过绘画把人物的形象记录下来。《汉书·苏武传》：“上思股肱之美，乃图画其人于麒麟阁，法其形貌，署其官爵姓名。”这里的“上”是指汉宣帝。“股肱”是大腿和胳膊，比喻辅佐自己的文臣武将。这段话翻成现代汉语是：汉宣帝想到辅佐自己的名臣名将们美好的德行、骄人的战功，应该表彰宣扬。于是命画师把他们本人的形象面貌画出来，挂（放）在麒麟阁，画上注明本人的官爵和姓名。其中有大将军霍光、丞相魏相、丙吉以及典属国苏武等共十一人。东汉明帝为追念东汉开国功臣的功绩，将邓禹、吴汉等二十八名功臣的图像画置于洛阳南宫云台，人称“云台二十八将”。后来，唐太宗李世民感念开国功臣，命画家阎立本画长孙无忌、魏征、房玄龄、尉迟敬德等二十四人的形貌，挂于长安宫中凌烟阁内，以彰勋绩。《千字文》的“驰誉丹青”，意思是历史上知名的文臣武将都如同麒麟阁、云台上被图写的将相一样流芳百世。“驰誉”就是声名远播。

九州禹迹，百郡秦并

前面讲了许多历史人物和他们的故事，现在讲中国的地理。“九州”是我们中国领土的代名词，泛指全中国。宋朝诗人陆游《示儿》诗：“死去元知万事空，但悲不见九州同。”这是他为自己去世时看不见全中国的统一而感到悲伤。

《说文》：“水中可居曰州”“昔尧遭洪水，民居水中高土，或曰九州”。后来，“州”成为国家行政区划的名称，人们就造了一个“洲”字来表达“水中可居之地”。如《诗经·关雎》中的“关关雎鸠，在河之州”，后来都改为“关关雎鸠，在河之洲”了。现在我们把地球上的各大块陆地也称之为洲，如亚洲、欧洲、美洲。所以我们在书写时要注意“州”和“洲”的区别，别搞错了。

相传帝喾时天下分为九州，到尧舜时增加为十二州，经过大禹治水，最后定为九州。这九州是：冀州（今山西省和河北大部、河南北部、辽宁西部等地）、兖州（今山东省西北部、河北省南部，地域很小）、青州（今山东省东部），徐州（今山东省南部、江苏省和安徽省的北部）、扬州（今江苏省、浙江省北部、江西省和安徽省东部）、荆州（今湖北、湖南两省及江西、安徽省的西部）、豫州（今河南省全部和山东省西部、湖北省北部）、梁州（今四川省全部及陕西、甘肃两省南部）、雍州（今陕西、甘肃两省大部及青海部分地区）、周朝把徐州并入青州，梁州并入雍州，从冀州地域又分出并州（今山西大部、河北及内蒙古一部）和幽州（今河北北部及辽宁西部）。所以《晋书·地理志》说："禹平水土，以为九州。……东南曰扬州，正南曰荆州，河南曰豫州，正东曰青州，河东曰兖州，正西曰雍州，东北曰幽州，河内曰冀州，正北曰并州。"可是，夏、商、周时的"州"指的是大体上的地理区域，是个地理概念，并非正式的行政划分。把"州"作为国家的一级行政区域，是汉朝以后的事。汉朝把雍州改名凉州，恢复了徐州和梁州，但把梁州改名为益州，增加了交州和朔方，后来朔方又并入并州。因此，东汉时有司隶（直辖）、凉、益、荆、扬、青、豫、兖、徐、幽、并、冀、交十三个州，每个州都派有刺史。

上古时期，地球上发生过一次大洪水，所以欧洲也有传说因为人类不肯停止做坏事，上帝便发洪水要毁灭人类的神话。我国传说古代尧舜时期洪水泛滥，民不聊生，尧派鲧治理水患，九年不成，于是舜举荐了鲧的儿子禹继续治理。禹改变鲧采用的"水来土堙"之法，而用疏导的办法，经过十三年艰苦奔波，终于平治了全国的洪灾，立下了不朽的丰功。"九州禹迹"就是"九州都有禹的足迹"。

据《史记·夏本纪》记载，禹与益、后稷秉承帝舜的命令，叫诸侯、百官发动民夫动工治水。他们穿山越岭，立下木桩作标志，测定高山大河的情况。禹为父亲治水失败所受到的惩罚而伤心，于是勤劳奔走，苦苦思索，在外面十三年，经过自家门口都不敢进去探看。他节衣缩食，尽力敬鬼神，住在矮房里，省出财力用于治水。他坐着车子在陆地上奔波，乘着船在水上来回，坐着橇在泥沼里往来，穿着有铁齿的鞋子爬山越岭。他左手拿着准绳，右手拿着规矩，还带着测量四时的仪器，终于开辟了九州的土地，疏通了九条河道，筑堤修治了九个大湖，凿通了九座大山。他叫益发给民众稻种，可以种植在低湿的地方；他叫后稷发给民众欠缺的粮食。粮食缺少的地方，便从粮食较多的地方调配去供给，使各诸侯管辖区内得到大体的平衡可见，作为主持全国洪水治理工作的禹既要发动各地几千个方国诸侯组织治水大军，又要亲临治水工地现场指导和督促检查，“东渐于海，西被于流沙”，从北方到南方，工作确实非常辛苦劳累，以至手脚长满了老茧（《文子》卷八“禹胼胝”），大腿上没有肌肉，小腿上也没有毛（《韩非子·五蠹》“腓无胈，胫无毛”）。还可能因为得了风湿病，走路时一颠一跛，好像在跳（《荀子·非相》“禹跳”）。但是，在平息水土、画定九州之后，禹没有休息，而是接帝舜的班，担任了全国共主，成为帝禹。帝禹主政也和治理洪水一样十分勤勉。据《鬻子·上禹政》记载，帝禹治理天下，用五声听政。他在宫殿门前悬挂了鼓、钟、铎（一种大铃）、磬还有鞀（长柄的拨浪鼓）。他宣布：如果是指导我执政之道的，请击鼓；如果是指导我如何做才合乎正义的，请敲钟；如果是指导我如何处理国事的，请摇铎；如果是告诉我国家有什么忧患的，请敲磬；如果是告诉我有关法律诉讼方面的问题，请挥动鞀。帝禹就是这样治理国家的，所以吃一顿饭要站起来七次，有时过了中午还顾不上吃饭。因此天下有本事的人士都来了。

帝禹的丰功伟绩和勤政廉洁为中华各族人民千古传颂。孔子说："禹，吾无间然矣。菲饮食而致孝乎鬼神，恶衣服而致美乎黻冕，卑宫室而尽力乎沟洫。禹，吾无间然矣。"意思是：对于禹，我是没有可挑剔的了。他自己吃得简简单单，可是祭祀祖先神灵的东西很丰盛；他自己衣服破破烂烂，可是祭祀穿的衣帽礼服很讲究；他自己住的房子又低又矮不营造，而把精力都放在农田水利建设上。对于禹，我真是没什么可挑剔的。（《论语·泰伯》）

尧、舜、禹是我国古史传说时代中的人物，那时是氏族部落制社会，还没有国家机构。禹传位给儿子启，启建立了王位世袭制度的夏王朝，成为中国最早的国家，距今已经四千多年。夏、商、周三个王朝是中国的早期国家，君王通过分封诸侯国统治天下。秦始皇二十六年（前221），秦并六国，建立了中央集权的秦王朝，废除了分封制，在全国范围内推行郡县制。这是我国古代地方行政区划的一大变革，也是我国政治制度史上的一大变革。

郡、县都是行政区划的单位。原先在春秋时期，诸侯国在采邑之外开拓的土地称为县，由国君直接管理，派官驻守。后来大国征服了小国，占领的土地也称为县。如楚文王灭申（今河南南阳市）、息（今河南息县西南）两国，并将其改为县，分别任命了县尹。这县就跟采邑一样，是一级行政单位了。春秋末年，各国为边防需要，在边远地区设置郡的建制，由君主派人管理，地位比县低。《周书·作雒》说："千里百县，县有四郡。"《左传·哀公二年》记载，晋国大夫赵简子宣布："克敌者，上大夫受县，下大夫受郡。"这是因为郡都在诸侯国的边远地区，那些地方比较穷，赋税收入少；县的人多，比较富庶，赋税收入多。到战国后期，边境地区逐渐发展繁荣，人口增多，生产水平提高，面积大的郡开始分设县。如赵国的上党郡领二十四县、代郡领三十六县，燕国的上谷郡领三十六县。秦国在商鞅变法后，在境内普遍实施了郡县制，所以，秦始皇统一中国后，下令全国实行郡县制，分天下为三十六郡。这三十六郡是：内史、三川、河东、南阳、颍川、东郡、上郡、汉中、巨鹿、邯郸、上党、太原、雁门、代郡、上谷、渔阳、广阳、右北平、云中、陇西、北地、巴郡、蜀郡、陈郡、南郡、九江、泗水、砀郡、琅琊、薛郡、临淄、会稽、长沙、黔中、辽东、辽西。以后，又不断扩张领土，增加了胶东、南海、桂林、闽中、象郡等十一个郡。西汉时，据《汉书 · 地理志》记载，全国达到一百零三个郡（包括十九个封国）：京兆尹、左冯翊、右扶风、河东郡、弘农郡、河南尹、河内郡、上党郡、太原郡、雁门郡、代郡、定襄郡、云中郡、北地郡、上郡、西河郡、五原郡、朔方郡、魏郡、赵国、广平国、清河郡、信都国、河间国、巨鹿郡、真定国、常山郡、中山国、东郡、济阴郡、陈留郡、淮阳国、山阳郡、东平国、泰山郡、城阳国、颍川郡、汝南郡、沛郡、梁国、楚国、六安国、临淮郡、广陵国、泗水国、东海郡、鲁国、琅玡郡、东莱郡、胶东国、高密国、北海郡、淄川国、齐郡、千乘郡、济南郡、平原郡、渤海郡、涿郡、广阳国、上谷郡、渔阳郡、右北平郡、辽西郡、辽东郡、玄菟郡、乐浪郡、汉中郡、武都郡、广汉郡、蜀郡、巴郡、犍为郡、越隽郡、益州郡、牂牁郡、安定郡、天水郡、陇西郡、金城郡、武威郡、酒泉郡、张掖郡、敦煌郡、南阳郡、江夏郡、南郡、武陵郡、长沙国、零陵郡、桂阳郡、九江郡、庐江郡、丹阳郡、会稽郡、豫章郡、南海郡、苍梧郡、合浦郡、郁林郡、交趾郡、九真郡、日南郡。

所以,"百郡秦并"不能理解成秦始皇并吞了一百个郡,也不能理解为秦始皇并吞六国后设立了一百个郡。应该解释为我们有一百多个郡是由于秦始皇统一中国以后全国实行了郡县制。

岳宗泰岱，禅主云亭

大家都知道我国有五大名山，称为"五岳"。"岳"的意思是高大的山。我国有名的五岳是泰山、衡山、华山、恒山、嵩山，它们分布在古代中国的东南西北中。泰山，在今山东省，古称岱山、岱宗，主峰海拔 1532.7 米；衡山，在今湖南省，古称衡岳、南岳，主峰海拔 1300.2 米；华山，在今陕西省，古称太华山、西岳，主峰海拔 2154.9 米；恒山，在今山西省，古称北岳，主峰海拔 2016.1 米；嵩山，在今河南省，古称太室山、嵩高山、中岳，主峰海拔 1491.7 米。从山的高度衡量，泰山并不是最高的，但是它的地位和知名度却是最高的，泰山于 1987 年被联合国教科文组织列入《世界自然与文化遗产名录》。这首先是因为它雄伟壮丽、气势非凡，虽然海拔高度在五岳中只居第三位，可是它的相对高度达到 1300 米，与周围的山丘形成强烈对比，在视觉效果上显得格外高大；同时，泰山山脉绵亘二百多千米，又使人产生一种宽广、安稳厚重的感觉。因而它受到古代帝王的推崇，开发得很早。《史记·封禅书》说："自古受命帝王，曷尝不封禅？"（从古到今承受天命的帝王，哪有不去泰山进行封禅的呢？）《封禅书》列举了伏羲、神农、黄帝一直到秦始皇、汉武帝去泰山进行封禅的事例。因此泰山在五岳中名列第一，在泰山顶上有一块"五岳独尊"的大石碑表明了它的声望和地位，反映了"岳宗泰岱"（五岳之中最受尊崇的是泰山）的事实。"宗"在这里是尊崇的意思。

《说文》："禅，祭天也。"《说文》的作者是把"封禅"简称为"禅"。完整地说，"封禅"是祭祀天地神灵。"封"，是在泰山顶上堆土筑圆坛烧柴祭天，表示增泰山之高，功归于天；"禅"是在泰山脚下的小山上辟场筑方坛祭地，表示增大地之厚，以报福广恩厚之义。据传，伏羲、神农都是"封泰山，禅云云"（在泰山祭天，在云云山祭地），黄帝是"封泰山，禅亭亭"（在泰山祭天，在亭亭山祭地）。以后的帝王在泰山祭天，祭地时多数在云云山，也有在别处的。所以，"禅主云亭"是说封禅时祭地主要在云云山和亭亭山。古代帝王举行封禅实际上还有受命于天的含义，皇帝都自称天子，所以对于祭天要比祭地重视。

南宋因为北方被金人占领，不能去泰山封禅，就把封禅与郊祀相结合。后来，明成祖在北京南郊建天地坛，合祭天地。嘉靖十三年（1543）又在北京北郊另建地坛，祭地；南郊天地坛就改称天坛，专门祭天。清朝依明例也分别在天坛、地坛祭拜天地。

现在日常多见“禅”字念 chán，是在佛教传入中国后经常使用的字。“禅”是梵语“禅那”（dhyana）的省略语，表示静心默念，后来泛指有关佛教的事物，如禅房、禅杖等。

说到泰山，有人问：为什么把岳父称作泰山？这有一个小故事。唐代段成式写的《酉阳杂俎·语资》中说：唐玄宗李隆基（即唐明皇）在开元十四年（594）到泰山封禅，丞相张说任封禅使，他把自己的女婿郑镒带去了。按规定，随皇帝参加封禅的人都可以官升一级。张说却利用职权，把郑镒连升了四级，从九品一下子升到五品，穿的官服也由浅青色变为浅绯色了。唐明皇在宴会上发现郑镒穿的官服颜色跟原来的大不一样，便问他是怎么回事。郑镒支支吾吾不敢回答。在唐明皇身边的一位宫廷艺人黄幡绰就替他回答：“此泰山之力也。”唐明皇还是不明白，这时有个随从指了指封禅使张说，唐明皇才明白过来，说：“原来是岳父泰山的功劳啊！”此后人们就把老丈人叫作泰山了。

雁门紫塞，鸡田赤城

“雁门紫塞”出自南朝鲍照《芜城赋》中的：“南驰苍梧涨海，北走紫塞雁门。”意思是：往南可以到广西、南海，往北能达长城雁门。“紫塞”就是指长城。晋崔豹《古今注》：“秦筑长城，土色皆紫。汉塞依然，故称紫塞也。”这里的“塞”念 sài。《说文》：“塞，隔也。”指边境上屏隔内外的建筑，如边塞、关塞、要塞。也泛指边境，如塞外、塞上、塞北。

我国的万里长城，从春秋战国时各诸侯国为了保卫本国边境安全自建长城算起，至今已有两千五百多年的历史了。秦统一六国后，下令拆毁各国的互防长城，但保留了北方诸侯国在北边修建的边防长城，并把它们连接起来，建起了一条西起临洮（今甘肃岷县）、北傍阴山、东到辽东的万里长城，动用了数百万的劳力，时间长达十年。西汉又建了西起新疆罗布泊，经玉门、敦煌、酒泉、张掖、武威到黄河之滨的河西长城。宋淳熙八年（1181），我国东北地区的少数民族女真族建立的金朝也大规模修筑长城。金长城在大兴安岭南麓，东起嫩江西岸，西至内蒙古大青山，其直线长度达两千五百千米。明朝是我国长城建筑史上的最后一个朝代。明长城东起鸭绿江，西至嘉峪关，横跨八个省市自治区。规模和防御工程技术都超过了以往任何一个朝代。以后由于长城失去了国防上的意义，没有得到修缮维护，逐渐荒芜。新中国成立后，加强了对长城的保护，2006年国务院颁布了《长城保护条例》，我国长城已列入世界文化遗产。

雁门在今山西省代县城西北二十千米，是长城上的一处重要关隘，自古有名。宋代王象之《舆地纪胜》说："天下九塞，雁门为首。""九塞"是《吕氏春秋·有始览》提出来的："天有九野，地有九州，土有九山，山有九塞。"东汉高诱注解："险阻曰塞。"（险要堵塞、难于通行的地方称为塞。）《吕氏春秋》列举的九塞之中有一个叫"句注"，就是雁门。雁门山古称句注山。句注山有西陉、东陉。《说文》："陉，山绝坎也。"陉，是山脉中断之处。句注山的西陉和东陉，两侧山峰高耸对峙，中有一缺，其形如门，普通鸟都飞不到那么高，只有大雁能来回穿越，所以称作雁门。秦、汉、晋、隋四朝在这个地区都设有雁门郡。北魏时修建了雁门关。唐曾改称西陉关、东陉关。《新唐书·地理志》："雁门，上有东陉关，西陉关。"明朝在东陉（旧关东北五千米处）重新建关，关城周长十千米，石墙高七米，有东西北三座关门。而且与西面的宁武关、偏关连成了一道"内长城"，总称"晋北三关"，扼守着山西南北交通的要冲，成为京畿和中原的屏藩。

雁门是著名的古战场，兵家必争之地。历史上在这一带发生战争一千五百多次，列入正史的就有一百多次。前面已经说过战国时赵国大将李牧曾常年驻守雁门，而且多次大败匈奴，立下了赫赫战功。今天雁门关城东门外的镇边寺（又称武安君庙），就是后人为纪念他戍边保民的战功而修建的。秦统一六国后，秦始皇派大将蒙恬驻守雁门时，曾奉命率军三十万由雁门出塞，击败匈奴，收复了被侵占的河套地区，并筑起了万里长城。西汉初，匈奴侵入雁门，直奔晋阳（今太原），汉高祖刘邦亲率三十万大军抗击匈奴，逼其退出了雁门。惜因汉军轻敌，刘邦大军被匈奴用计诱入伏击圈，被困于平城（今大同）白登山七日之久。后用陈平之计，使重金财物贿赂匈奴王妻子，才得解困。后来汉朝与匈奴的几次战争，都与雁门有关，我们在前面讲“宣威沙漠”时已经说过。汉以后许多名将如唐朝的薛仁贵、郭子仪等也都驻守过雁门关，其中声名远播、家喻户晓的是宋朝的杨家将——杨业（又称杨继业）和他的全家。宋太宗时，杨业任代州刺史，镇守雁门关，多次以少胜多，大败辽兵，被人们誉为“杨无敌”，对遏制辽军南下攻宋起到了重要作用。后来在一次战斗中，因援兵失援，杨业陷入敌军重围，身负重伤被俘，他宁死不屈，绝食三日而亡。杨业祖孙三代为国守边，夫人、女儿、儿媳都上阵杀敌，满门英烈，得到人们高度赞扬。有关杨家将的许多故事被编成小说、戏剧、曲艺，在老百姓中间广泛传播，其中1959年著名戏曲大师梅兰芳编演的京剧《穆桂英挂帅》已成为经典剧目。后人为纪念杨业一家，在雁门关北口建了“杨家祠堂”，又称忠武祠。祠内供有杨老令公（即杨业）和夫人佘太君的彩塑。雁门西关城楼上建有六郎庙，是纪念杨业儿子杨六郎的。

鸡田、赤城，是两个地名。古代通信不像现在这样方便，有线的电话、无线的手机，随时可以联络。古代中央政令下达、地方文书呈报、各地信息传递都要靠人（信使）徒步或骑马一站一站地传送。信使途中换马和休息的地方称作驿站。鸡田是古代边塞地区的一个驿站，在今宁夏吴忠市东北。赤城，又称赤城堡，是在塞外的一个驿站，在今河北省张家口市赤城县东五里，有的书上则认为是浙江省天台县的赤城山。唐李白《梦游天姥吟留别》：“天姥连天向天横，势拔五岳掩赤城。”这个赤城指浙江省天台县的赤城山。宋陆游《将之荣州取道青城》：“倚天山作海涛倾，看遍人间两赤城。”自注：“青城山一名赤城，而天台之赤城乃余旧游。”青城山在四川省成都市西北。此外，陕西、青海、内蒙古也都有赤城或赤城山的地名。正因为我国古来地名称作赤城的有好几处，所以对《千字文》的“赤城”有不同解释，是可以理解的。

昆池碣石，巨野洞庭

昆池也有不同的解释。一说昆池就是滇池，因为滇池在昆明，所以称作昆池，又称昆明湖，古称滇南泽。滇池方圆五百里，湖平面海拔高度1886米，是云南省面积最大的高原湖泊，我国第六大淡水湖。滇池四周群山环绕，东西有金马、碧鸡双峰夹峙，南北有长虫、白鹤两山遥遥相望，连绵起伏，成为昆明滇池的天然屏障。滇池碧波万顷，风光秀丽，湖光山色，气象万千。清朝康熙年间，有一位终生不参加科举考试的布衣诗人孙髯，为滇池写过一副一百八十字的对联，号称天下第一长联，悬挂在滇池之滨的大观楼楹柱上。这副长联上联写滇池风光，下联写云南的历史，气魄宏大，对仗工整，所以脍炙人口，闻名遐迩。滇池现在已成为全国著名的旅游景点之一。（今将大观楼长联附后，以供读者欣赏。其上联是：五百里滇池，奔来眼底。披襟岸帻，喜茫茫空阔无边。看东骧神骏，西翥灵仪，北走蜿蜒，南翔缟素。高人韵士，何妨选胜登临。趁蟹屿螺洲，梳裹就风鬟雾鬓。更苹天苇地，点缀些翠羽丹霞。莫辜负，四围香稻，万顷晴沙，九夏芙蓉，三春杨柳。下联是：数千年往事，注到心头。把酒凌虚，叹滚滚英雄谁在？想汉习楼船，唐标铁柱，宋挥玉斧，元跨革囊。伟烈丰功，费尽移山心力。尽珠帘画栋，卷不及暮雨朝云。便断碣残碑，都付与苍烟落照。只赢得，几杵疏钟，半江渔火，两行秋雁，一枕清霜。）不过，现在公认的天下第一长联已经不是大观楼的对联，而是重庆市江津区临江楼长联，长达1612字，作者钟云舫。

昆池的另一说是指汉武帝时在长安开凿的昆明池。晋代潘岳写的《西征赋》有："交渠引漕，激湍生风，乃有昆明池乎其中。"这是说汉武帝元狩三年（前120）为准备征伐昆明国，训练水师，同时也为了解决京城长安供水不足问题，在长安西郊开挖了方圆四十里的昆明池。池成后引一支水北出供长安城，一支水东出为昆明渠，以利漕运。这是一项利军利民的水利工程，可惜两千年后的今天已经见不到了。人们大多都认为，《千字文》的"昆池"应该指的是滇池，不是汉武帝下令修的长安昆明池。

碣石在河北省秦皇岛市昌黎县城北。东汉建安十二年（207），曹操亲率大军远征乌桓。乌桓是我国东北地区聚居在乌桓山上的一支少数民族，当时乌桓相当强盛，经常掳掠汉人做奴隶。曹操打垮了东汉末年的北方大军阀袁绍后，袁的两个儿子袁尚和袁谭投奔了乌桓。为了扫除后顾之忧，曹操接受谋士郭嘉的建议，决心东征。八月在柳城（今辽宁朝阳）大破乌桓踏顿单于。九月胜利回师，途中登临碣石，写下了著名的诗篇《步出夏门行·观沧海》。其中的“老骥伏枥，志在千里”已成为脍炙人口的传世名言。

“巨野”古代称为大野泽，是黄淮平原上最大的湖泊，东西百里，南北三百里。后因上游来水减少，湖面积逐渐收缩。到五代十国时期，由于黄河多次决入鲁西南地区，巨野泽西南部受黄河泥沙淤积，湖区向东北低处转移，形成了著名的梁山泊。宋代黄河多次决入梁山泊，湖面不断扩大，方圆数百里。北宋末年宋江在梁山泊举旗造反，屡败官军，给朝廷以沉重打击。明代施耐庵根据宋江起义的故事，创作了长篇英雄传奇小说《水浒传》，塑造了起义队伍中众多不同性格的艺术形象，在群众中广泛传播，已成为传世名著之一。可惜，梁山泊终于因泥沙长期灌入，湖底抬高，到清康熙年间全成平陆了。

洞庭湖是我国第二大淡水湖，在湖南省北部，面积约2432平方千米。古代在江汉平原有一个云梦泽，横跨今湖北、湖南两省，由于长江、汉水带来的泥沙沉积，逐渐萎缩。长江的洪水就涌入云梦泽南部地势低的洞庭平原。洞庭平原因此由原来的沼泽水网地区迅速变成了一个大湖泊——洞庭湖。一千七百年前，三国时期东吴横江将军鲁肃奉命率万名士兵镇守巴丘（今湖南省岳阳市），操练水军。鲁肃扩建了洞庭湖滨的巴丘城，并在西门城墙上修建了一座阅兵台，时称阅兵楼，这就是最早的岳阳楼。南北朝时洞庭湖水面方圆已有五百里，唐宋时期达到七八百里，所以北宋梅尧臣有“风帆满目八百里，人从岳阳楼上看”的诗句。范仲淹的《岳阳楼记》说：洞庭湖“衔远山，吞长江，浩浩荡荡，横无际涯，朝晖夕阴，气象万千”。清朝道光年间，据《洞庭湖志》记载，湖周围“凡四府一州九邑，横亘八九百里，日月皆出没其中”。当时洞庭湖的面积达6000多平方千米，之后因泥沙淤积，湖面壅塞，洞庭湖迅速萎缩，1949年降为4350平方千米，现在已不到2500平方千米。

与洞庭湖、岳阳楼有关的故事和传说很多。历史上许多著名诗人如屈原、李白、杜甫、白居易、孟浩然、刘禹锡、黄庭坚、陆游等都曾到洞庭湖、岳阳楼，留下了不少佳作名篇。我们介绍一下屈原的事迹。

屈原，姓屈名平，字原。战国时代楚国的伟大诗人。他先是任楚国的左徒，地位仅次于令尹（相国），很受楚王的信任，曾代表楚国出使齐国，加强两国的友好。他是主张联齐抗秦的，所以遭到主张投靠秦国的人的忌恨，在楚王跟前造谣攻击他狂妄自大、目中无人，楚王听信了谣言，把屈原放逐到汉北。秦国乘机派张仪去楚，骗楚王与齐国绝交，说只要与齐绝交，秦国愿将商於之地六百里割让给楚国。可是当楚王与齐绝交后，派人到秦国要地，张仪却说当时讲的是给六里。楚王才知受骗，兴师攻秦，结果大败，找齐国支援，齐国不理。于是楚王后悔，召回屈原，并派他去齐国修好。任命他为三闾大夫，掌理王族三姓的事务。后来，秦王邀请楚王去秦国会面，屈原劝楚王别去，可是楚王的小儿子子兰主张去。最后楚王死在秦国。楚王长子继位，子兰做了令尹，就再次放逐屈原，让他去南方的溆浦。屈原在两次遭流放期间，以楚民歌的风格写了《离骚》《抽思》《哀郢》《涉江》《怀沙》等许多诗篇，被称为“楚辞”。在诗中他尖锐地抨击了贵族政治的投机取巧、苟且偷安，表达了自己对祖国和人民的无限忠贞，充分表现了屈原崇高的爱国主义精神。这些诗篇对后代诗人和我国文学艺术的发展都产生了巨大而深远的影响。在他六十六岁那年，当得知楚国的首都已被秦军攻破的消息，他完全绝望了。这年五月五日，他抱着石头自沉于洞庭湖畔的汨罗江中。据说，屈原自沉的消息惊动了当地老百姓，人们纷纷划船去寻找、营救他，并向江中投放食物使江中的鱼鳖不去咬啮屈原。后人为了纪念屈原，就把每年的农历五月五日定为端午节，举行龙舟赛，家家包粽子，成为习俗。

旷远绵邈，岩岫杳冥

《说文》："旷，明也。""旷"原来是敞亮的意思。我们常说的成语"心旷神怡"，就是表示心胸开阔，精神愉快。由开阔敞亮引申出空荡荡的、荒废了的意思，如"旷日持久"是说耗费了时间，拖了很久。"旷远"是指辽阔无际。《后汉书·侯霸传》有"县界旷远"，说那个县很大，边界辽阔。《千字文》中的"旷远"是讲我国的边界无比辽阔。据西晋皇甫谧《帝王经界纪》说，"四海之内则东西二万八千里，南北二万六千里"，可见我国疆域之大。

"绵邈"也是表示时间或空间的久远。《晋书·天文志》："年代绵邈，文籍靡传。"(年代久远，书籍上没有记载传流下来。)这是说时间的。晋左思《吴都赋》："岛屿绵邈，洲渚冯陆。"（岛屿遥远，那些大小岛望去都挺高的。）这里是说空间的。

"岩岫杳冥"，《说文》："岩，岸也。"岩是指山崖，后来引申为山峰、高山。"岫"原来指山洞。《说文》："岫，山穴也。"晋陶渊明《归去来兮辞》："云无心以出岫，鸟倦飞而知还。"（云不是有意地从山洞中飞出，鸟飞累了也知道回来。）后来也指峰峦。唐杜甫《江梅》：

"故园不可见，巫岫郁嵯峨。"（故乡不能看见，高大而险峻的巫山阻隔着。）

"岩岫"见于《素问·六元正纪大论》："松吟高山，虎啸岩岫。"（松树在高山上吟唱，老虎在岩洞中吼叫。）这里是指山洞。但晋嵇康《幽愤诗》："采薇山阿，散发岩岫。"（在山坡上采摘野菜，在山峰上散开我的头发。）这里又可解释为山峰。在古人诗文中有把山洞称为岩岫的，也有把峰峦称为岩岫的，所以我们不必拘泥于某一种解释。

《说文》："杳，冥也。从日在木下。""冥，幽也。"可见杳、冥是同义词，都是表示昏暗不明、看不清的意思。引申为高远、渺茫、幽深、神秘莫测。

"旷远绵邈，岩岫杳冥"是说我国的幅员辽阔，边疆遥远，群山高耸，岩穴幽深，湖海渺茫，变化莫测。作者前文列举了北边的鸡田、赤城、雁门、紫塞，东边的碣石、巨野，西南的昆池，南面的洞庭，还有五岳独尊的泰山，在这里做了一个归纳性的表述。

《千字文》的第三部分到此结束。这一部分，作者用优美的文辞介绍了我国京都的壮丽、皇家贵族的奢华、历史上著名的诸侯争霸和文臣武将的事迹以及九州百郡和沙漠、长城、高山、大泽等名胜古迹，展现了我国的历史悠久、人文荟萃、疆域辽阔、山河秀丽，使读者不由得感叹祖国的伟大，激发出强烈的爱国热情和对先贤的衷心崇敬。这种潜移默化的教育作用，应该是《千字文》能千百年来被作为启蒙必读书目的重要原因。

以下是《千字文》的第四部分。这部分主要讲居家的田园生活、个人修养，还涉及有关的科技发明、轶闻，是《千字文》中篇幅最长的部分，也是全文最后一个部分。

治本于农，务兹稼穑

俶载南亩，我艺黍稷

我国是一个历史悠久的农业大国。考古发掘证明，距今七八千年前，我国华北平原西部已经进入农业社会，长江中下游稻作农业也已在生产中占主要地位。几千年来农业始终是我们国家的根基，是中华古代文明赖以生存和发展的物质基础。历朝历代都把重农固本定为基本国策。古代帝王每年都要举行隆重的祭祀农神的仪式祈求风调雨顺、粮食丰收，并且亲耕籍田（籍田是划分给天子耕作的田，因为借用民力进行耕种，所以叫作籍田。籍是借的意思），王后亲自养蚕。《礼记·祭统》说：“天子耕于南郊，王后蚕于北郊。诸侯耕于东郊，夫人蚕于北郊。”尽管他们不过是做做样子而已，但也反映了对于农业生产的重视。为了鼓励百姓勤于农桑之业，西汉孝文帝多次下《劝农诏》强调：“农，天下之大本也，民所恃以生也。”《汉书·郦食其传》：“王以民为天，民以食为天。”因此，古代人们都把农业称为本业，而把工商称为末业。“四体不勤，五谷不分”是老百姓瞧不起的。《论语·微子》中有一个故事。有一次，孔子在弟子们陪同下外出，弟子子路中途没跟上。他就往前追，碰见了一位老农民。子路问他有没有看见夫子？这位老农民说：“四体不勤，五谷不分，孰为夫子？”（四肢不勤快，五谷分不清，怎么能称夫子？）后来子路把这事告诉了孔子。孔子说：“这是个有学问的隐士啊！”

“务兹稼穑”，“务”是从事、致力，“兹”是指示代词“这”，“稼”是种植农作物，“穑”是收获农作物。《诗经·魏风·伐檀》：“不稼不穑，胡取禾三百廛兮。”（不耕种又不收获，为什么拿走庄稼三百捆啊。）就是老百姓斥责那些不劳而获的“君子”们的。稼穑两个字连在一起，常泛指农业劳动。《尚书·无逸》：“君子所，其无逸。先知稼穑之艰难，乃逸。”（君子做官，不要贪图享乐。首先要知道农业劳动的艰难，然后再享乐。）

“治本于农，务兹稼穑”的意思是：治国治家的根本在农业，（我们）要下力气搞好庄稼的种植和收获。

“俶载南亩”，出于《诗经·大田》“以我覃耜，俶载南亩”（用我锋利的犁铧，开始耕作南面的土地）。“覃”现在有两个读音，一个读 tán，意思是“深”，也是中国人的一个姓；还有一个读 qín，也是中国人的姓。所以遇见姓覃的人，你得先问清楚应该怎么念，别弄错了闹笑话。《诗经》中的这个“覃”读作 yǎn，是锋利的意思；“耜”是古代的一种农具，类似于犁铧；“俶载”的意思是开始耕作；“南亩”是居所南面的土地。古代建筑都坐北朝南，以利阳光充足。农居也是如此，一般都建在田地的北边。亩是田地的计量单位。《说文》：“六尺为步，步百为亩。”这是说古代六尺为一步，纵横各六百步的土地称为一亩。现代六十平方丈（667 平方米）为一亩。百亩为一顷。

“我艺黍稷”，就是我种植黍和稷。“艺”是种植的意思。《说文》：“艺，种也。”甲骨文的“艺”字没有草字头，是一个人拿着禾（木）往下种植的象形字。“黍”和“稷”是原始时代到商周时期黄河流域主要的粮食作物，它们是华夏族先民从当地的狗尾草和野生黍驯化而来的。黍就是现代说的黍子、黄米，是粮食，也是酿酒的原料。“稷”是现代说的谷子、小米，它耐干旱，生长期短，所以成为古代北方的主要食粮。“稷”被称为五谷之长。尧舜时主管农业的领导叫后稷，相传就是周的始祖。《孟子·滕文公上》：“后稷教民稼穑，树艺五谷。”《诗经·鲁颂·宫》：“是生后稷，降之百福。……俾民稼穑，有稷有黍。”可见后稷在人民心中的地位是很高的，后世尊他为谷神。我们古人说的社稷，“社”是土地神，“稷”是谷神。由于农业收成关系国计民生，每个诸侯国年年都祭拜土神、谷神，都设有祭社、祭稷的祭坛。如果国家祭祀社稷的祭坛没有了，就标志着这个国家已经灭亡，因此“社稷”就成为国家的代称了。

关于五谷的指称，古书说法不一。《周礼》中的五谷，东汉郑玄注：麻、黍、稷、麦、豆也。《孟子》中的五谷，东汉赵岐注：稻、黍、稷、麦、菽也。（菽就是豆。麦是从西亚引进的作物。）也有一些别的解释，大同小异。古书上还有的把农作物称作“六谷”(见《三字经》)、“七谷”(见《吕氏春秋》)。现在我们通常把五谷用作粮食作物的统称。

税熟贡新，劝赏黜陟

庄稼成熟了，农民要交税。古代实行井田制，《孟子·滕文公上》说：“方里而井，井九百亩，其中为公田。八家皆私百亩，同养公田；公事毕，然后敢治私事。”这叫作“九一而助”，就是方形的九百亩田地，四边的分给八家耕种，每家一百亩，收成归自家；还有中间的一百亩公田，由八家共同帮助国家耕种，收成上交国家。要求各家先完成分担的公田耕作任务，再从事自家田地的耕作。春秋时代，各家除了种分给自己的田地外又广开私田。鲁国为了增加国君的收入，鲁宣公十五年（前594）实行了对私家田按亩征税的政策，根据实际耕作的亩数，每亩收取收成的十分之一为税。《春秋》称之为“初税亩”。这是我国历史上第一个按田亩数量收取农业税的制度。战国时，秦国在秦简公七年（前408）实行“初租禾”，和“初税亩”一样，也是按比例征收农业税，从农民那里拿取实物地租，只是方言不同，鲁国叫税，秦国叫租。后来商鞅变法，秦孝公十二年（前350）废除了井田制，允许土地私有，以二百四十步为一亩重新划分地界。又颁布“初为赋”法令，按人口征赋。《说文》：“税，租也”“租，田赋也”“赋，敛也”“敛，收也”。可见，税、租、赋都是收取的意思。但是也有区别。《汉书·刑法志》：“税以足食，赋以足兵。”所以，税、租又称田赋，而赋原来指的是兵赋。从字的结构上可以看到，税、租都是“禾”旁，赋是“贝”旁一个“武”字。兵赋是征集兵士、民夫、战车、牛马、戈盾之类作战用的人力、物力、财力。《论语·公冶长》："由也，千乘之国，可使治其赋也。"（子路这个人，千辆军车的国家，可以让他负责军务和军事后勤工作。）这是孔子对弟子仲由的评价。（仲由，字子路，亦称季路。鲁国卞邑人。是孔子学生中年龄最长的，以忠诚、勇敢著称。）

"贡"是向天子向朝廷进献物品，后来引申到弱国向强国或下级给上级进献物品都称为"贡"了。"税熟贡新"的意思是庄稼成熟了要交税，要向国家进献新的农产品。

"劝赏黜陟"中的"劝"是鼓励、奖励的意思。《左传·成公十四年》："惩恶而劝善。"（惩罚罪恶而奖励善良。）前面说过汉文帝多次下《劝农诏》就是鼓励大家搞好农业生产。汉成帝时，下令在春耕的时候二千石（相当于现在的省部级干部）都要深入田间，劝勉农桑。汉平帝时，设大司农部丞（二千石）十三人，每人负责一个州的劝农桑事务。后来唐、宋、元朝也都设有劝农使。《说文》："赏，赐有功也。"《荀子·王制》："无功不赏，无罪不罚。""劝赏"就是鼓励和奖赏。"黜"是贬低、废除，"陟"是登高、上升，出自《尚书·舜典》："三载考绩，三考，黜陟幽明"（三年考察一次政绩，考察三次后，罢免昏庸的官员，提拔贤明的官员）。"劝赏黜陟"与上句联系起来，就是要鼓励和奖赏农业生产搞得好的农民，提升管理得好的官员，对管理得不好的官员要降职或者罢免。

孟轲敦素，史鱼秉直

孟轲（约前372—约前289）就是我们在前面已经多次说到的孟子，战国邹（今山东邹城东南）人，字子舆。他继承和发扬了孔子的思想学说，是儒家学派中地位仅次于孔子的思想家，被后世尊为“亚圣”，《史记·孟子荀卿列传》说孟轲“受业子思之门”。子思是孔子的孙子。孟子出生的时候，孔子已去世百年，子思也已经去世，所以孟子是向子思的学生求学问道的。尽管孟子的直接老师不是子思，但是子思的思想言行对孟子的影响很深，因此荀子在《非十二子》中把子思和孟子划为一派，人称“思孟学派”。孟子也以孔子继承者自居，仿效孔子周游列国，他到过齐、魏、鲁、滕、宋等国，在齐国曾经担任齐宣王的客卿。然而使他深感失望的是他的意见不能被那些国君接受，他的主张不能实现。在六十二岁时，孟子结束了近三十年的游说生涯，回故乡办学著书直至去世。

孟子所处的战国时代是奴隶制社会向封建制社会过渡的时代，社会矛盾错综复杂。诸侯大国为了扩大地盘，争夺人口，展开了比春秋时代规模更大、更为残酷的混战，“争地以战，杀人盈野；争城以战，杀人盈城”（《孟子·离娄上》）。广大劳动人民深受其害，民不聊生，流离失所。各阶级、阶层和社会集团对社会现实纷纷表达自己的态度和主张，出现了诸子百家争鸣的局面。作为儒家学派的主要代表人物，孟子积极主张“王道”，反对“霸道”，反对掠夺战争，提出了“民为贵，社稷次之，君为轻”（人民最重要，其次是国家，国君的分量比他们轻），强调“得民心者得天下”；他主张实行“仁政”，使百姓有固定的田产，过上安定的生活。这些有理想主义色彩的“以民为本”思想，当然不可能被满心想着争雄称霸的国君所接受，弱小诸侯国的国君虽能接受但在当时环境下又实行不了。但是孟子的“王道”“仁政”思想却在中国历史上留下了深远的影响。

孟子是一个辩论家，他善于用打比方、讲故事的方法说明他的观点和主张，以便说服对方。例如，梁惠王问孟子，为什么我已经为老百姓做了不少好事，别的国家并没有做，可是他们的人口没有减少，我国的人口也没有增加呢？孟子给他打了个比喻：战场上战鼓响起，双方刀枪一接触，有人丢下盔甲转身逃跑，有的一口气跑了一百步停下来，有的一口气跑了五十步停下来。孟子问梁惠王：“那个跑五十步停下来的人耻笑跑了一百步的人（胆小），行不行？”梁惠王说：“不行，他只是没跑到一百步，但也是在逃跑啊。”于是，孟子进一步向他阐述了实行王道仁政的主张。后来这“五十步笑百步”成了一句成语，意思是自己做得并不好却讥笑比自己做得更差的人。

孟子的许多名言流传千古，对中华民族民族性的形成产生了重大影响，如：

《孟子 · 告子下》：“天将降大任于是人也，必先苦其心志，劳其筋骨，饿其体肤，空乏其身，行拂乱其所为，所以动心忍性，增益其所不能。”（天将要把重大的任务落到这个人的身上，一定先使他心里感到痛苦烦恼，使他的筋骨感到疲劳，使他的肠胃感到饥饿，使他的身体感到困乏，每一个行动都受到扰乱，这样能促使他的心受到震动，意志得到锻炼而更加坚韧，改进不足之处而增加能力。）这是说，做大事的人要做好经受各种困难的思想准备，要经得起各种困难和挫折的考验。

《孟子 · 滕文公下》：“富贵不能淫，贫贱不能移，威武不能屈，此之谓大丈夫。”（金钱和权势不能扰乱他的心意，贫穷和地位低下不能改变他的志向，强大的压力甚至武力压迫不能弯曲他的节操，这样的人才叫作大丈夫。）

《孟子 · 尽心下》：“仰不愧于天，俯不怍于人。”（抬头无愧于天，低头无愧于人。）通俗地讲，就是做事对得住自己的良心，心中无愧。孟子说这是君子的一大快乐。

又如脍炙人口的“先天下之忧而忧，后天下之乐而乐”（宋范仲淹《岳阳楼记》），源自孟子说的“乐以天下，忧以天下”（以天下人的快乐作为自己的快乐，以天下人的忧愁作为自己的忧愁）。

“孟轲敦素”，“敦”在这里是注重、崇尚的意思，“素”是本色、本性，“孟轲敦素”就是说孟子注重保持人的本性。孟子是“性本善”论者，他认为人生下来就有恻隐之心、羞恶之心、辞让之心、是非之心，这“四心”是仁义礼智“四德”的萌芽，所以只要保持和发扬“四心”，人人都可以成为“四德”兼备的高尚的人，即“人人皆可为尧舜”。

“史鱼秉直”，“秉”是坚持的意思，“直”是指为人正直，这是说史鱼尸谏的故事。史鱼是孔子同时代的人，卫国的大夫，著名史官，三代老臣。史鱼为人正直，是非分明，从来不搞阿谀奉承那一套，以敢于直谏著称。卫灵公信用宠臣弥子瑕，任由夫人南子主政，群臣都有意见却不敢进谏。史鱼不然，见卫灵公有什么错误都能直言进谏。史鱼建议卫灵公重用老臣蘧伯玉，不要宠信弥子瑕，卫灵公不采纳。史鱼临终前，对儿子说：我活的时候没能帮助国君重用贤士，死后不应该享受礼的待遇，我的遗体停放在北堂就行了。（按礼，遗体应该放在正房。）卫灵公去吊唁时十分感慨，说：老先生在世时就向我举荐贤士，罢黜奸佞，死了以后还用尸体劝谏我，真可以称得上忠啊！于是卫灵公立即任蘧伯玉为相，罢退了弥子瑕，让史鱼的遗体移至正堂，为他举行了正规的丧礼，然后返回。史鱼的尸谏，得到了孔子的称赞。《论语 · 卫灵公》："直哉史鱼！邦有道，如矢；邦无道，如矢。"（史鱼真是刚直的人啊！国家安定太平，他直得跟箭一样；国家危难险恶，他也直得跟箭一样。）

庶几中庸，劳谦谨敕

这里的"几"字是繁体字"幾"的简化字。《说文》："幾，微也。"指事物的征兆，微小的苗头。古人认为圣人是能发现事物征兆、抓住时机的人。"庶几"是接近、差不多。《易 · 系辞》："子曰，颜氏之子，其殆庶几乎。"颜氏之子就是孔子的学生颜回，孔子说颜回好学上进、察微知著，是与圣人差不多的人才啊。因此，后人常把"庶几"用来称呼近乎圣人的贤才。东汉王充《论衡 · 别通》："五经皆习，庶几之才也。"（五经都学的人，是好学上进、近乎圣人的人才啊。）

"庶几中庸"的意思是近乎圣人的贤才都讲求中庸。《论语 · 雍也》："中庸之为德也，其至矣乎。"（中庸作为一种品德，应该是最高的了。）《礼记·中庸》：“舜其大知也与？……执其两端，用其中于民，其斯以为舜乎！”（舜难道不是有大智慧的人吗？……掌握好坏两个极端，应用折中、恰当的道理去教化百姓，因此他被称为舜啊！）

“中”是中间，“庸”是应用。《说文》：“庸，用也。”把“中”用之于日常生活，就是“中庸”。为什么孔子如此看重“中庸”呢？我们都知道孔子说过“过犹不及”，什么事情都有一个度，过了度就不好。比如，雨下多了会出现洪涝灾害，可是老不下雨就会造成旱灾。待人处事也这样，过于和不及都不行。人不吃饭会饿死，可是吃得过饱会撑死，所以医生建议吃饭七分饱，有益健康。同样，治理国家不能没有法律，否则是非不分，邪恶滋生，社会混乱，国将不国，但是如果法律过严过细，老百姓也受不了。前面讲的“韩弊烦刑”就是例子。可见，大到治国，小到修身，都要讲求中庸之道，不可过严过宽，不可过刚过柔，要张弛有度，轻重得当，分寸合适，恰到好处。做什么事都能符合当时当地的实际，合情、合理、合法，这是很不容易做到的。故而孔子说中庸是最高的品德。为此，要求人们加强自我教育，自我完善，提高各方面的修养，力求达到至仁、至善、至诚、至德，具有理想的人格。

子思在《中庸》一书中说："中也者，天下之大本也；和也者，天下之达道也。"（中，是天下的根本；和，是贯通天下的原则。）儒家认为，天下的事，处之以"中"则成，不得"中"则不成，所以"中"是处天下事的根本法则。实行"中"，把"中"用之于修身、齐家、治国、平天下，就能使个人、家庭、国家、天下都达到和谐，这就是儒家追求的理想世界。

《易·谦·九三》："劳谦，君子有终，吉。"（君子有功劳而能谦虚，必有好结果，吉利。）"劳谦"是有功劳又谦虚。

"谨敕"，是恭慎、严谨的意思。东汉马援《戒兄子严敦书》："效伯高不得，犹谨敕之士，所谓刻鹄不成尚类鹜者也。"这是东汉伏波将军马援给侄子马严、马敦的信里写到的。马援教育他们要向德行好的朋友龙伯高学习，即使学不到他那样好，也可成为行为恭慎、严谨的读书人，就是通常说的刻画天鹅不成功还能像只野鸭呢。

马援（前 14—49），字文渊，扶风茂陵（今陕西咸阳市）人。他年轻时勤于垦田、放牧，他对人说："丈夫为志，穷当益坚，老当益壮。"（唐代王勃《滕王阁序》中的"老当益壮，宁移白首之心；穷且益坚，不坠青云之志"源于此，意思是无论年老气衰还是穷困窘迫，都不消沉，反而积极奋发，意志更加坚定。）马援由于耕牧致富，家有牲畜数千头，谷米数百万斤，但他表示决不做守财奴，把家财全分给了兄弟和朋友，自己过着普通人的生活。汉光武帝任命马援为陇西太守，他平定了凉州地区后被任命为伏波将军，他平定了交趾反叛，六十二岁时还主动请缨出征。他曾说：“男儿当死于边野，以马革裹尸还葬耳。”（男子汉应当死在边疆野外，用马皮包裹尸体运回来埋葬。）马援对待下属宽厚，不居功自傲，常把赏赐给他的奖品分给部下。南征交趾回来，马援被封为新息侯，他在宴请将士的大会上，把功劳归于随同出征的全体将士，发自肺腑的讲话得到了大家的热烈欢呼。六十三岁时，马援在远征蛮夷时得疫病去世。

聆音察理，鉴貌辨色

“聆”就是听，细心、专心地听。俗话说：“锣鼓听声，听话听音。”《礼记 · 乐记》：“凡音者，生人心者也。情动于中，故形于声。”说话是用言语表达人的思想感情，或喜，或怒，或哀，或乐，或爱，或恨，或兴奋，或平静，都会在说话中流露出来。有的话讨人喜欢，有的话惹人讨厌。有一个故事说，有个不懂事的年轻人，口无遮拦，经常说一些令人反感的话。一次，他家的亲戚结婚，邀请他们家参加婚礼。他父亲怕他去乱说话，惹是生非，就不带他去。可是他再三保证这次参加婚礼绝不说话，父亲才同意带他去了。果然，这个年轻人在亲戚家参加婚宴时没说一句话。他父亲挺高兴，还夸他今天表现不错。可是就在他家亲戚送他们出门的时候，他忍不住说了一句："今天我可是什么话也没说，以后你们新郎新娘要是打架、闹离婚，跟我可没关系啊！"在人家大喜的日子居然说这种不吉利的话，气得他父亲扇了他一个大耳光。这个小故事告诉我们：说话也是一种艺术，要看对象，要分场合。我们再讲一个会说话的故事。清朝著名的大学士纪晓岚是乾隆皇帝的陪读，关系亲近，也常开玩笑。一次，两人同逛御花园，走到荷花池旁边，乾隆说："你忠心报效朝廷，真算得上是一名忠臣！"纪晓岚听皇上夸他，赶紧谢道："臣愿为皇上肝脑涂地，万死不辞。"乾隆笑着说："何用万死，只要一死就足够了，现在我就命你投池而死！"要是换了别人，可能手足无措，立即叩头求饶了。但纪晓岚还真的走到荷花池边，做出想往下跳的样子，突然，他双手慢慢放下，口中念念有词，好像在跟谁说话似的，乾隆还以为他被吓坏了，在说胡话呢。不久，纪晓岚笑着走到乾隆面前说："皇上，我刚才正要投水，忽然看见屈原在水中向我摇手，不让我跳下去。他说当初因为昏君无道，他才不得不投汨罗江自尽，而今我遇到了这样开明的皇帝，怎么可以学他的样子自尽呢？让人误以为当今皇上不开明，不是带累了当今的皇上吗？听了屈原的话，我一下子明白过来，我不能随便去死，那会坏了皇上的好名声啊！”纪晓岚的一番话机敏地回击了乾隆，还使乾隆佩服得无话可说。

说话有讲究，听话也有讲究。因为有真话，有假话，有好话，有坏话。说话的方式也各有不同，通常是实话实说、怎么想的就怎么说、有什么说什么，但是也有正话反说、反话正说、绕着弯儿说等许多方式。所以“聆音”要“察理”，听话时应该体察话中包含的道理，要搞清楚对方说话的真实意思。民间有句话：“话糙理不糙。”有些听起来极其普通的话，往往包含着平凡的真理呢。

古代帝王是至高无上的，所以历史上做臣子的向皇帝进谏时，经常避免直接劝谏，要拐弯抹角地说。作为帝王就更得“聆音察理”了。春秋时期，楚庄王酷爱养马。有一匹马因为长得太肥而死了。楚庄王下令全体大臣致哀，并且准备用棺椁盛殓，按大夫规格举办葬礼。许多大臣劝谏不要这么办，楚庄王听不进去，反而下了通令：谁敢为葬马进谏的，一律杀头。艺人优孟听说后闯进宫去号啕大哭，楚庄王大吃一惊，问他哭什么？优孟说：“那匹死了的马，是大王最心爱的。我们楚国是堂堂大国，却只用一个大夫的葬礼来办这匹马的丧事，太不像话，应该用国王的葬礼来办。”楚王问:“按你的意见怎么办？”优孟说:“应该用白玉做棺材，用红木做棺椁，调遣大批士兵来挖坟坑，发动全城年老体弱的人都来挑土筑坟。出殡那天，让齐国、赵国的使节敲锣开道，韩国、魏国的使节在后面摇幡招魂。要建造庙宇用猪牛羊来祭祀，还要拨一个万户的大县供奉。这样，就可以让天下人都知道，原来大王把人看得轻、而把马看得重啊。”这时，楚庄王终于明白优孟是在含蓄地批评他，便说：“我的过错就这样大吗？好吧，你说现在该怎么办呢？”优孟说：“这好办。依臣之见，用灶为椁，铜锅为棺，放些花椒桂皮、生姜大蒜，将马肉炖得香香的，让大家饱餐一顿，把它葬到人的肚子里就得了。”于是，楚庄王把死马交给了管膳食的官员，不让再宣传这件事。

还有一则故事，也是春秋时期的。齐景公在位时，齐国的刑法相当残酷，只要戴上欺君忤逆的罪名，就施刖刑，把犯人的脚砍掉。当时社会上因此出现了一种职业，专门做假脚出售，古人称为“卖踊”（踊是供受了刖刑的人穿的鞋）。有一天，齐景公召见宰相晏子，说到晏子的家住在集市附近。齐景公问晏子集市上的物价，什么东西卖得贵，什么东西卖得便宜？晏子说：“集市上的踊，供不应求，天天涨价；集市上的鞋，卖不出去，价格一直往下落。”

齐景公听出了言外之意，脸色很难看。后来，齐国就不再滥用残酷的刖刑了。

“鉴貌辨色”，《说文》曰：“鉴，大盆也”，“鉴”的本意是盛水（或冰）的大盆。古代没有铜镜时，人们常用鉴盛水以照看面容，因此鉴也就很自然地引申为观看的意思。“鉴貌辨色”是观察容貌，辨别颜色，也就是人们常说的察言观色。有人以为这是一个贬义词，是为了达到个人的某种目的，看着别人的脸色说话、办事，这样理解有片面性。其实，“鉴貌辨色”是日常生活中的普遍现象，比如亲戚朋友见面，经常会说谁胖了、谁瘦了，某某脸色好或不好等。又如招聘人员时，一般都得通过面试。清朝曾国藩组建湘军挑选士兵，有个三字诀：黄、长、昂。黄是种田人的本色，这样的人忠厚老实，听话；长是手脚长大，这样的人有手劲，跑得快；昂是有精神，不是懒洋洋、萎靡不振的样子，这种人打起仗来勇敢，有斗志。曾国藩还写过一本书——《冰鉴》，专门讲怎样从音容笑貌上来判断这个人的好坏、吉凶。他的幕僚薛福成说，曾国藩每接见一个人，对这个人的才能高低、德行深浅、福气厚薄，往往都能做出正确判断，终身不差，所以有知人的声望。中医看病讲究“望闻问切”。这四个字中除了“切”是切脉，俗称号脉之外，其余三个“望闻问”全属于鉴貌辨色。《孟子·告子下》：“有诸内，必形诸外。”（里面存在什么，一定会在外面表现出来。）所以察言观色本身没有错，问题在于他的目的是为了什么。

《孟子·离娄》：“存乎人者，莫良于眸子。眸子不能掩其恶。胸中正，则眸子瞭焉；胸中不正，则眸子眊焉。听其言也，观其眸子，人焉廋哉？”翻译成现代汉语是：观察一个人，再没有比观察他的眼睛更好了。因为眼睛不能掩盖一个人的丑恶，心正，眼睛就明亮；心不正，眼睛就昏暗。听一个人说话的时候，注意观察他的眼睛，这人的善恶又能藏那里去呢？《诸葛武侯集》记载了一个故事：有一次，刘备接见了一个人，跟他谈论讨伐曹魏的形势，很符合刘备的心意。当时诸葛亮在场。那人去上厕所的时候，刘备告诉诸葛亮，说这人是个奇士，想和他交个朋友。诸葛亮叹了口气说：“我观察这个客人，脸色一再变化，有点害怕的神情，眼睛不敢正视而多次偷看对方，外露奸形，内藏邪恶，一定是曹操派来的刺客。”说完马上派人去追，发现那人已经翻墙逃跑了。

当然，以貌取人也不是绝对准确的。在《史记·仲尼弟子列传》中讲了一个人，名叫澹台灭明，字子羽，武城（在今山东费县）人。他拜孔子为师，本想一直伺候在孔子身旁，但孔子认为他相貌丑陋，资质不高，没有留他。可是澹台灭明学习完了，到南方去，游历到长江，跟从他学习的有三百人。他待人处事都很实在，分寸得当，名扬各诸侯国。孔子知道后，说自己“以貌取人，失之子羽”。（单纯从相貌上判断人，对子羽的判断就错了。）所以，《韩非子·显学》说：“观容服，听辞言，仲尼不能以必士；试之官职，课其功伐，则庸人不疑于愚智。”（看他的容貌服饰，听他的言辞，即使孔子也无法断定对方一定是个贤士；用官职来试验他，考核他的政绩，即使普通人也不会疑惑对方是愚蠢还是聪明。）因此，单位对于所招聘人员除了面试，还常常设一个试用期，通过工作实践来决定是否任用，这是有必要的。

贻厥嘉猷，勉其祗植

“贻”是赠送、遗留的意思，“厥”是代词，那个，“嘉猷”就是好的谋略，“祗”是恭敬、谨慎的意思，“植”是把木头直立起来。“贻厥嘉猷，勉其祗植”就是（给子孙）留下好的谋略，勉励他们做个恭敬而正直的人。

“贻厥嘉猷”，“贻厥”出于《尚书·五子之歌》：“明明吾祖，万邦之君。有典有则，贻厥子孙。”这是说，我们十分圣明的祖先大禹，是天下诸侯国的首领，他有治国的典章法则，遗留给了后代子孙。“嘉猷”就是好的主意，出自《尚书·君陈》。这是在周公去世后，周成王任命周公儿子君陈继承周公管理王都洛邑东郊时发布的一篇策书，其中有一句话：“尔有嘉谋嘉猷，则入告尔后于内。”意思是，你有好的谋略，就到内廷来告知你的君主。

历史上不少有识之士，根据毕生经历及自己在工作和生活中得到的经验教训，为了教育子孙后代，培养其高尚的思想品德，发扬中华民族的优秀传统，写下了许多“贻厥嘉猷”的名篇佳作。例如《诸葛亮诫子书》《颜氏家训》《朱柏庐治家格言》《曾国藩家书》，还有近现代的《傅雷家书》等，都值得我们一读。

“祇植”即恭敬和正直，是儒家十分重视的德行。《论语》二十章，有十七章说到恭和敬。孔子说：“居处恭，执事敬。”（《论语·子路》）意思就是：日常生活要庄重谨慎，办理事务要严肃认真。可见，恭与敬含义相近，对自己来说是恭，对人对事来说是敬。宋代大儒朱熹以“敬”字为圣门第一个字，他说：“致知者，以敬而致之也。力行者，以敬而行之也。”学习研究要敬，才能取得成果；待人处事要敬，才能取得成功。

《论语·雍也》：“人之生也直，罔之生也幸而免。”（人的一生应该活得正直，不正直的人活下来只是因为侥幸没有遭到灾祸。）说明儒家认为，为人正直是人生的第一准则。前面说过孔子赞扬鲁国史鱼的正直。《论语·为政》说："举直错诸枉，则民服。"（把正直的人提拔起来，放在不正直的人之上，民众就会服从。）《论语·颜渊》中又说："举直错诸枉，能使枉者直。"（把正直的人提拔起来，放在不正直的人之上，能使不正的人改邪归正。）千百年来，为人正直一直是我们中华民族推崇的优秀品德。古文字在心字上加个直字（悳）就是"德"。陈毅元帅有诗《青松》："大雪压青松，青松挺且直。要知松高洁，待到雪化时。"他用"挺且直"的青松歌颂了革命者的铮铮铁骨和不屈的精神气节。

省躬讥诫

"省"在这里读 xǐng，是看望的意思，如看望父母叫作省亲。"省躬"是检查自己。《论语·学而》："吾日三省吾身——为人谋而不忠乎？与朋友交而不信乎？传不习乎？"（我每天要一遍遍地检查自己——为别人办事是不是尽心了？交朋友是不是讲信用了？老师传授的学问是不是复习了？）为什么要天天检查自己呢？目的是为了及时发现缺点，便于及时改进。

"讥"是讥笑、讽刺，"诫"是警告、规劝。"省躬讥诫"就是当听到别人讥笑、讽刺自己的时候，或者有人规劝以至警告自己的时候，要反省自己的言行是否有问题。有云："圣人闻过则喜，中人闻过则改，小人闻过则怒。"我们应该正确对待批评，做到"有则改之，无则加勉"，这就是"省躬讥诫"的第一层含义。

"省躬讥诫"还有一层含义是要善于忍让。《论语·卫灵公》："小不忍则乱大谋。"（小事上不忍耐就会败坏大的谋划。）这句话现在已经成为大家都知道的成语，许多人把它作为自己的座右铭。

能忍让是一种品德，是一种修养，也是一种境界。宋朝宰相王安石，在宋神宗时期搞改革，因为损害了大地主大官僚的利益，遇到了保守派的强大阻力，宋神宗只得不了了之，改革失败。王安石急流勇退，告病还乡，他怕沿途地方官员迎送，打扰老百姓，就只带了一名小仆人，乘一只小船走了。他嘱咐仆人对人不要透露他的官职，仆人不理解，就问："如果听到说你坏话，甚至骂你的话，怎么办？"王安石说："宰相肚里能撑船，从来人言不足恤。言我善者，不足为喜；道我恶者，不足为怒。只当耳旁风过去便了，切莫揽事。"这件事反映了王安石宽阔的心胸、豁达的气度，令人钦佩。"宰相肚里能撑船"这句话也从此传开了。

"忍"字由心字上面一把有刃的刀字组成，表示着

"忍"好比用刀刺自己的心，是不容易做到的。但是有抱负、有理想的人目标远大，不会只顾自己，不顾别人；不会只顾眼前，不顾长远；不会计较个人一时的得失，该忍的时候就能忍。历史上这样的例子很多，如前面讲过的姜太公被老妇逐出家门，蔺相如躲避廉颇。还有韩信胯下受辱的故事：那是韩信少年时，有个杀猪的小伙子侮辱他，说："你个子不小，还喜欢带着刀啊剑的，其实你是个胆小鬼。"并且当着众人的面，对韩信说："你要真不怕死，刺我；如果怕死，就从我胯下爬过去！"韩信仔细打量了那个小伙子，然后弯下身子，趴在地上，从他胯下爬了过去，众人都嘲笑韩信胆小。后来，韩信打败了项羽，被刘邦封为淮阴侯，回到故乡，召见了曾经侮辱他的那个人，任命他为中尉。韩信对手下的将官们说："这是个汉子。当初他侮辱我的时候，我为什么没有杀他，因为觉得没有名目，所以忍了下来，才达到今天的成就。"

"卧薪尝胆"是又一个众所周知的故事。春秋末期，公元前 494 年，越国与吴国交战失败。越军被围困在会稽山上，最后不得不乞求投降，越王勾践夫妇到吴国当奴隶，做吴王的马夫，越王和越国民众都过着屈辱的生活。三年后，吴王看勾践夫妇卑躬屈膝，非常顺从，就赦免了他们。

勾践回国后，决心报仇雪恨，把一颗苦胆悬挂在自己的座位旁边，一抬头就望着苦胆，喝水吃饭都要先尝苦胆汁；晚上也不睡床，睡在柴火堆上，时时提醒自己不要忘记所受的耻辱。他亲自下田耕种，夫人亲自纺织，与百姓同甘共苦，发展生产。同时和大夫文种、范蠡研究和实施富国强兵、兴越灭吴的策略。经过十几年的准备，终于在公元前 473 年，抓住吴王带精兵出国会盟、国内空虚的时机，越王勾践大举伐吴，最后吴国灭亡，吴王夫差自杀。勾践灭吴后，又率军北上，和齐国、晋国等诸侯会盟，向宗主国周王献礼。周元王命令越王勾践做诸侯领袖，号称霸主，越国达到了鼎盛时期。这是一个国君忍辱负重，最终成功雪耻的范例。

宠增抗极，殆辱近耻

上面说的都是在不利情况下的忍，另外在一帆风顺的时候，面对着荣誉、地位、金钱、美色也要忍，一定要克制自己的贪欲，“宠增抗极，殆辱近耻”讲的就是这个道理。“宠”是尊崇、荣耀，“抗”在这里是假借为“亢”字，是高的意思，“殆”是几乎、差不多。一个人受到的尊崇、荣耀不断增加，地位、荣誉达到很高的时候，也就离耻辱不远了。如果自己不警觉，骄傲放纵，就很容易跌入罪恶的深渊，甚至丢了性命。老百姓常说："爬得越高，摔得越重。"历史上这种事例不胜枚举，下面讲两个清代的实例。

康熙、雍正时期的年羹尧，字亮工，号双峰，汉军镶黄旗人（清初兵制，按民族分编，有满洲八旗、蒙古八旗和汉军八旗），祖籍安徽怀远。二十一岁中进士，担任过内阁学士；三十岁任四川巡抚，成为封疆大吏；因为"治事明敏"，三十九岁任四川总督兼管巡抚事；四十岁被任命为平西将军；四十一岁兼理四川陕西总督，一路青云直上。年羹尧妹妹是皇子胤禛（即后来继帝位的雍正）的侧福晋，胤禛与年羹尧是郎舅关系，在诸皇子争夺帝位继承的激烈斗争中，年羹尧是胤禛的坚定支持者。康熙去世，雍正继位，年羹尧妹妹被封为贵妃，年羹尧更加受到重用。雍正元年(1723)十月，四十四岁的年羹尧接任抚远大将军，总揽西部一切事务。在平定青海叛乱中，年羹尧先后因战功受封从三等公晋到一等公爵位，他父亲、他儿子也都受到封赏。雍正在年羹尧的奏折上批示，说："我二人做个千古君臣知遇榜样，令天下后世钦慕流涎就是矣。"雍正二年(1724)十月，年羹尧回朝觐见皇上，又受赐双眼花翎、四团龙补服、黄带、紫辔、金币。"年大将军"的名号享誉朝野，威震四海，正所谓"宠增抗极"。

年羹尧由于雍正皇帝的信任和倚重，位极人臣，就飘飘然忘乎所以，开始专权独断，作威作福，结党营私，贪赃受贿。他隐瞒青海、蒙古的灾情，不如实上报；对总督、将军行文，擅称“令谕”；他赏赐下属物件，下属要北向叩头谢恩；蒙古诸王公见他都得行跪拜礼；他排斥异己，任用私人；侵吞钱粮累计数百万两等。雍正三年（1725）四月，年羹尧被撤抚远大将军衔，改授杭州将军，他抗旨不遵，雍正大怒，下令逮捕年羹尧，撤职查办。有司列年羹尧大逆、欺罔、僭越、贪黩等罪状九十二款。最后，雍正令其自尽，年羹尧时年 47 岁。

还有一个例子是乾隆时期的和珅。因为有多部电视剧出现过和珅，所以这个人物现在已经家喻户晓了。和珅，姓钮祜禄氏，字致斋，满洲正红旗人。少年家贫，生员出身，19 岁时承袭三等轻车都尉世职，在宫中当差，不久便提拔为三等侍卫。因他机灵善辩，仪表俊伟，还有一点文才，得到乾隆皇帝的赏识和宠爱，26 岁就由御前侍卫提拔为户部侍郎、军机大臣兼内务府大臣。后来，乾隆还把女儿和孝公主嫁给了和珅的儿子丰绅殷德，和珅成了乾隆的亲家。在乾隆的庇护下，和珅在朝二十余年，历任步军统领，户、兵、吏、刑部尚书，文华阁大学士，曾任四库馆、国史馆的正总裁，累封至一等忠襄公，他总揽一朝的军、政、财权，爬上了权力的顶峰，人们私下里称他为“二皇帝”。

《清史稿》说：和珅从政时间长，善于体察乾隆的意向，从而用来为自己作威作福。对于不靠近自己的人，瞅机会向皇上诬告，激皇上发怒，陷害他；对于给自己行贿的人，犯了事就替他周旋，或者故意缓办，等皇上怒气消解，心情转好时再为之说情，让皇上宽恕他。所以那些大官僚都把和珅当作后台，剥削下面来满足和珅的欲求。《朝鲜李朝实录》记载来华使臣郑东观回国后的报告中说：“阁老和珅用事将二十年，威福由己，贪黩日甚，内而公卿，外而藩阃，皆出其门。纳赂谄附者，多得清要，中立不倚者，如非抵罪，亦必潦倒。上自王公，下至舆儓，莫不侧目唾骂。”可见，和珅的专权和贪婪在当时已经臭名远扬，到了天怒人怨的地步。乾隆六十年（1795），八十五岁的乾隆禅位给嘉庆，退居太上皇，但仍抓着大权。嘉庆身为皇帝，有事要禀奏太上皇，还要通过和珅代奏，碍着乾隆，嘉庆也无可奈何。

嘉庆四年（1799），八十九岁的乾隆去世，群臣纷纷出来揭发和珅罪行。嘉庆遂即下诏宣布和珅二十条罪状，将其逮捕治罪，并查抄家产。经查，有田地八十万亩、当铺七十五座、银号四十二座、赤金五百八十万两、生沙金二百余万两、金元宝一千个、银元宝一千个、元宝银九百四十万两，其他如珍珠、白玉、珊瑚、玛瑙、人参、貂皮、钟表、宝石、绸缎、瓷器、古鼎等不计其数，总价值二亿二千万两白银，而当时国库每年收入不过四千多万两。乾隆死后第十一天，和珅被赐死，时年四十九岁。嘉庆没收了和珅的家产，充实了自己的国库，所以民间有“和珅跌倒，嘉庆吃饱”的谚语。

林皋幸即

“林皋”是指大自然。“幸”，《说文》解释“吉而免凶也”，是庆幸的意思。“即”，是接近。

“林皋幸即”译成现代汉语是：接近大自然是值得庆幸的。“林皋幸即”出自《庄子·知北游》：“山林欤！皋壤欤！使我欣欣然而乐欤！”“皋壤”是沼泽中的洼地，这是《知北游》中记载的孔子对弟子颜渊说的：“山林啊，洼地啊，都让我感到高兴而快乐啊！”他讲的是人与自然的和谐，人不伤害自然，自然也不会伤害人，会使人高兴和快乐。

《后汉书·逸民列传》记载，东汉有一位严光，字子陵，会稽郡余姚县（今浙江余姚市）人。他从小就有高尚的名声，曾经和汉光武帝刘秀一起念过书。光武帝即位后，严光不想攀附老同学追求名利，所以就改名换姓，隐居起来了。可是刘秀却没忘了他，下令按照他的容貌在各地寻找。后来齐国报告："有一个男子，常披着羊皮袄在河边钓鱼，容貌与严光很像。"刘秀当即派人准备好车马和布帛去齐国迎接他，可是严光却说他们认错人了，不肯上车。接严光的官吏去了两次，都无功而返，可刘秀根据他们的汇报，肯定这人就是严光，于是第三次又派使者去。这次，使者不听严光的辩说，硬是把他架到车上，快马加鞭送到京城，安置在长乐宫，由宫中供应吃住。

当时司徒（即丞相）侯霸与严光也是老朋友，知道严光已经到京，就派人送信给他，并请他去侯府说话。严光听了没有吭声，然后把一块用以写信的木牍扔给了来人，让来人把他说的话写在木牍上带回去。他说："君房足下，位至鼎足，甚善。怀仁辅义天下悦，阿谀顺旨要领绝。"意思是：侯霸（字君房）你现在做了那么大的官，很好。心怀仁义，主持正义，天下人都高兴；逢迎拍马，只知道顺着旨意办，国家和你都完蛋。侯霸看后，将木牍封好上报了光武皇帝，刘秀看后笑了说："这狂生还是老样子。"当天，刘秀车驾亲自到严光住处。皇帝驾到，严光也不出迎，仍在床上躺着。刘秀进屋，摸着他的肚皮说："你这个子陵啊，不可以帮我治理天下吗？"严光装睡没搭理，过了一会儿，他睁开眼睛说：“人各有志，你为什么逼迫我做官呢！”刘秀长叹了一口气，只好失望地回去了。过了两天，刘秀召严光入宫叙旧论道，两人面对面谈得很投机，谈了好几天。有一天谈得很晚，两人就在一张床上睡觉，严光一只脚搁在了刘秀的肚子上。第二天，管天象的太史慌慌张张上奏说，有一颗客星严重侵犯了皇帝的星座，刘秀说：“昨晚我和老朋友严子陵一起睡觉，没事。”

后来，朝廷拜授严光为谏议大夫，严光没有接受，回浙江富春山下自己耕作，过上了隐士生活。建武十七年（41），刘秀再次召严光入朝，严光又拒绝了。他 80 岁时在家中去世。现在富春江畔有个景点“严子陵钓鱼台”，传说就是当年严光在那里钓鱼的台子。

严子陵无意仕途，寄情山水之间，可以说是不求名利、“林皋幸即”的一个典型。还有一位陶渊明，不为五斗米折腰，也是一个众所周知的实例。

陶渊明（约 365—427），又名潜，字元亮，世称靖节先生，东晋寻阳郡柴桑（今江西省九江市）人。他好读书，不慕荣利，二十九岁时被聘为江州祭酒，因为不习惯官场那一套，不久就解职归田。后来出任过镇军参军，他对亲戚朋友说只不过是赚点酒钱而已。四十一岁任彭泽县令，在官不到三个月，郡里的督邮到彭泽视察，县吏告诉县令要服装整齐，系好腰带去拜见上司。陶渊明从来不做逢迎权贵的事，他说："吾不能为五斗米折腰向乡里小人。"当即把官印交给县吏，写了封信，辞官回老家了。虽然家里贫穷，住处没有什么摆设，而且四处透风，米袋子、酒壶经常是空的，但他置之坦然，退隐田园，躬耕垄亩，过着"采菊东篱下，悠然见南山"的生活。后来，朝廷曾征召他为著作佐郎，他也没去。

陶渊明擅长诗文辞赋，有《陶渊明集》传世，其中最有名的是《归去来兮辞》《桃花源记》。我国文学史上"唐宋八大家"之一的欧阳修说："晋无文章，惟陶渊明《归去来兮辞》而已。"意思是晋代只有《归去来兮辞》才称得上是好文章，可见他对《归去来兮辞》的推崇。《桃花源记》是一篇描写人与自然和谐共存的理想主义作品，千百年来传遍千家万户，"世外桃源"已经成为人人向往的幸福乐园的代名词。

两疏见机，解组谁逼

"两疏"指汉宣帝时的两位大臣疏广和疏受，《汉书》中有他们的传记。疏广，字仲翁，东海兰陵（今山东枣庄市峄城区）人，从小喜欢读书，精通孔子编写的《春秋》。他在家乡讲学，有许多远方的人来听讲，后来被朝廷征召，任博士太中大夫。汉宣帝册立皇太子后，不久就任命疏广为太傅，做皇太子的老师。疏广哥哥的儿子疏受也被朝廷推荐为太子家令，做皇太子的管家。汉宣帝光临太子宫时，疏受按照礼仪接待，说话做事恭谨得体，皇上很高兴，后来他很快被提拔为少傅，成为太子的辅导老师。每次太子上朝觐见皇帝，都有太傅在前，少傅在后，父一辈子一辈共同做太子的老师，满朝官员都认为非常光荣，很羡慕他们。

五年后，皇太子十二岁，此时太子已经通读了《论语》和《孝经》。疏广跟疏受说："吾闻'知足不辱，知止不殆''功遂身退，天之道也'。今仕官至二千石，宦名成立，如此不去，惧有后悔。岂如父子相随出关，归老故乡，以寿命终，不亦善乎？"（我听古人说'知足不辱，知止不殆''功遂身退，天之道也'。现在我们做官做到年俸两千石，已经是汉朝最高级别，很有名气了，如果不及时离开，恐怕以后会后悔的。不如我们一起离开京城，回故乡养老，命终天年，不是很好吗？）"知足不辱，知止不殆""功遂身退，天之道也"这两句出自《老子》，译成现代汉语是：知道满足就不会受到屈辱，知道适可而止就不会带来危险，功业完成，退身收敛，是合乎自然的道理。于是，疏广和疏受都请了病假，三个月后正式打了病重请辞的报告。宣帝批准了他们的辞呈，并赏赐黄金二十斤，太子又送他们黄金五十斤。

疏广他们回乡后，拿出一部分黄金分发给了贫困的乡邻，而且天天都摆酒饭，请本族的亲戚和老相识、老朋友们来家聚餐娱乐。这样过了一年多，疏广的儿孙们就托与疏广关系很好又是兄弟辈的老人去向疏广建议：要为儿孙置办一点田产、房产，不能把钱财都这样吃光了。疏广说："我难道是不顾怜子孙的老糊涂吗？我家已有的房田产，只要子孙们辛勤劳作，就足够他们有吃有穿，能过上普通人的生活。现在我给他们添置田宅，只能使他们变懒而已。原来表现好的，财物多了会损害他的上进心；原来就没有上进心的，财物多了更会变坏。而且，一家富了，会遭众家嫉恨。我是不想让子孙们犯错误而遭人唾骂啊！再说，金子是皇上给我养老的，我乐意和亲朋好友共同分享皇上的恩赐，过完余生，有什么不可以吗？"一番话把大家说得心悦诚服。后来，疏广和疏受两人都寿终天年。乡亲们为了怀念他们，把他们家门前当初给贫困户分金的土台进行了加固，起名为散金台。明代弘治五年（1492），兖州按察使副使赵鹤龄在散金台上修建了二疏祠，并立碑记述他们的事迹。今二疏祠已不在，但遗址仍被列为市级重点文物保护单位。

“见机”出自《易·系辞》：“机（或作几）者动之微，吉之先见者也，君子见机而作，不俟终日。”（所谓机是指事物变动的细微表现，是事物吉凶先呈露出来的征候。君子察见这个征候而立即行动，不拖过一天。）“见机”用现在的话说，就是掌握时机，抓住机遇。

“解组”是解下身上佩挂的官印。“组”是古代官员用来拴玉佩、拴印章的丝质绶带，不同的颜色、花纹标示官员不同的身份，因此是权力的象征，所以古人常用“组”代指官印。

“两疏见机，解组谁逼”就是说疏广、疏受见机而作，主动解下了佩挂的官印，有谁逼迫他们这么做呢？

古代功遂身退者，还有一个著名的事例，就是出谋划策帮助卧薪尝胆的越王勾践灭吴兴越的范蠡。当年勾践被吴军围困在会稽山上时，勾践想把妻儿都杀了，跟吴军拼命，是范蠡劝阻了他。勾践去吴国做奴隶，范蠡也跟着去吴国当人质。回越国后，勾践发愤图强准备了多年，两次想出兵复仇，范蠡都以时机不成熟挡住了他。最后，终于抓住机会，勾践兴兵伐吴，灭了吴国，范蠡被封为上将军。《史记·越王勾践世家》载，范蠡“以为大名之下，难以久居”，考虑到与勾践可以共患难，但不可共富贵，就写了封信给勾践，然后悄悄地乘船从海上离开了越国。范蠡到了齐国，改名换姓，自称鸱夷子皮，在海边开荒种地，因为善于经营，很快就发家致富了，后被当地老百姓推荐上去，担任了齐国的相。但是没干多久，他觉得名气大了，不是好事，于是归还相印，又把家财分给了朋友和乡里的老百姓，自己留了一部分，离开齐国都城。到了陶邑，自称陶朱公，在家种地养殖，及时销售自己的产品，不长时间又积累了巨额财产。最后，范蠡老死在陶邑，留下了巨富陶朱公的名声。

索居闲处，沉默寂寥

“索居”是一个人单独居住。《礼记 · 檀弓》有“吾离群而索居，亦已久矣”，这是孔子的弟子子夏说的话：“我离开大家，一个人单独居住的时间，已经太长久了。”

“闲处”是无事可做，闲待着。“沉默”是无话可说，不说话。“寂寥”是没有声音，没有形状，空空荡荡的。

“索居闲处，沉默寂寥”，这两句是对一些官员离职下位之后的生活和心理状态的描写。《史记 · 汲郑列传》记载了一则故事：汉武帝时，下邽（在今陕西渭南市）翟公担任了廷尉，是掌管司法的最高官员，相当于司法部部长、最高法院院长。平日宾客盈门，应接不暇，后来大概是得罪了皇帝，被罢了官，没了权势，上门的人就很少了。

一天，他到大门口转转，见有许多麻雀在他家门前跳来跳去觅食。他感慨地说："我在位时，那么多人来人往。现在不当官了，可以张网抓麻雀了。"成语"门可罗雀"就是由这个故事来的，形容门前没有什么人来往。

不久，皇上下诏恢复了他的官职，他门前的宾客忽然又多起来了。于是，翟公在大门上写了几行大字："一死一生，乃知交情；一贫一富，乃知交态；一贵一贱，交情乃见。"

有些人喜好热闹，不习惯过清静的生活，一旦离开工作岗位，会感到无所事事，没有说话的人，很寂寞，有一种失落感，这种现象实际上是一个心态问题。《庄子·秋水》中有一则故事说：庄子在河边钓鱼，楚威王派了两个大夫去跟他说："大王愿意把国内的政务委托给先生您。"庄子头都没回，继续钓鱼，说："我听说楚国有一只神龟，已经死了三千年了。国王用丝巾把它包着，安放在竹子做的箱子里，珍藏在庙堂之上。请问，这只龟是宁可死了留下骨头让人尊敬而贵重呢，还是愿意活着在泥巴里拖着尾巴爬呢？"两位大夫说："当然是宁愿活着在泥巴里拖着尾巴爬啊。"庄子说："这就对了，你们走吧，我也愿意活着在泥巴里拖着尾巴爬啊。"前面我们还讲过东汉严子陵的故事，他们都是喜欢离群索居、过清静生活的人。还有陶渊明，因为讨厌官场迎来送往的那一套，辞官回家当了农民。不慕浮华，耐住寂寞，这是一种境界，但是能忍受寂寞，并不等于无所作为。人生犹如大海，有高潮，有低谷，处于低谷时，常常会感到孤独和寂寞，这时应该调整心态，鼓起勇气，努力走出低谷。下面讲一个苏轼的故事：

苏轼（1037—1101），字子瞻，眉州眉山（今四川省眉山市）人。他爱国忧民，才华横溢，是著名的大文豪、大书法家，是我国文学史上著名的“唐宋八大家”之一。他写的《黄州寒食诗帖》被誉为“天下第三行书”。（晋王羲之《兰亭序帖》第一，唐颜真卿《祭侄文稿》第二。）他还是宋朝的一位好官，每到一地他都能体恤民情，努力为国家为人民多干实事。在杭州，他创办了宋代首家为老百姓看病的公办医院，疏浚西湖，整治水利。在徐州，为抗洪保城，他一个多月坚持在城墙上吃住和指挥。在扬州、密州，他如实向朝廷反映灾情，再三请求免去了农民的多年官债。所以他深得老百姓的爱戴和尊敬，但却遭到政敌的忌恨，一生大起大落，坎坷不平。宋神宗元丰二年（1079），因政敌诬告他写诗讽刺朝廷、反对皇帝，被抓捕入狱，御史台昼夜提审，史称“乌台诗案”。好在有不少大臣为苏轼开脱，神宗与太后也有惜才之意，最后下旨将苏轼贬为黄州团练副使，不得签署公文。苏轼在黄州是一个下放的犯官，家庭有二十来人，可是薪俸不高，生活困难，没钱购置住宅，后在朋友的帮助下，官府把东门外坡地上一块已经荒废的营地拨给了他。他亲自动手清除杂草瓦砾，垦荒种地，又自己设计、请工匠在坡上建筑了几间大茅屋，坡下盖了几间草房、一个小茅亭。苏轼对自建的这个新家很满意，自号东坡居士，过起了晋代陶渊明式的自耕、自食、自乐的平淡日子。他并没有因为自己从一位享有盛誉的州官变为一个犯官、过着清贫的生活而苦恼，反而体会到了在官场上体会不到的自由和轻松。在黄州期间，他写了许多高质量的诗词与散文，如《念奴娇·赤壁怀古》和前后《赤壁赋》都是传世名作。苏东坡的诗名远扬，以致后来有的人只知宋代有个苏东坡，却不知他的姓名是苏轼。

元丰八年（1085），宋神宗驾崩，新皇帝只有九岁，由太后摄政。太后根据门下侍郎司马光的推荐，急召苏轼进京任礼部郎中，主管朝廷礼仪、贡举等事务，哲宗元祐元年（1086），苏轼升任四品中书舍人，为皇帝起草圣旨和管理宫中内务，不久，又升任三品翰林学士知制诰，这是学士的最高职位，再升二品就拜相了。身在高位，但苏轼深知官场的险恶，所以多次上表要求去外地任职。元祐四年（1089），苏轼以龙图阁大学士身份出任杭州知州，之后又去颍州、扬州任职。元祐七年（1092），他又奉调回京，之后任兵部尚书、礼部尚书。然而好景不长，第二年太后去世，哲宗亲政。一帮奸恶小人上台，煽动小皇帝打击迫害老臣。苏轼连续遭到四次贬职，最后把他贬到儋州（今海南省儋州市）。那时，儋州还是蛮荒之地，岛民只有少数从大陆去经商的汉族人，大部分是黎人，他们住在草棚子里，靠打猎为生，农业还处于原始的“刀耕火种”状态，而且迷信成风，十分贫穷落后。苏轼在给一位朋友的信中说：“此间食无肉，病无药，居无室，出无友，冬无炭，夏无寒泉。”衣物、大米都要从大陆运过去。面对这样恶劣的环境，苏东坡却早有思想准备，泰然处之。他拄着拐杖走访黎族人家，广交朋友；自编课本，免费办学；积极传播文化知识，培养人才。在他的努力下，儋州的文风日益兴盛，十年后，海南有了历史上第一位进士——符确。苏轼在儋州教化的功绩是后人永远难忘的。新中国成立后，政府拨款修缮了东坡书院，周恩来总理到海南视察时，曾亲自去儋州参观。

元符三年（1100），哲宗病逝，没有皇子，皇位由弟弟继承，新太后摄政，下诏大赦。苏轼也被赦于第二年，回到常州家中，因途中暑热，回家后不久就去世了，享年66岁。

求古寻论，散虑逍遥
欣奏累遣，戚谢欢招

这几句与上文联系起来，是说在索居闲处、沉默寂寥的时候，应该怎么办？“求古寻论”就是在古人的论说中去寻求答案，换句话说就是读书。读书可以明理，可以提高认识，加强修养。苏东坡在谪居黄州、儋州时，都认真读书，并写了注释五经的《易传》《论语说》《书传》三本书。

“散虑逍遥”，“散”是分散、驱散，“虑”是忧愁、担心。读书可以使人分散心中的忧愁，减轻思想上的负担，排除杂念的干扰，从而达到逍遥，即思想轻松，有一种自由自在的感觉。

“欣”是喜悦、高兴，“奏”是进的意思，《说文》：“奏，进也。”

“累”有三个读音，一读阳平音，同“雷”，是连缀、捆绑、绳索的意思；一读上声音，同“蕾”，是堆积、增加的意思；一读去声音，同“类”，是疲劳、负担、包袱的意思。“累”在这里是负担、包袱的意思，“遣”是放走，打发走。《说文》：“遣，纵也。”

“戚”原意是斧子，表示忧愁、悲伤之意。“谢”是辞别、拒绝、凋落。“招”是用手招呼人来，《说文》载“招，手呼也”。

“欣奏累遣，戚谢欢招”，意思是让高兴和喜悦进入自己心中，打发掉思想上的负担和包袱；向忧愁与悲伤告别，把欢乐招到自己身边。

有人说，一个人遇到了不满意、不愉快、痛苦和不幸、忧虑和悲伤的事都会在心中留下印记，这就好比是心上存了垃圾，如果不及时地清理掉，心里的垃圾堆成了山，这个人也就毁了。现实生活中这样的例子很多。同样是得了癌症，有的人因为开朗乐观，积极配合医生的治疗，能够逐渐恢复健康，或者存活许多年；而有的人由于心存畏惧，情绪不稳定，烦躁不安，很快就不行了。现在活到一百岁和超过一百岁的老人，没有一个不是思想乐观、性格开朗的人，所以“欣奏累遣，戚谢欢招”可以作为我们每一个人养生的座右铭。

渠荷的历，园莽抽条
枇杷晚翠，梧桐蚤凋

《说文》：“渠，水之居。”《史记》有《河渠书》，是叙述历史上治理黄河、兴修水利情况的篇章。“渠”，指人工开凿的水道。

“荷”，大家都知道是指荷花，但古代指荷叶。《说文》：“荷，芙渠叶也。”“芙渠”后来写作“芙蕖”，是莲荷的总名。据古代字典《尔雅》解释，芙蕖包括花、叶、茎、根、实等。芙蕖花蕾称菡萏，开的花称芙蓉，芙蕖的根称藕，芙蕖的茎称茄，芙蕖的果实称莲。我们现在通常把芙蕖叫作荷花或莲花、芙蓉花。

“的历”出自吴苏彦《芙蕖赋》：“映的历于朱霞”，说荷花鲜艳明媚与天边的红霞互相辉映。“的历”是鲜艳明媚的意思。

“莽”是长得很茂盛的草，“抽条”指树的枝条在生长，“晚翠”是说（枇杷树）到了晚冬，叶子还是青绿青绿的。“蚤”，古汉语中与“早”通用，“蚤凋”是说（梧桐）早在立秋时就开始掉树叶了。

“渠荷的历，园莽抽条，枇杷晚翠，梧桐蚤凋。”这四句描写了春夏秋冬四季的风景：春季到了，万物复苏，田野上、园圃里各种草木拔节抽条，一派生意盎然；夏季里，鲜艳明媚的荷花亭亭玉立，开满了湖塘；秋天来了，高贵的梧桐树开始掉叶；可是枇杷树即使在冬季也保持着常绿的本色。

前面讲了“林皋幸即”，这几句实际上是“林皋幸即”的补充。大自然是多么可爱、多么美好。《千字文》作者首先提到了荷花。

荷（莲）花无论红色的、粉色的、白色的，都鲜艳而洁净，在碧绿的荷叶映衬下，格外惹人喜爱。陈思王曹植曾在《洛神赋》中说洛神的美丽：“灼若芙蕖出绿波”，所以后来人们常用“出水芙蓉”来形容美女。然而荷（莲）花又是出生于污泥之中的，而且泥土越污浊，花朵开得越好。这种“出淤泥而不染”的特点得到了人们高度赞赏，于是荷（莲）花又被比作社会上一些品德高尚、超凡脱俗之士。古往今来，文人墨客留下了许多吟咏荷（莲）花的诗词，大家比较熟悉的是宋代杨万里的《晓出净慈寺送林子方》：“毕竟西湖六月中，风光不与四时同。接天莲叶无穷碧，映日荷花别样红。”当代也有不少，例如郭沫若的《题画莲》：“亭亭玉立晓风前，一片清芬透碧天。尽有污泥不能染，昂头浑欲学飞仙。”在赞颂荷（莲）花的诗文中，历史上最著名的是北宋周敦颐的《爱莲说》，他把莲称为“花之君子”，他说：“予独爱莲之出淤泥而不染，濯清涟而不妖，中通外直，不蔓不枝，香远益清，亭亭净植，可远观而不可亵玩焉。”意思是：在各种花面前，我独爱莲花，她出生污泥之中而不受污染，在清水里成长，并不妖媚，她的枝干里面是通的，外面是挺直的，不横生枝节，不蔓延，香气飘得远而更清馨，她亭亭玉立，非常洁净地站在那里，有一种令人敬重的姿态，人们可以远看而不可亵渎她。

莲的圣洁，也得到佛门的敬重。大乘佛教的一部被称为“经中之王”的重要经典名为《妙法莲华经》，就是用莲花的洁白清净来比喻经典的纯洁与高贵。这里要解释一下，古代的篆书里没有“花”字，只有“华”字，“华”就是“花”。后来“华”字用在比较庄严的场合，比如中华、荣华、年华，人们就另造了个“花”字来表示植物的花朵。《妙法莲华经》作为佛教经典的名称，为了庄重，理应用“莲华”，而不用“莲花”。

在佛教寺庙里供奉的佛祖释迦牟尼像、观世音菩萨像一般都坐（或站）在莲花座台上，观世音菩萨还手擎一枝半开的莲花，可见莲花在出家人心目中的地位。梧桐树高叶大，在古人眼里也是不同凡俗的植物。前面讲过《诗经·大雅·卷阿》中有：“凤凰鸣矣，于彼高岗。梧桐生矣，于彼朝阳。菶菶萋萋，雍雍喈喈。”（凤凰叫了，在那高岗上。梧桐生长了，在朝阳照着的地方。梧桐枝叶茂盛，凤凰叫声悠扬。）《庄子·秋水》中也有：“鹓雏发于南海而飞于北海，非梧桐不止。”鹓雏就是凤凰，意思是：凤凰从南海出发飞往北海，途中只停留在梧桐树上，不是梧桐树就不停留。人们把凤凰看作百鸟之王，是吉祥物，而凤凰“非梧桐不止”，因而梧桐的身价随之大大提高。

民间有“栽下好梧桐，引来金凤凰”的俗语。

梧桐还是秋季的象征。因为一到立秋，梧桐就开始掉树叶，于是有成语“一叶知秋”。许多诗人说到秋天时常常联想到梧桐，如唐杜甫的《秋兴》中，有“碧梧栖老凤凰枝”（碧梧上的老枝曾经是凤凰的栖息地）；唐白居易的《长恨歌》中有“秋雨梧桐叶落时”；南唐李煜的词《相见欢》中有“寂寞梧桐深院锁清秋”；宋司马光的《梧桐》诗中有“初闻一叶落，知是九秋来”等。

关于梧桐，还有一个“桐叶封弟”的故事。前面我们讲过武王伐纣，建立了西周王朝。不久，周武王姬发去世，太子姬诵年纪还小，由他叔叔姬旦（即周公）摄政。一天，姬诵和弟弟叔虞在一起玩耍，看见地上有一片桐叶，姬诵把桐叶捡起来剪成玉圭（古代一种上尖下方的玉制礼器）形状，送给了叔虞，并对他说：“这个玉圭送给你，我要封你到唐国去做诸侯。”史官把这件事报告了周公。周公见到姬诵时就问他：“你要分封叔虞吗？”姬诵说：“怎么会呢？我是跟弟弟说着玩的。”周公很严肃地告诉他：“天子无戏言啊！”后来周成王姬诵即位执政，就正式把叔虞封为唐国诸侯。“天子无戏言”体现了中华民族的传统道德，说话算数，讲诚信。

陈根委翳，落叶飘摇
游鹍独运，凌摩绛霄

“陈”在这里是指旧的、时间很久的，“委”通“萎”，草木枯槁，“翳”在这里指树木自然死亡。“陈根委翳，落叶飘摇”描写了深秋的情景，那些老树根朽了，枯死了。空中飘舞着纷飞的落叶。秋风萧瑟，秋雨淅沥，路上行人少了，一派苍凉景象，使人感到无比的清冷和寂寞。出门在外的游子更加思念家乡亲人，有人联想起自己不幸的遭遇、坎坷的一生，所谓“秋风秋雨愁煞人”。因此，历史上留下了无数悲秋、愁秋的诗文。前面说到的唐代诗人张继的诗《枫桥夜泊》，写江南水乡秋夜旅人的无际愁绪，意境高绝，已成为传诵千古的名篇。

“鹍”，即鹍鸡，是一种黄白色的类似鹤的大鸟，有人说就是凤凰。《淮南子·览冥训》：“轶鹍鸡于姑余。”（超越姑余山上空飞行着鹍鸡。）高诱注：“鹍鸡，凤凰之别名。”

“凌”在这里是上升的意思。杜甫《望岳》诗句：“会当凌绝顶，一览众山小。”“摩”是接触、迫近。现在世界各地盖了不少“摩天”大楼，就是形容这些大楼的高度已经挨着天了。“绛”是紫红色，“游鹍独运，凌摩绛霄”是说，远游的鹍鸡独自在空中翱翔，上升到迫近紫霄的高度。

古人认为天上有九霄和九天，是神仙居住的地方，越往上，神仙的品级越高。九霄从低到高分别是：神霄、青霄、碧霄、丹霄、景霄、玉霄、振霄、紫霄、太霄。九霄之上的九天，亦称九重天，分别是：中天、羡天、从天、更天、晬天、廓天、咸天、沈天、成天。唐李白《望庐山瀑布》诗句“飞流直下三千尺，疑是银河落九天”，就是将庐山瀑布比作从天的最高处直泻下来的一条银河，又高，又白，又猛，把瀑布那雄伟壮丽的气势表现得淋漓尽致。

《庄子·逍遥游》：“北冥有鱼，其名为鲲。”庄子说，北海有一条鱼，名字叫鲲。鲲非常巨大，有几千里长，它变化为鸟，名字叫鹏，背也有几千里；飞起来的时候，两只翅膀就像遮盖天边的云彩，翅膀溅起的水花达三千里。大鹏飞上了九万里的高空，乘着风力，背负青天，翱翔霄汉，碰不到任何阻碍，飞向南海。蝉和斑鸠却讥笑大鹏，说自己往上飞的时候，有棵树就能停下歇歇；有时飞不上去，就落到地上而已。这个大鹏干吗要翱翔九万里去南海呢？庄子说，这就叫作“小智”不知“大智”，把短命的拿来跟长寿的相比，不是可悲吗？《史记·陈涉世家》中，起来反抗暴秦的陈胜所说“燕雀焉知鸿鹄之志”，就是这个意思。

“鲲鹏”源于庄子说的故事，后人常用“鲲鹏”来比喻才华出众、志向高远的杰出人物。因为不少人把鱼字旁的“鲲”改成了鸟字旁的“鹍”，将“鲲鹏”写作“鹍鹏”，但并不影响词义的理解，久而久之，大家也就习以为常了。所以，在书籍中有的写“鲲鹏”，有的写“鹍鹏”，意思是一样的。

《千字文》作者在“陈根委翳，落叶飘摇”两句后面，为什么接着写了“游鹍独运，凌摩绛霄”两句，应该是别有深意的。唐代诗人刘禹锡作《秋词二首》，其一是：“自古逢秋悲寂寥，我言秋日胜春朝。晴空一鹤排云上，便引诗情到碧霄。”此诗可以作为它的注解，意思是：从古以来，一到秋天时节，许多人都悲叹秋的冷落和萧条，我说秋天要胜过春天。秋季天高云淡，在辽阔的晴空里，看那白鹤推开薄云、振翅直上、矫健凌厉的气势，虽然它是孤独的，但它冲破秋天的肃杀氛围，打开了新的局面。这正激发着人们如诗如歌、高入碧霄的奋斗精神。刘禹锡一反前人悲秋的感慨，而以秋高气爽、鹤飞冲天之空阔景象和昂扬精神，抒发了自己尽管身处逆境，但依然积极乐观、奋发进取的满腔豪情。这不正是“游鹍独运，凌摩绛霄”的体现吗？

唐杜牧的《山行》也是一首秋日不悲秋的著名诗篇：

“远上寒山石径斜，白云生处有人家。停车坐爱枫林晚，霜叶红于二月花。”他说秋天的山里已经寒冷了，但是经霜不凋的枫叶比二月的春花更加红艳可爱。当代毛泽东的《沁园春·长沙》更把寒秋的景色描写得异常壮美而富有活力：“看万山红遍，层林尽染；漫江碧透，百舸争流。鹰击长空，鱼翔浅底，万类霜天竞自由。”又如《采桑子·重阳》的“一年一度秋风劲，不似春光。胜似春光，寥廓江天万里霜。”都反映了作者宽广的胸怀和高度的乐观主义精神。

耽读玩市，寓目囊箱

“耽”是沉迷的意思，《礼记·中庸》：“兄弟既翕，和乐且耽。”（兄弟们协调一致，沉浸在和睦快乐之中。）“耽读”就是沉迷于读书。

“寓”是寄托的意思，《说文》：“寓，寄也。”“寓目”的含义是观看，过目。“囊”就是口袋。

“耽读玩市，寓目囊箱”是说身在熙熙攘攘、游戏玩乐的闹市，还沉迷于读书，观看装在书袋、书箱中的各类书籍。

这里讲的是一位古人。他姓王名充，字仲任，东汉会稽上虞（今浙江上虞区）人，生于东汉建武三年（27），约卒于东汉永元九年（97），是中国历史上一位著名的唯物主义思想家。

王充的祖籍在魏郡元城（今河北大名县），曾祖王勇因世代军功，被封在会稽阳亭（今杭州市附近），所以举家从北方迁到了南方。但是当兵出身的王勇不懂得怎样经营土地，对付不了当地的悍吏刁民，在当时土地兼并风行的情况下，短短一年时间，他的封地除了自家耕种的都没了，成了一家普通的农户。因为王勇好打抱不平，和当地豪强结了冤仇。所以王勇死后，他儿子王汎（王充的祖父）怕仇家报复，把家从阳亭迁到钱塘，以做小买卖为生。可是王汎的两个儿子王蒙、王诵行侠仗义，颇有祖风，得罪了本地豪族丁伯，在钱塘又待不下去了，只好再次搬家，迁到上虞章镇务农。

王充是王诵的儿子，可能是王诵接受历史的教训，教育儿子为人须谨慎，不要惹祸，因此王充从小就不爱和别人家的孩子打闹戏耍。农村的儿童都喜欢掏鸟窝，抓麻雀，逮知了，或者耍钱玩，王充一概不参与。他喜欢一个人独自观察大自然的各种景观：日月星辰、花开花落、电闪雷鸣、蚂蚁搬家，思考种种社会现象。

王充实庄重，礼敬长辈，得到父母和邻里的夸赞，长辈们都认为他大了一定有出息。六岁时，父亲就教他识字:

八岁进书馆（相当后代的私塾）读书，他书背得熟，“日讽千字”（一天背一千字），字写得也端正，学习成绩很好。不幸的是在乡读书期间，父亲去世，他成了孤儿。（古代没有父亲的孩子称为孤儿，《说文》：“孤，无父也。”）尽管孤儿寡母，家境贫困，但在母亲的支持下，他没有中断学业，而且尽量分担一些家务，不让母亲烦心。《后汉书·王充传》记载：“充少孤，乡里称孝。”（王充少年时是个孤儿，家乡的人都称赞他是孝子。）由于他品学兼优，十七岁时被乡里推荐去太学深造。太学是汉朝的最高学府，远在京都洛阳，千里迢迢，王充自家生计艰辛，哪里出得起这笔路费？好在汉制规定，受推荐的太学生如果是平民之子，去京师的路费由当地官府资助。

汉朝的太学主要讲授儒家经典，任命了五经（《诗》《书》《礼》《易》《春秋》）博士为教官。太学生的学业就是跟随博士学经，所以称为博士弟子。王充的业师是汉代著名的经学大师班彪。班彪，字叔皮，扶风安陵（今陕西咸阳附近）人，史书上说他是“通儒上才”，意思是贯通经史百家而且才华杰出。他是一位政治家，在形势纷乱的时候头脑清醒，做地方官时受老百姓爱戴；也是一位史学家，他写的《史记后传》为他儿子班固写《汉书》打下了基础；又是一位文学家，他写的文赋语言生动，文笔流畅。班彪的高尚品德和治学精神、丰富的阅历和渊博的知识以及卓越的文采都给了王充很深的影响。

与家乡书馆不同，在太学书馆，学生只跟一个老师学，太学则经常请一些著名的学者讲课，学生都可以参加听讲。当时，学术研究的氛围浓厚，同为一经，却有不同的理解，分成多个流派，各派有各派自己独特的讲法。这对于开阔学生的思路很有好处，而且促进了学生之间的交流讨论，也形成了读书求知的好风气。可是家境贫困的王充没有钱买书，只能到街上的书店、书摊去找书读。好在洛阳是东汉的政治、经济、文化中心，游商云集，店铺林立，也有集中经营书籍的街市。王充有空就去那里看书，一捆捆竹简、木牍在他手中展开、卷起，满足着他强烈的求知欲望。由于他有很好的记忆力，过目不忘，洛阳书肆满足了王充“博通众流百家之言”的愿望，为他独立思考提供了丰富的资料。

太学学习结束后，王充曾在都尉府、郡太守府先后担任过功曹，主管文案、人事工作，为官清廉。五十岁时，因与太守政见不合，多次谏诤无效，毅然辞职回乡，闭门著述，完成了传世的名作《论衡》。六十二岁那年，经巨鹿太守推荐，汉章帝曾发特诏公车征（皇帝派公车接）王充入朝任职。当时王充生活拮据，“贫无供养”，但他不愿做官，因此以老病谢辞，没有应召赴朝。七十岁时在家病逝。

《论衡》一书的宗旨："一言也，曰：疾虚妄。"（一句话，就是反对弄虚作假和胡说八道。）换句话说，就是为了去伪存真，求真务实。王充所生活的东汉时代，迷信泛滥，谶纬横行，整个社会笼罩在神鬼权威的愚昧和荒唐之中。谶，又称符命，即预言吉凶的隐语；纬是汉儒从儒家经典中找到的附会谶语的文字。记载和研究谶纬的书往往有图解，所以又称图谶、图纬。

秦朝方士卢生曾编造了一篇《录图书》献给秦始皇，其中有神仙说"亡秦者胡也"。秦始皇看后就派大兵伐胡，攻打匈奴，结果秦没有亡于匈奴之手，而亡在二世胡亥之手，汉代的方士以此宣传谶语的灵验。西汉末年，安汉公王莽为了篡权，制作有利自己当皇帝的谶语。汉平帝死后，王莽立两岁的孺子婴为皇帝，自居摄政。这时，有人掏井，掏到一块白石，上有丹书大字"告安汉公莽为皇帝"；有人说梦见天使宣告"摄皇帝是真天子"。王莽就以顺从天命为借口废了孺子婴，自称皇帝，改国号为新，西汉至此灭亡。王莽还下令收集有利于新朝的谶语四十二篇，编成《符命》一书公布天下。后来打败王莽建立东汉的刘秀同样是利用谶语影响群众，建立政治上和舆论上的优势，最终夺取了政权。所以刘秀登基为汉光武帝后，也命人编成八十一篇纬书定本，“宣布图谶于天下”。

谶语本来都是政治谣言，是利用神鬼迷信来达到篡位夺权等政治目的，与儒家经典搅到一起，就把人们的思想搞乱了。在这种情况下，王充勇敢地站出来，猛烈批判了以谶纬神学和迷信思想为代表的唯心主义。他认为整个世界是由两种基本物质构成的，一是有形的物，一是无形的气。气，也称元气，产生了世上的人和万物。《论衡·齐世》：“万物之生，俱得一气。”气的存在是永恒的，物的存在时间是有限的。《论衡·论死》：“阴阳之气，凝而为人；年终寿尽，死还为气。”《论衡·谈天》：“天地，含气之自然也。”风雨雷暴都是阴阳之气发生混乱的结果，不是神怪在操纵。春夏秋冬都是自然的运动。《论衡·自然》：“天道无为，故春不为生，而夏不为长，秋不为成，冬不为藏。阳气自出，物自为长；阴气自起，物自成藏。”王充批判了当时风行的天人感应，《论衡·指瑞》：“物生为瑞，人生为圣，同时俱然，……其实相遇，非相为出也。”传说孔子出生时，鲁国发现麒麟；汉光武帝出生时，济阳有凤凰飞集。这都不过是巧合。同样，发生了雷暴、洪水、大旱等灾异，也不是上天对国君的谴告。天上没有神，人也不能成仙。《论衡·道虚》：“夫人，虽贵为王侯，性不异于物。物无不死，人安能仙？”所谓黄帝乘龙上天，淮南王一家鸡犬升天，全是编造出来的。天地间也没有鬼。《论衡·订鬼》：“凡天地之间有鬼，非人死精神为之也，皆人思念存想之所致也。”王充认为：如果人死了都变为鬼，那么千万年来死的人比现在活着的人要多得多，应该满大街都是鬼，我们一出门就能遇到，为什么没有呢？王充还批判了俗儒吹捧和神化孔孟的种种不实之词。

《论衡》一书保存至今的共八十五篇，二十余万字，是我国思想史上的一部杰作。它对正统、对世俗进行了猛烈的批判，打击了东汉时期各种唯心主义的虚妄与荒谬，推进了中国古代唯物主义思想的发展。虽然由于时代的局限，王充的唯物主义思想还不彻底，他还相信命运、时数，《论衡》书中也有个别自相矛盾的地方，但是，这并不妨碍他得到“两汉最伟大的唯物主义哲学家和战斗的无神论者”（冯友兰语）的称誉。英国人李约瑟在著作《中国科学技术史》中也称赞：“从科学思想史的观点来看，王充是他那个时代最伟大的人物之一。”

易輶攸畏，属耳垣墙

“属耳垣墙”出自《诗经·小雅·小弁》：“君子无易由言，耳属于垣。”（君子不要轻易随便讲话，有人把耳朵贴在墙上听呢。）《管子·君臣下》：“墙有耳，伏寇在侧。墙有耳者，微谋外泄之谓也。”也就是现在常说的“隔墙有耳”。（旁边有潜伏的盗贼，隐秘的计谋就会泄露出去。）

“𬨎”是古代一种轻便的车子，引申为轻。攸是所的意思。“易𬨎攸畏”意思是轻易说话，不谨慎，所怕的是隔墙有耳。历史上由于泄密而发生的事故不胜枚举。《易·系辞》：“乱之所生也，则言语以为阶；君不密则失臣，臣不密则失身，机事不密则害成；是以君子慎密而不出也。”（祸乱的产生，往往是由于不慎所引发；君主不守机密就会损失臣子，臣子不守机密就会丧失性命，机要的事不能保密就办不成，反而造成危害；所以君子慎守机密而不妄出言语。）这个道理大家都知道，我们无须多说。

但是反过来讲，没有不透风的篱笆，纸里包不住火，无论好事坏事，你做了，终究会被人发现的。《论衡》的遭遇就是一个实例。

上面已经说过，王充所处的东汉时期谶纬横行、迷信泛滥。皇帝十分迷信谶纬的，定制、立法、用人、施政都要查一查是否符合谶纬所说。因此《论衡》这种强烈地冲破世俗偏见的著作被视为离经叛道的诡异之论，在当时就列入禁书。只有王充在会稽的少数好友偷偷传看和传抄着，不能也不敢张扬。直到王充死后近百年，才由东汉著名学者蔡邕发现，带到洛阳。

蔡邕是东汉的名人，前面说过在东汉灵帝熹平四年（175），他书写的“熹平石经”曾经轰动全国。熹平六年（177），因为他上书建议约束宦官干政，奏章被灵帝的贴身宦官泄露出去，忌恨蔡邕的人就罗织罪名陷害他。蔡邕险些被杀头，幸而有人帮他在皇帝面前说了好话，最后全家流放到五原（今内蒙古包头市西北）。不料又得罪了五原太守，太守向朝廷密告，诬陷他诽谤朝廷。知情的朋友悄悄告诉了蔡邕，蔡邕眼看大祸临头，赶紧逃跑到千里之外的吴越之地，在一位姓羊的朋友家借住了十二年。期间，他曾周游吴越，在上虞读了有人传阅的《论衡》，觉得有许多真知灼见，超过了先秦诸子，十分佩服。他想方设法弄到了一个抄本，爱不释手。汉灵帝去世后，蔡邕被召回朝，成为朝中重臣，是汉末的名士领袖。他时常翻阅带回的《论衡》，但是把书藏在寝室的床头，秘不示人。那时，社会上批判俗儒思想僵化、抱残守缺的思潮正在酝酿兴起，蔡邕的文友、同僚常在他家里聚会议论。大家发现蔡邕经常发表一些出乎众人想象的高见，怀疑他一定是受了“异书”指点。后来有人终于在他卧室帐中搜到了《论衡》这部“奇书”，就偷走了几卷。于是《论衡》在京中文士间争相传诵和抄录，大行于世，后来又纳入了官方存阅的图书系统。

具膳餐饭，适口充肠

饱饫烹宰，饥厌糟糠

“具”是准备，“膳”指饭食。《说文》：“膳，具食也。”可见古代“膳”字作动词用，是准备、制作饭食的意思。后来多用作名词，而且常指精美高档的饭食，所以王公贵族吃饭都称为用膳。皇帝吃的称御膳。管理宫廷膳食的机构，明朝有尚膳监，清朝叫御膳房。“餐”也有两个用法，用作名词，指饭食，如早餐、午餐、晚餐；用作动词，就是吃，如饱餐一顿，如《离骚》中“夕餐秋菊之落英”（傍晚吃秋菊落下的花瓣）的“餐”字。“具膳餐饭”就是准备好饭菜。

“适口充肠”是饭菜可口，能吃饱肚子。

“饫”指私人宴会，也泛指宴食。“饱饫烹宰”是说在宴会上饱食宰杀后又加工烹调的大鱼大肉。

“厌”有两个含义，一个是厌弃；一个是吃饱，引申为满足，后人把表示吃饱的“厌”多写为“餍”。“糟”是做酒剩下的渣滓，“糠”是谷皮。“饥厌糟糠”是说饥饿的时候能吃上酒糟、谷糠就很满足了。

民以食为天，饮食是人类生存的物质基础，也是社会发展的前提。原始人类在饮食的形式上与其他动物是相似的。《礼记·礼运》说，远古时代“未有火化，食草木之实、鸟兽之肉，饮其血，茹（吞吃）其毛”。在人类不会使用火的时候，原始人把猎获的飞禽走兽、抓到的鱼虾和采到的花果茎叶，都是茹毛饮血、生吞活剥地吃进肚子里。直到距今一百七十万年前，中国先民学会了用自然火；距今七十万至五十万年时，进入熟食阶段。但学会人工取火要晚得多，约在距今五万至一万年的旧石器时代。《韩非子·五蠹》：“有圣人作，钻燧取火，以化腥臊，而民说之，使王天下，号之曰燧人氏。”（有圣人出现，钻木燧取火来除去腥臊，因而民众爱戴他，让他统治天下，称他为燧人氏。）（注：“燧”分阳燧和阴燧，阳燧是晴天用金属制作的金燧反射太阳光取火；阴燧是用钻子钻木燧，让它摩擦生热而取得火种。）“燧人氏王天下”当然只是一种传说，但是摩擦取火的意义非常伟大。恩格斯在《反杜林论》中说：“摩擦生火在解放人类的作用上，甚至还超过蒸汽机。因为摩擦生火第一次使人支配了一种自然力，从而最终把人和动物分开。”据中国考古发现，大约在距今一万八千年前的北京周口店的山顶洞人已经学会人工取火和保存火种了。

火的利用不仅使人掌握了烧、烤、烘、熏等制作食物的方法，还开拓了制作工具的新途径，如发明了陶器，包括陶制的锅、灶等炊具和碗、盘、盆、杯等餐具。距今六千至七千年前，先民逐步掌握了种植谷物和养殖禽畜的技术，发展了农业和畜牧业。三千年前，随着青铜冶炼技术的发明和进步，又促进了炊事用具的改革和提高，食物制作的工艺日益精细。但是生产力的发展也促进了私有制的产生，促成早期国家的成立，人们开始有了等级区分。帝王（君主）、贵族、庶民、奴隶的生活待遇是完全不同的。根据《周礼》《礼记》等文献记载，从夏朝起，宫中设有食官，配置御厨（古称庖人）。《周礼》和《礼记》中对庖人的职责、筵宴的等级都有明确区分，尊卑分明；对食料的置备和制作方法也都有详细规定，以至对食品的温度和调味也有具体要求。如《礼记·内则》："凡食齐视春时，羹齐视夏时，酱齐视秋时，饮齐视冬时。凡和，春多酸，夏多苦，秋多辛，冬多咸，调以滑甘。"（饭食要像春天那样温，羹食要像夏天那样热，酱要像秋天那样凉，饮料要像冬天那样寒。调味时，春天多用酸味，夏天多用苦味，秋天多用辣味，冬天多用咸味。但各个季节都要加些甘甜、柔滑的食物进行调节。）

在饮食上，穷人求吃饱，富人求享乐，古今中外莫不如此。但中华饮食传统是以素食为主，肉食为辅，食医同源，注重养生。而西方人饮食是以肉食为主，素食为辅，所以他们习惯用刀叉，他们食医分家，食物和医药是截然分开的。这是中西不同的特点。我国历史上有许多研究饮食养生的著作，如《黄帝内经》除阐述中医药理论外，还提出了食养食治的学说。唐代名医孙思邈著有《千金食治》，专讲食疗问题，是世界食疗史上的创举。唐朝欧阳询奉唐高祖命编撰的《艺文类聚》，专设《饮馔部》，共七十二卷。宋朝李昉等奉宋太祖命编撰的《太平御览》，也设有二十五卷的《饮食部》。特别是元代宫廷蒙古族饮膳太医忽思慧集毕生精力写的《饮膳正要》，是我国第一部饮食营养学的专著，他倡导“食饮有节，起居有常，不妄作劳”“薄滋味，省思虑，节嗜欲，戒喜怒”的养生观，告诫人们要善于调节自己的饮食和生活。明清时期，有李时珍的《本草纲目》、李渔的《闲情偶寄 · 饮馔部》、袁枚的《随园食单》等，都是留给后人的珍贵资料。

亲戚故旧，老少异粮

“亲”，原来是个动词，所以繁体字“親”偏旁是个“见”字。《墨子 · 经说上》：“身观焉，亲也。”亲眼所见叫作“亲”。现在还常用这个意思，如亲身、亲耳、亲手、亲自。后来引申为关系密切、亲近。“亲”与“疏”相对。“亲”作为名词，最初是指父母。《孟子·梁惠王上》：“未有仁而遗其亲者也。”（没有讲“仁”的人却遗弃他父母的。）以后也泛指有血缘关系和婚姻关系的人，民间有“不讲情面，六亲不认”的说法，把父子、兄弟、夫妻称为“六亲”，所以儿女对父母可以称“亲”，父母对儿女也可以称“亲”。《左传·隐公四年》记载，卫国大夫石碏因其儿子石厚要谋杀国君而杀了他，认为石碏是“大义灭亲”。

古代“亲”又有“内亲”和“外亲”的区别。《礼记·文王世子》：“公族朝于内朝，内亲也。”（同族的人朝见君主在内朝，因为这是族内的亲属。）《仪礼·丧服》：“外亲之服皆缌也。”（外姓亲属的丧服都是缌麻。）缌麻是细麻布。可见内亲是指族内的亲属，即同姓、同宗的亲属；外亲是指女系的亲属，如母、祖母的亲属以及女、孙女、诸姊妹、诸侄女、诸姑的子孙。所以我们称呼母亲的父母是外公外婆，母亲兄弟的孩子是外甥。妻子虽然不一定是同姓，但是都称“内人”。《礼记·檀弓下》：“今及其死也，……内人皆行哭失声。”（现在他死了，……他的妻妾们都为他失声痛哭。）妻子的哥哥称内兄，妻子的弟弟称内弟，妻子兄弟的孩子称内侄，妻子的亲眷也被称为“内亲”。

“戚”本义是一种作战武器。《说文》:“戚,钺也。”“钺”是长柄的大斧，但在古籍中这种本义使用得少，经常使用的是表示亲近或祸害、忧虑的含义,如《孟子·梁惠王下》:“国君进贤如不得已,将使卑逾尊,疏逾戚,可不慎与? ”（国君如果迫不得已要用新进的贤人，就要把卑贱者提拔到尊贵者之上，把疏远的人提拔到亲近者之上，能不慎重吗？）这里的“戚”是指亲近的人,但是,“休戚与共”（幸福与祸害共同承担）、“休戚相关”（彼此的喜忧、祸福都互相关联）中的“戚”表示祸害、忧虑。

“亲”和“戚”在连用时不分父系亲属或母系亲属，也不分长幼,泛指父母兄弟等所有亲属。《墨子·非命上》:“是以入则孝慈于亲戚，出则弟（悌）长于乡里。”意思是:贤人在家孝顺父母慈爱妻儿，在外尊敬乡里长辈。可是，到汉代“亲”和“戚”产生了明显的分化，帝王的母族、妻族亲属被称作“外戚”，使父系亲属和母系亲属在名称上区别开来了。《史记·外戚世家》专门记载与汉代皇帝有关的母系人物。东汉后期的一百多年由于立为皇帝的都是少年幼儿，导致政权被外戚或宦官把持，把东汉王朝推向了崩溃。

《尚书·尧典》：“克明俊德，以亲九族。”（发扬才智美德，使家族亲密和睦。）对于“九族”，孔颖达注解说是指从本人上推高祖、曾祖、祖父、父亲，下推儿子、孙子、曾孙、玄孙同族的九个层次，都是同姓的亲属。但后世的“一人犯罪，株连九族”，据清代孙星衍注解并非仅是同姓亲属，而是指父族四、母族三、妻族二，共九族。

“故旧”指老相识、老朋友，包括老同学、老战友。《论语·泰伯》：“故旧不遗，则民不偷。”（君子的故旧不被君子遗弃，百姓就不会冷漠无情。）我们中华民族自古以来就重视亲情、友情。《论语·学而》：“有朋自远方来，不亦乐乎？”（有朋友从远方来看我，不是很高兴吗？）古人把“他乡遇故知”和“金榜题名时”（中了状元）、“洞房花烛夜”（新婚之夜），并列为人生三大喜事之一。古代交通和通信的设施都很落后，所以，能在远离故乡的地方见到一个老乡、老友，确实是很难得的，自然令人非常高兴。宋朝有个人叫巢谷，是苏东坡的老乡，四川眉山的。当苏东坡在朝做官的时候，巢谷没有去找过他。后来，苏东坡和弟弟苏辙分别被贬到海南岛和岭南，巢谷从眉山出发，不远万里徒步去看望他们。虽然他只走到广东梅州，见了苏辙，而在去海南的途中病故，没实现看望苏东坡的愿望，但在历史上留下了一段千古佳话。至于有些人升官发财之后就变脸，忘了当年曾帮助过他的故人，在历史上都是受人们批判和鄙弃的。

“老少异粮”是说老年人和年轻人的粮食标准不一样。我国有尊老的传统，《礼记·王制》：“凡养老，有虞氏以燕礼，夏后氏以飨礼，殷人以食礼，周人修而兼用之。五十养于乡，六十养于国，七十养于学，达于诸侯。八十拜君命，一坐再至，瞽亦如之。九十使人受。五十异粻，六十宿肉，七十贰膳，八十常珍，九十饮食不离寝，膳饮从于游可也。”这一段话说了我国古代的养老的习俗，译成现代汉语是：养老之礼，虞舜时代用燕礼（这是礼数较轻的宴会，在老人寝室举行，主要是向老人敬酒，狗肉佐酒），夏代用飨礼（在朝中设宴，菜肴丰盛，仪式隆重），殷代用食礼（在朝中设宴，有饭有酒有菜肴，但酒设而不饮，以饭食为主）。周代继承古法而三礼兼用。五十岁就能参加乡里的养老宴，六十岁能参加国家在王宫小学举行的养老宴，七十岁以上能参加设在大学里的养老宴，这种规定从天子到诸侯国都适用。八十岁的老人拜受君命时，只要跪下磕头两次就可以了，盲人拜受君命时也同样；九十岁的老人受君命可以让别人代拜。五十岁以上的老人可以不吃粗粮吃细粮，六十岁以上老人可以常备肉类食物，七十岁以上老人可以备有两份膳食，八十岁以上老人可以常吃精美的食品，九十岁以上老人可以在卧室就餐，出游时可以让人带上随时能吃的食物。

由此可见当时的庶民，即老百姓五十岁以下是不准吃细粮和肉类的，六十岁以上的老人才能吃肉。

在尊老的制度方面还有《礼记·王制》：“五十杖于家，六十杖于乡，七十杖于国，八十杖于朝，九十者，天子欲有问焉，则就其室，以珍从。七十不俟朝，八十月告存，九十日有秩。五十不从力政，六十不与戎服，七十不与宾客至事，八十齐衰之事弗及也。”译成现代汉语是：五十岁以后可以在家中用手杖，六十岁以后可以拄手杖在乡里走路，七十岁以后可以在国都中拄手杖走路，八十岁以后可以拄手杖上朝，九十岁以后，天子如果有事询问，就派人到老人家里请教，并且要带上时鲜食品作为礼物。大夫到了七十岁可以不上朝侍候，八十岁以后，天子每月要派人来问候安康，九十岁以后，天子每天要派人送膳食到家里来。庶民到了五十岁就不服劳役，六十岁以后不服兵役，七十岁以后不参与应酬宾客，八十岁以后就不参与祭祀与丧葬活动了。

老年人一生劳动工作、教养子女，为国家效劳，为社会为人类做贡献，他们也在实践中积累了丰富的经验教训，对后代的成长和人类社会的不断进步都具有很大的积极意义。所以历朝历代都教育青年人要尊敬和爱护老人，制定了各种制度和措施。虽然时代不同，制度和措施也有相应的变化，但敬老爱老已经成为社会公德，人人都应当自觉遵守和执行。

妾御绩纺，侍巾帷房

“妾”，古指女奴。《尚书 · 费誓》：“臣妾逋逃。”（男女奴仆逃跑了。）“逋”，逃亡的意思。后来“妾”指不是明媒正娶的偏房。《礼记 · 内则》：“聘则为妻，奔则为妾。”《释名 · 释亲属》：“妾，接也，以贱见接幸也。”妾的来源包括女奴、罪犯的妻女、贫家出卖的妻女、私奔来的女子，她们的地位和奴婢相同，称作贱妾。但是古代婚嫁有一个习俗：女子出嫁时，要以同姓的侄女（兄弟之女）、娣（妹妹）随嫁陪嫁，随嫁者称媵或媵妾。她们的身份与贱妾不同，因而被称为贵妾。后代女子常用“妾”或“妾身”作为自己的谦称，那是另一种用法了。

“御”，这里指侍女。《仪礼 · 士昏礼》：“主人说（脱）服于房，媵受；妇说（脱）服于室，御受。”这段话是说在士的婚礼上，经过一系列仪式后，新郎在房中脱下礼服，由陪嫁者接着；新娘在室内脱下礼服，由新郎的侍女接着。可见御和媵妾的身份大体上是对等的。

《礼记 · 内则》：“女子十年不出，……执麻枲，治丝茧，织纴组紃，学女事，以供衣服。”意思是女孩子长到十岁就不能像男孩子那样外出，……要教她们绩麻缫丝、织布织缯、编织丝带等女子应干的活，以供制作衣服。“麻枲”就是麻，绩麻是用麻的皮纤维编麻绳，“织纴”就是纺织，“缯”是古时丝织物的总称，“紃”是丝织的圆形细带。

在以男子为中心的父权制社会中，妇女的社会分工越来越家庭化。《易·家人·彖传》：“家人，女正位乎内，男正位乎外。男女正，天地之大义也。”（“家人”卦体现女子要端正在内的位置、男子要摆正在外的位置的思想。男女的位置都摆正了，这就是天地间最大的道理。）所谓端正在内的位置，除了孝敬父母、顺从丈夫，就是要料理好家务，其中主要是搞好饮食和纺织、缝纫这两项。《易·家人》：“无攸遂，在中馈，贞吉。”（不外出离家，在家中料理好饮食，占问吉利。）《诗经·小雅·斯干》：“乃生女子，……唯酒食是议，无父母诒罹。”（如果生了女孩子，……能办酒饭就是好姑娘，不给父母添灾殃。）古代在有妻有妾的大户人家，通常是妻子主办饮食。纺织是粗活重活，就由妾或侍女来干，所以说“妾御绩纺”。

“侍巾帷房”是说妾和侍女要在挂着帷帐的房间里侍候主人、主妇的起居。“巾”是用来擦拭的布，《礼记·内则》：“盥卒，授巾。”（洗手完毕，递上擦手巾。）“巾”后来又有一个含义，因为古代庶民没有资格戴冠，他们成年后就用布包住自己的头发，这裹头发的布，称为巾、头巾，后来发展为“帻”，又称巾帻，样子像现在的便帽，但没有帽檐，而且逐渐进入上层社会。汉朝末年，发生了中国历史上第一次利用宗教组织形式的农民大起义，因为起义军官兵都用黄色的巾裹头，故称“黄巾军”。三国时期的诸葛亮经常头戴纶巾、手摇羽毛扇指挥作战。纶巾是用葛布裁制的一种有飘带的巾帻，据说是诸葛亮自己创制的，因此又称“诸葛巾”。

“妾御绩纺，侍巾帷房”，反映的是古代封建社会的家庭，而且是有钱人家的习俗，现代已经废除了。

纨扇圆洁，银烛炜煌

这两句说房中应用的物件。显然这是富贵人家用的东西，平民百姓是用不起的。“纨扇”就是用纨制作的扇子。《说文》：“纨，素也。”“素”是指白色没有染过的丝绢，“纨”是细的生丝织成的白绢。为什么被称作纨呢?清段玉裁解释说是因为它像圆丸那样光滑。古代富贵人家常用纨制作衣物，用纨制作的裤子叫纨绔，所以人们把王公贵族和富豪家的孩子称为纨绔子弟。用纨制作的扇子叫纨扇，通常都制成圆形的，又称团扇。南北朝时期，南梁武帝萧衍的长子萧统编集的《文选》，史称《昭明文选》，中有一篇汉乐府诗《怨歌行》，又称《团扇诗》："新裂齐纨素，皎洁如霜雪。裁为合欢扇，团团似明月。出入君怀袖，轻摇微风发。常恐秋节至，凉飙夺炎热。弃捐箧笥中，恩情中道绝。"作者是班婕妤，名不详，西汉女文学家，相传是《汉书》作者班固的姑母，汉成帝的妃子。少年时就善于辞赋，汉成帝时被选入宫中做使女，不久就立为婕妤。后来，婕妤赵飞燕因身轻善舞得宠，乘机向成帝进谗诬告，班婕妤失宠，于是班主动请求退居长信宫侍奉皇太后。班婕妤原有辞赋一集，早已丢失，现存只有《自悼赋》《捣素赋》《怨歌行》等几篇，都是她抒写自己在宫中的苦闷和忧愁的作品。《怨歌行》第一句是"新裂齐纨素"。"裂"是截断，意思是从织机上截下一段纨。"齐纨素"，是齐国出的白绢；当时各地出产的纨素以齐国的最有名。最末第二句是"弃捐箧笥中"，"弃捐"是舍弃的意思。"箧"和"笥"都是盛衣物的长方或方形的竹筐。《怨歌行》翻译成现代汉语是：从织机上截下新的齐地白绢，光亮洁白如同霜雪一般。把白绢裁剪制作成一把团扇，好像天上明月那样浑圆。它在君子的怀袖里出出进进，轻摇它发出微风来身边。常常怕到了秋天季节，冷风夺走了夏日炎炎。被扔在竹编的筐子里，中断了与君子的情缘。诗中作者把自己比喻为洁白的纨扇，哀叹自己先受宠幸后被冷落的人生遭遇，一片哀怨之情跃然字里行间。

“银烛炜煌”意为：银白色的蜡烛发出耀眼的光辉。古代照明最初都用“炬”，也就是现在说的火把，用苇子或其他枝条捆扎制作，为了使它烧得旺，常浇上油类助燃。古代的烛，其实也是捆束苇子或麻秆然后灌入动物脂肪制成的小型火炬，不是我们现在使用的那种蜡烛。《史记·秦始皇本纪》：“以人鱼膏为烛，度不灭者久之。”这是说修秦始皇陵墓时，在陵墓中用人鱼的油脂做火烛，估计烛火能长久不灭。（人鱼，动物学名儒艮，哺乳类。因为雌性儒艮哺乳时，以前肢抱幼仔，头胸露出水面，好像人在游泳，故又称人鱼。）秦汉时代还有一种室内照明用具是灯，由灯盏、灯捻、油膏组成。1968 年在河北满城出土了一件著名的珍贵文物：西汉长信宫灯，灯盘可转动，灯罩可开合，而且油烟不外泄，用现在的话说是符合环保要求的，设计精巧，通体鎏金。说明当时的金工技术已经相当发达，也反映了王公贵族生活的豪奢。“蜡烛”这个词在东汉晚期已经出现，但与现代使用的蜡烛不一样，它是捆束苇子或麻秆然后灌入蜂蜡制成的。由于蜂蜡采集不易，价格高昂，因此使用不普遍，只有贵族豪富人家用得起。据《世说新语·汰侈》记载，西晋有个穷奢极欲的石崇与王恺斗富，做饭时竟把蜡烛当柴烧。至于用线缕为芯，外裹上石蜡制作的蜡烛是后来才有的。

昼眠夕寐，蓝笋象床

《说文》：“眠，翕目也。”合上眼睛、闭目就是眠。《山海经·东山经》：“余峨之山有兽焉，见人则眠。”是说余峨地方的山里有野兽，看见了人就闭上眼睛装死。《后汉书·第五伦传》中有“竟夕不眠”，是一晚上没合眼的意思。人睡觉一般都闭眼睛，所以“眠”也可以表示睡觉，如唐诗“春眠不觉晓”。

古代把睡觉一般都称“寐”。《说文》：“寐，卧也。”寐就是躺下睡觉。《诗经·卫风·氓》：“夙兴夜寐，靡有朝矣。”（天还没亮起来天黑了睡觉，没有一天不是如此。）《楚辞·远游》：“夜耿耿而不寐。”（夜里心事重重睡不着觉。）

“昼眠夕寐”就是白天闭一会儿眼睛（打瞌睡），晚上睡大觉。我们现在提倡午睡一小时左右，有益于身体健康，是养生之道。可是古代日出而作，日入而息，认为白天睡觉是偷懒，不可容忍的。《论语·公冶长》：“宰予昼寝。子曰:‘朽木不可雕也，粪土之墙不可圬也。’”（学生宰予白天睡觉。孔子说：“腐朽的木头是没法雕刻的，粪土一样的墙是没法粉刷的。”）批评宰予不堪造就。不过后来到了魏晋时期，玄学兴起，崇尚老庄哲学，士人们旷达放任，追求个体自由，不拘礼法，也就不讲究这个了。

“蓝笋”指青竹篾编的竹席。古代在没有凳、椅、床这些家具之前，席是主要的坐具、卧具。席地而坐，席地而卧，是日常的生活方式，所以席的编织有很久的历史。《尚书》中记载，周代已有篾席、底席、丰席、笋席等各种竹席和草席。我国考古曾发现楚墓中的笋席，篾条光亮细腻，编织工艺精湛，图案布局匀称，而且都镶有绢边。

“象床”是有象牙饰物的床。关于象床有一个典故，《战国策·齐策三·孟尝君出行五国》有记载：

战国时期，养士成风。最著名的是齐国孟尝君田文、赵国平原君赵胜、楚国春申君黄歇、魏国信陵君魏无忌，他们大量招募各类人才，门下都有数千食客，人称“战国四公子”，名扬天下。周显王四十八年（前321），孟尝君代表齐国前往楚国访问，楚王聘他做国相，送他一张象床。孟尝君叫手下登徒直先护送象床回齐国，登徒直不愿意去，他对孟的门客公孙戍说：“象床价值千金，如果有一丝一毫的损伤，我就是卖了老婆孩子也赔不起。你要是能让我躲过这趟差使，我有一把祖传的宝剑，愿意送给你。”公孙戍答应了。公孙戍去见孟尝君说：“各个小国都想聘您担任国相，是因为您能扶助弱小贫穷，使灭亡的国家恢复生存，使后嗣得到延续，大家十分钦佩您的仁义，仰慕您的廉洁。现在您刚到楚国就接受了象床的厚礼，那些还没去的国家又拿什么接待您呢？”孟尝君听后说：“你说得有理。”于是决定谢绝楚国的象床厚礼。公孙戍告辞后得意扬扬地走了，孟尝君马上把他叫回来，问他：“你为什么那么趾高气扬、神采飞扬啊？”公孙戍只得把登徒直答应送家传宝剑给他的事如实报告。于是，孟尝君就在门上贴出布告：“无论何人，只要能弘扬我田文的名声，阻止我田文的过失，即使他私下接受了别人的馈赠也没有关系，请赶快来提出意见。”

《资治通鉴》作者司马光评论说：孟尝君可以算是能虚心接受意见的人了，只要提的意见正确，即使别有用心，他也予以采纳，更何况那些毫无私心的尽忠之言呢！

弦歌酒宴，接杯举觞
矫手顿足，悦豫且康

《说文》：“弦，弓弦也。”清段玉裁注解说：“弓弦，以丝为之，张于弓，因之张于琴瑟者亦曰弦。”“弦歌”就是弹琴唱歌。《论语·阳货》：“子之武城，闻弦歌之声。夫子莞尔而笑，曰：割鸡焉用牛刀。”（孔子到了武城，听见到处弹琴唱歌的声音。孔子微笑着说：杀鸡何必用杀牛的刀呢？）

宴会起源于原始社会，先民们过着群居生活，共同采集渔猎，然后聚在一起共享劳动成果。进入农耕社会后，聚餐减少，但丰收时节仍要聚会，唱歌跳舞，表示庆祝。举行祭祀拜神仪式之后，也要共享丰盛的祭品。

酒是葡萄糖与自然界中具有发酵力的微生物发生作用，产生了酒化反应后离析出来的含有酒精成分的甜香汁液。猿猴把采集的野果收藏在巢穴里，经过一段时间，会有醇香四溢的汁液流出，这种天然果酒是野果腐烂后，在空气中的酵母菌作用下自然酿成的，数量当然是很有限的。人类进入农耕社会之后，随着农业生产的发展，粮食出现剩余，人们把谷物储存起来，时间久了加上谷物受潮，谷物中的淀粉会自动分解为葡萄糖，发生酒化现象。晋朝江统写的《酒诰》说："有饭不尽，委之空桑，郁积成味，久蓄气芳。"（有饭没吃完，扔到树洞里，堆积起来别有味道，储存久了出香气。）就是描述了这个过程。据考古发现，浙江余姚河姆渡出土的陶盉（盛酒器）、陕西临潼白家村出土的酿酒缸都已经距今七千年以上。以此估计，我国谷物酿酒的历史已有八千多年。至于是谁发明了酿酒技术的，已不可考，史籍记载最早的酿酒专家有两位：仪狄、杜康。

仪狄，夏禹妃子的随从。《战国策·魏策》记载，魏王婴在范台设宴招待各国诸侯，鲁共公在敬酒时讲了一个故事。夏禹妃子委派仪狄专门负责酿酒的工作，仪狄很能干，制造出了一种十分香甜醇美的旨酒，随即呈献给了禹王。禹王品尝觉得味道极好，非同一般，按常理应该给予奖赏，可是出人意料，禹王反而与仪狄疏远了。禹王说："我真担心将来会有人贪图此等美物而丧家亡国啊！"他下令"绝旨酒"，即禁止生产和推广这种酒。仪狄是古代传说提到的最早的造酒人物，所以后代有不少人把仪狄奉为造酒的始祖。

据《说文》记载，杜康是夏禹的玄孙少康。夏禹去世，儿子启继位，启死后传位给长子太康，由于五个兄弟内讧，被夷族酋长后羿夺了政权，立仲康为君，太康出逃，史称太康失国。仲康传子相。不久，后羿被亲信寒浞所杀，相亦被杀。相的妻子逃归有仍国，生下儿子少康。寒浞听说少康长大了就派人去找他，少康又逃到有虞国，做了个掌管膳食的庖正。后来少康在有虞国的大力帮助下，联络同姓的小国，战胜了寒浞，恢复了夏王朝的统治地位，并且推行利民政策，促进了社会经济的发展，史称康中兴。因为做过庖正，少康擅长酿酒。尽管这些故事是古代的传说，但杜康造酒因为三国时曹操的诗句"何以解忧，唯有杜康"

而流芳千古。于是，后世有许多人推崇他是造酒始祖。

我国造酒历史悠久，在夏朝之前已经有酒了。最早见于文字记载的酒宴是虞舜时候的养老宴，我们在讲解“老少异粮”时介绍过，所以夏代的杜康、仪狄都算不上是造酒始祖。但是当时他们都因善于造酒而出名，可能是真的。

人工酿酒的出现，使原始的聚餐有了质的变化，产生了酒宴。酒宴上，尤其是贵族豪富举办的，都有音乐舞蹈烘托气氛。《诗经 · 小雅 · 宾之初筵》：“宾之初筵，左右秩秩。……钟鼓既设，举酬逸逸。……籥舞笙鼓，乐既和奏。”（宾客开始入席，左右两边整齐有序。……钟鼓都已安放，宾主举杯来回敬酒。……跳起籥舞，敲笙击鼓，各种乐器一起伴奏。）生动地叙述了酒宴的热闹景象。

夏代，夏启为了确立集权统治，确保王位世袭制，曾在夏都阳翟修筑钧台（今河南禹州市南）举行盛大宴会，宴请天下诸侯（各部落的酋长），开了国家举办盛宴的先河，史称钧台之享。商代发明了谷物制成的专供酿酒使用的发酵剂——酒曲，上至王公，下至庶民，饮酒成风，宴会名目增多。周代不仅继承了商代的各种宴飨习俗，而且发展到国家政事及生活的各个方面，朝会、游猎、出兵、班师都要举行宴会，民间相互往来也要举行宴会，并且将宴会加以规范化和制度化，通称为“礼”。《周礼》《仪礼》

记录了各种礼的仪式和内容以及参加人员和地点等详细规定。秦汉以后，由于生产发展，食料丰富，酒食的制作工艺不断提高，酒宴更加盛行，有豪宴，有雅集，还有将宴饮与游乐相结合的游宴、船宴。清康熙五十二年（1713），为庆祝康熙六十岁生日，在京城举办了盛大的庆典和酒宴，三天三场，受邀参加酒宴的有近八千人，这在我国历史上是空前的。

“杯”“觞”都是饮酒器。“杯”是战国以后才有的木制的椭圆形饮酒器，两侧有耳。几千年过去，现在杯的质料和用途已经有很大扩展，如玻璃杯、陶瓷杯、牛角杯，还有纸杯、塑料杯，用途也不限于盛酒了。

“觞”是盛满酒的酒杯，也泛指酒器。《说文》：“觶实曰觞，虚曰觶。”古代的饮酒器有爵、觚、觶、角、散等，可统称为爵，盛满酒时统称为觞。《礼记·礼器》：“尊者举觶，卑者举角。”如果都盛满了酒，就可以笼统说“举觞”。

“矫”是使曲的变成直的，引申为手高举。“豫”在这里是安好、愉快的意思。《尚书·金縢》：“王有疾，弗豫。”（周武王得了重病，不安好。）

“顿足”是以脚跺地，表示情绪激动。

“弦歌酒宴，接杯举觞，矫手顿足，悦豫且康”，这几句是说在酒宴上弹琴唱歌，参加宴会的人们高举着盛满美酒的酒杯，宾主互相碰杯，手舞足蹈，快乐地互祝身体安康。

嫡后嗣续，祭祀烝尝

稽颡再拜，悚惧恐惶

“嫡后嗣续”是古人最重视的大事之一，就是传宗接代问题。《国语·晋语四》：“嗣续其祖，如谷之滋。”（子孙世代继承祖先，如同谷物的繁衍滋长。）没有子孙后代，家族就不能延续下去，就会灭亡。《孟子·离娄上》：“不孝有三，无后为大。”孟子说的“三不孝”，东汉赵岐注解：一是无原则地顺从听话，做了违法的事，结果害了父母；二是家里贫穷，父母又年老，不出去做事挣钱养老；三是不娶妻生子，绝了后。这第三条，使先人创下的家业包括财富和荣誉都将在他手里丢失，当然是最大的不孝。断子绝孙是古人最忌讳的，成了一句咒骂人的话，因此，当时妻子不生育便可以作为休妻的头条理由。但是如果儿女多了又发生谁来继承的问题。古代社会在确立了父权制后，家中的女儿是没有继承权的。儿子则分嫡庶，嫡是正妻，正妻生的儿子称为嫡子；庶指与妻相对的妾，妾生的儿子称为庶子。历史上嫡庶为了争夺继承权、争夺家产而发生的事件不计其数，前面讲过的晋献公宠骊姬、杀太子申生，汉高祖刘邦的妻子吕后与戚夫人之争，都是例子。据《后汉书·百官志》记载，汉代有专管皇家事务的官员负责按亲疏长幼的顺序记录各王国嫡庶的关系，可见其重视程度。

除了嫡庶之争外，嫡子之间也有长幼之别，由长子获得继承权是被大家认可的。但父母往往偏爱幼子，于是引出许多矛盾，以致达到你死我活的程度。《左传·隐公元年》记了一则“郑伯克段于鄢”，大意是：春秋时期，郑国的国君郑武公娶了个申国女子叫武姜，生了庄公和共叔段两个儿子。因为生庄公时，分娩十分困难，起名寤生。武姜不喜欢他，屡次请求武公立段做太子，武公没同意。武公去世后庄公继位。武姜替段要封地，要了个京邑。庄公就让段住在京邑，人称京城太叔。京邑的地盘很大，超过了国都。大臣祭仲向庄公进言，认为不妥。庄公说这是武姜要的，我也没法，还说他做不合理的事情多了，一定会摔跟斗的。不久，太叔命令京邑西部和北部边境地方要听从自己的。公子吕看不过去，跟庄公说，您干脆让位得了，要不就干掉他。庄公说不必，他会自己害自己。后来太叔把京邑西部和北部边境都划入自己的地盘，而且还继续扩展。庄公对进谏的人说，没有正义不能团结人，势力雄厚反而会垮的。后来，太叔聚集粮草兵马，打算偷袭庄公。武姜做他的内应，替他打开国都的城门。庄公得到情报，知道了段举兵的日期，就说：“可以了！”当即命令子封带领人马去京城讨伐，京城人民起来反叛太叔，太叔仓皇出逃到鄢邑，庄公人马追到鄢邑，太叔又逃到了共邑。庄公因为母亲姜氏支持段，所以将姜氏安置在城颍，并发誓说：“不到黄泉，不再相见。”不久又后悔了。这时守护边境颍谷的官员颍考叔听说之后，就到国都向庄公献礼。在庄公宴请他的时候，他故意把肉放到一边没吃，庄公问他为何不吃，他说要带回去给母亲尝尝。庄公说自己曾经说过不到黄泉不相见的话，现在见不着母亲了，表示后悔之意。颍考叔出了个主意，让庄公掘地到见泉水，再挖个隧道，母子可以在隧道里相见。庄公照办了，最后与母亲和好。

古人认为，家的大事是后继有人，国的大事是祭祀鬼神。《左传·成公十三年》：“国之大事，惟祀与戎。”就是说国家除了征伐打仗，最重要的大事是祭祀。古人没有现代科学知识，都迷信鬼神，他们认为打雷闪电、刮风下雨，都是天上的神——雷公、雷母、风师、雨伯在操纵；地上，山有山神，河有河神，土地有土地神；人间的喝酒吃饭也有天上的酒旗星管着；还有对祖先的尊崇和对为国为民有大贡献者的崇敬。《礼记·祭法》：“圣王之制祭祀也，法施于民则祀之，以死勤事则祀之，以劳定国则祀之，能御大菑则祀之，能捍大患则祀之。”（圣王制定祭祀的原则，凡是为民众树立典范的就祭祀，凡是为公众献身的就祭祀，凡是为安邦定国立下功劳的就祭祀，凡是能为民众抵御大灾害的就祭祀，凡是能为捍卫国家制止大祸患的就祭祀。）《周礼》中许多内容都与祭祀有关。

“烝尝”，是冬祭和秋祭的名称。《周礼·春官宗伯》：“以祠春享先王，以禴夏享先王，以尝秋享先王，以烝冬享先王。”就是每年春分、夏至、秋分、冬至都要祭祀先王。春分的祭祀称为祠祭，因为春天是播种季节，祈祷时祝愿词多，而供品少，上供不用牲畜，用玉器、毛皮、和缯帛。夏至的祭祀称为禴（也写作礿）祭，因为麦子还没熟，上供时用麦苗代替粮食。秋分的祭祀称为尝祭，要供黍稷，请先王尝尝新谷。冬至的祭祀称为烝（也写作蒸）祭，这是各种谷物收获之后，要用各种粮食上供。《诗经·小雅·楚茨》：“洁尔牛羊，以往烝尝。”（把牛羊洗干净，准备送去作祭牲。）古人常用“烝尝”代表四时祭祀的意思。

“稽”，叩首；“颡”，额头。叩首至地，额碰到地面，叫作“稽颡”。《公羊传·昭公二十五年》：“再拜稽颡。”“拜”是对人表示敬意的礼节，古人席地跪坐，俯身弯腰，头低到与所拱之手齐平，叫作“拜”。《礼记·檀弓上》记载，在丧礼上，孝子有两种拜法：一种是先拜而后叩头，这种拜法突出了对来宾的恭敬；一种是先叩头再拜，这种拜法突出了孝子内心的哀痛。

“悚”“惧”“恐”“惶”这四个字是同义词，都是害怕的意思。“悚”常表示受惊之后的害怕；“惧”表示内心有顾虑的害怕；“恐”表示心中害怕，战战兢兢；“惶”表示因为害怕而慌慌张张。它们只有些微区别，所以常连用，如“恐惧”“惶恐”“悚惧”等。

“悚惧恐惶”反映了古人对于祭祀的重视和对自然对祖先的敬畏之心。他们祈祷上天和先人，希望得到他们在冥冥之中的保佑，同时反省自己有没有做对不起上天和先人的事，害怕因为自己做了错事而受到上天和先人的惩罚。这种对天地神鬼敬畏的心理状态当然属于迷信，但应该说也有积极意义。今天我们已经不迷信神鬼，可是我们对于先人，对于为中华民族为人类做出过重大贡献的历史伟人，对于大自然，对于法律和公德，还是应该有敬畏之心，要保护大自然，爱国爱家爱人民，反对“无法无天”，拒绝胡作非为。

笺牒简要，顾答审详

“笺”，最初大概是小竹条。古人把书写在竹简上，看书的人有什么意见、体会或者注解，就拿个小竹条写下来，附在简旁。《说文》：“笺，表识书也。”（笺是表明、识别的文字。）所以，后汉郑玄为《诗经》做注解的书名叫《诗经笺》。“笺”也用作写给上级、尊贵者的公文、书信，品级比奏章要低一些。发明造纸之后，随着工艺进步，纸的质量不断提高，南北朝时已有五色花笺可供使用。用来写信的称作信笺。唐朝有一种薛涛笺很有名，这是唐朝蜀中女诗人薛涛特制的桃红色的诗笺。因为她喜欢写小诗，用长而大的纸剩余很多，可惜了，所以让造纸匠裁小。人们发现这种小规格的纸用起来很方便，于是当时在文人中流行开来。后来为了美观，又把笺纸染成深红、粉红、杏红、明黄、深青、浅青、深绿、浅绿、铜绿、残云十种颜色，流传后世。

“牒”，古代用以书写的木片，厚的称牍，薄的称牒。形状是方或长方的，方的竹片或蒲草叶也称为牒。《论衡·量知》：“截竹为筒，破以为牒，加笔墨之迹，乃成文字。”《汉书·路温舒传》：“取泽中蒲，截以为牒，编用写书。”古代牒多用于公文。如帝王谱系称玉牒，官府往来文书称通牒，打官司的诉状称讼牒，和尚、尼姑的身份证称度牒。发明纸以后，许多纸质的公文依然称牒，如唐朝过关卡的证书，相当于现代的护照，称为过所牒。

“笺牒简要”是说书信、公文的文字应该简明扼要，不宜拉杂啰唆。传说明朝开国皇帝朱元璋登基以后，想念家乡的人，要请当年的一些小伙伴到京城来聚一聚，就让翰林院的学士起草一封信。信起草好了呈上去，朱元璋一看就火了，信里满是“之乎者也”，洋洋洒洒地写了几大篇。朱元璋说：“哪里用得着这么多废话，他们也看不懂。就两句话：我想你们了，都来看看我，不就完了吗？”

“顾”有许多含义。《说文》：“顾，还视也。”“顾”是回头看。但刘备“三顾茅庐”的“顾”是探望；“顾此失彼”的“顾”是照顾、照应；“奋不顾身”的“顾”是顾惜、眷恋；还有别的不细讲了。“顾答”就是回答、答复。

“审”是察看、分辨。《礼记·乐记》：“审声以知音，审音以知乐。”（辨别声可以知道音，辨别音可以知道乐。）“详”是全面、仔细。《诗经·鄘风·墙有茨》：“中冓之言，不可详也。”（内室里的私房话，不可一一细说的。）《汉书·郎𫖮传》：“陛下宜审详明堂布政之务。”（陛下应该详细审察在明堂宣明政教的事务。）

“顾答审详”是说回复来信或公文时要详细审察，考虑周到。这是一种负责任的态度，古人重视慎言慎行。《论语·为政》：“多闻阙疑，慎言其余，则寡尤；多见阙殆，慎行其余，则寡悔。”意思是：多听，保留有怀疑的地方，谨慎地说那可以肯定的部分，就能少犯错误；多看，不做危险的事情，谨慎地做那可以做的部分，就能减少后悔。所以，我们在回复来信或公文时应当慎重，仔细想一想，哪些该说，哪些不该说，不要随便应付。

骸垢想浴，执热愿凉

“骸”，骨头，也指身体。“垢”，脏东西。“骸垢想浴”就是身上脏了想洗澡。据《说文》解释，“洗”是洗脚，“澡”是洗手，“浴”是洗身，“沐”是洗发，“沬”是洗脸。经过两千年语言演变，现在“沬”字已极少使用了，“澡”字多用于洗澡（浴），“洗”字的用途大大扩展，不仅用于身体各个部位，而且用于衣物器皿等各种东西。

古人很重视沐浴，到了周朝，沐浴被定为礼仪制度。凡祭祀，事先都要斋戒，即洗澡、吃素，以整洁身心，显示虔诚。诸侯朝见天子，臣子朝见国君，都必须先斋戒沐浴。所以天子在自己直接管辖的王畿内，指定有汤沐邑，作为诸侯斋戒沐浴之地。对于外来的使者，要派人接待安排住宿，住地的管理人员须满足客人三天洗一次头、五天洗一次身的要求。汉朝把官吏的沐浴作为一条律令，规定“吏五日一下沐。”就是官员每五日放假一天，回家沐浴休息。唐朝改为每十日“休浣”一次。“浣”，洗衣服的意思。

后来人们就用在书法作品的题款中表示时间,有“上浣”“中浣”“下浣”，即某月的上旬、中旬、下旬。

“骸垢想浴”还有一层含意：思想上有了污秽，也应该通过批评和自我批评及时清洗掉。《史记·外戚世家》：“浴不必江海，要之去垢。”身上脏了不必要到江里海里去洗澡，重要的是除掉身上的脏东西。关键在于“想浴”，主观上有“除垢”的愿望。曾子“吾日三省吾身”，每天都反思自己的言行有没有过错,目的就是发现缺点或错误,能及时改正，避免再犯。我们应该学习和继承这种优良传统，不断提高自我修养。

“执热”源自《诗经·大雅·桑柔》：“谁能执热，逝不以濯？”（谁能不以炎热为苦，却不用水去冲洗？）孟子曾引用这句诗来做比喻。《孟子·离娄上》：“今也欲无敌于天下而不以仁，是犹执热而不以濯也。”（如今有些诸侯想要天下没有敌手却又不行仁政，就好比是苦于炎热的人却不肯冲凉一样。）

“执热愿凉”是说苦于炎热的人都愿意凉快，也有处于水深火热中的老百姓期盼着政治清明的寓意。

驴骡犊特，骇跃超骧

驴、骡、牛、马都是与人生产和生活有密切关系的家畜。

《说文》：“驴，似马，长耳。”驴样子像马，但没有马那么威武雄壮，它头大耳长，身子稍短，四肢瘦弱，优点是抗病力强，而且性情温驯，听使唤，因此人们喜欢用它干活。在古代交通不便的情况下，驴和马一样都是重要的交通运输工具，负责传递官方文书的驿站，不仅配备驿马，而且配有驿驴。《元史·兵志四》记载，全国驿驴总数多达六千余头。在民间，驴也常用于骑乘或运载货物，农村还多用驴拉磨。此外，由于驴肉好吃，价格便宜，也受到老百姓喜爱，有“天上龙肉，地上驴肉”的说法。

唐代柳宗元写过寓言《三戒》，讲了三个小故事，其中最有名的是《黔之驴》。寓言说：黔（今贵州）原来没有驴，有人好玩把一头驴用船运到了贵州，可是没啥用处，就把驴拴在山下。老虎下山看见了驴，觉得个儿比自己大很多，认为是个怪物，就悄悄地藏在树林里瞅着，后来又小心翼翼地靠近它，也没看出是个什么动物，没敢惹它。有一天，驴忽然大叫起来，老虎吓了一大跳，赶紧跑得远远的，生怕驴要咬它。然而老虎经过观察发现，驴没有多大能耐，对驴的叫声也熟悉了，就多次在驴身前身后活动，但还是不敢轻举妄动。后来，老虎进一步靠近驴，在驴身旁转来转去，故意撞它、蹭它，驴终于给惹火了，用脚去踢老虎。老虎高兴了，心想驴就这点本事啊，于是咆哮着跳起来咬断了驴的喉咙，吃光了驴肉，扬长而去。这就是成语“黔驴技穷”的由来。柳宗元这篇寓言的含义值得大家思考。

“骡”是公驴与母马交配后生下的动物。《说文》：“骡，驴父马母。”身体比驴大，四肢长而健壮，近似于马，体力比驴强，对环境的适应能力也强，所以寿命比马和驴都长，但由于它的染色体不成对，因此没有生殖能力。人们常用骡拉车或驮载货物。

“犊”和“特”都是牛。“特”是公牛。《说文》：“特，朴特，牛父也。”（特，没有阉割的牛，就是牛父。）古代祭祀用公畜不用母畜。周代以前，祭祀用牲数量比较大，周以后数量缩小，隆重的祭祀才用三牲，即牛羊豕各一头，称为太牢。一般的祭祀多用一头公牛，称特牛礼。古时，“特”字作为雄性家畜的含义，多用于牛，但不限于牛。《周礼·夏官·校人》：“凡马，特居四之一。”（凡驾车的马，四匹马中有一匹雄马。）在这里，“特”指公马，不可理解作公牛。

“犊”是小牛。《说文》：“犊，牛子也。”民间常把小牛叫作小牛犊子，是一种爱称。又如俗语初生牛犊不怕虎，比喻年轻人敢作敢为、无所畏惧。古时，对于幼畜、幼禽各有不同的称呼，如：小羊称羔，小犬称狗，小马称驹，小鸡称雏，小豕称猪。后来，狗逐渐代替了犬；猪代替了豕。现在豕已经很少使用了，但犊、羔、驹、雏一直沿用至今。

“驴骡犊特”，在这里是泛指家中饲养的大小家畜。

“骇”是吃惊、害怕。我们常用“惊涛骇浪”（震惊人心的狂涛巨浪）来比喻险恶的境遇。

“跃”是向前跳。《荀子·劝学》：“骐骥一跃，不能十步。”意思是说千里马往前一跃，也不过是一大步，不可能一跃就十大步。“跳”在古语中指跛脚，一瘸一拐地走路，也指蹦蹦跳跳。现在跳应用已经比较广泛，不专指跛脚了。

“超骧”是向前腾跃奔驰。

“骇跃超骧”描述了这样一种场面：饲养的许多家畜受到惊吓后，一齐朝前猛跑，个个争先，一会儿这个跳到前面，一会儿那个跳到前面，互不相让，越跑越快。

诛斩贼盗，捕获叛亡

“诛”和“斩”都有杀的意思，但有区别。从字的结构上就能看出来，诛是言字旁，成语口诛笔伐是说用言语文字斥责对方，进行声讨。孔子对学生宰予白天睡觉不满意，说：“与予于何诛？”（对宰予，还有什么可说的呢？）

可见谴责、声讨都可以说“诛”，不一定动刀子。

“斩”，《说文》：“从车从斤。斩法车裂也。”说“斩”字是由车和斤会意组成的。车指车裂，斤是斧钺。“斩”是效法古代车裂刑罚，用斧钺把犯人斩断（斩首或腰斩）。

“贼”和“盗”，古时的含义和我们现在的理解不同。现在通常理解，贼指小偷；盗比贼厉害，如强盗、海盗、江洋大盗、窃国大盗。然而，古代是“盗”指小偷。《孟子 · 万章下》：“非其有而取之者，盗也。”（不是自己所有，而去取得它，这是盗。）《荀子 · 修身》：“害良曰贼，窃货曰盗。”《荀子 · 乐论》：“贫则为盗，富则为贼。”古人认为，“盗”是因为贫穷，他的目标是财物，手段是挖洞跳墙，探囊撬柜；“贼”是残害、刺杀，被称作“贼”的人是杀人者、篡夺者，是害国害民的凶犯。《荀子 · 正论》：“桀纣者，民之怨贼也。”（夏桀、商纣都是人民怨恨的贼。）“杀人者不死，而伤人者不刑，是为惠暴而宽贼也。”（杀人的不处死，伤人的不加刑罚，就是对暴徒给以恩惠，对奸贼给以宽容。）现在说的卖国贼、独夫民贼中的贼仍是古义。

“捕”是捉、抓的意思，“获”是得到的意思。繁体的“获”字有两个：穫、獲，禾旁的“穫”指收庄稼，反犬旁的“獲”用于其他场合，如“不獲全胜，绝不收兵”。

所以我们在用繁体字写书法作品时，要注意区别。

自古至今，都有“叛亡”。投降敌人或与敌人勾结危害国家的是叛国，不听主人指挥甚至反抗主人的叫叛主，因为叛国或叛主私自出逃的都叫叛亡。古代奴隶或封建社会中的奴仆，由于不堪主人的虐待私自出逃的不在少数，百姓不堪劳役之苦或士兵贪生怕死而逃亡的也很多。按古代法律，这些人都犯了重罪，是抓捕的对象。南北朝时的《北齐律》定有“重罪十条”，即反逆、大逆、叛、降、恶逆、不道、不敬、不孝、不义、内乱。凡犯有这十类罪行的罪人，即使大赦，也一律不得赦免，官员贵族也不例外。“重罪十条”在《隋律》中称之为“十恶”，故后世有十恶不赦的成语。

法律是维护国家统治、保证社会稳定的重要基石之一。《左传 · 昭公六年》：“夏有乱政而作《禹刑》，商有乱政而作《汤刑》，周有乱政而作《九刑》。”战国时，魏文侯的相国李悝“集诸国刑典”制定了我国第一部比较完整的法典《法经》，共分《盗法》《贼法》《囚法》《捕法》《杂法》《具法》六篇。他说：“王者之政莫急于盗贼。”所以把《盗法》《贼法》放在最前面。秦国商鞅变法，以李悝《法经》作为秦国立法的基础，并把“法”改称为“律”。1975 年，在湖北云梦睡虎地秦墓中发现了《秦律》

一百五十八条。汉朝相国萧何在《法经》的基础上制定了《汉律》九篇，后来各代汉帝又陆续增加到六十篇，还有令三百余篇。晋朝将汉的律令删繁去复，制定了《晋律》二十篇。此后，封建社会时期的历代律法都大体相沿《晋律》。以上律法都已亡佚，完整保存到现在的是唐高宗制定的《永徽律》，又称《唐律》，结构完整，逻辑严密，为宋、明、清各代所继承。

《千字文》作者用“诛斩盗贼，捕获叛亡”告诉人们，要有法律意识，不做违法的事，还要提高警惕，防贼防盗防逃亡，保持国和家的安宁。

布射僚丸，嵇琴阮啸

这八个字是讲吕布、宜僚、嵇康、阮籍四个人的故事。吕布是三国时期的一个知名人物，戏曲中有《吕布戏貂蝉》《三英战吕布》等曲目，大家可能都听说过。吕布，字奉先，五原郡九原县（今内蒙古巴彦淖尔市乌拉特前旗）人，善于骑马射箭，骁勇威武，膂力过人。《三国演义》十六回说：东汉末年，群雄并起。袁术派手下大将纪灵，统兵三万攻打刘备。刘备驻在小沛（今江苏徐州沛县），兵马只有五千，向吕布求救。吕布想，如果袁术吃掉了刘备，马上可以进攻我徐州，我日子就不好过了。所以心生一计，立即写信请纪灵和刘备都到徐州军营宴饮。吕布在大帐前恭迎，刘备先到，纪灵后去，一见刘备在座，转身要走，被吕布一把抓住，拎小孩儿似的拽回来了。纪灵说："你要杀我吗？"吕布说："非也。"纪灵又问："是不是要杀刘备？"吕布说也不是。纪灵就问："你究竟想干什么？"吕布说："我不好斗，但好解斗。"纪灵问："怎么个解法？"吕布说："我有一个办法，由老天爷决定。"于是把纪灵拉进帐内，和刘备见礼。喝了几杯酒后，吕布说："你们两家看在我的面上，都不要打了。"纪灵说："我奉主公的命令，带十万大军捉拿刘备，怎么能不打？"侍立在刘备身旁的张飞大怒，拔剑在手说："我们虽然兵少，看你们这帮人也不过跟小孩玩耍一般，你敢动我哥哥一根汗毛！"吕布这时火气大发，叫手下人"取我戟来！"站起来把画戟提在手上。纪灵、刘备都大惊失色，吕布说："我劝你们两家不要打仗，看天老爷怎么说。"命令手下人接过画戟，将戟插到中军帐外，离辕门一百五十步处。他对纪灵、刘备说："我如果一箭射中戟的小枝，你们两家就收兵回去；如果射不中，你们就回营安排打仗。"刘备当然愿意，希望他能射中，纪灵心想那么远，未必能射中，所以也同意了。于是吕布让他们都坐下，再饮一杯酒。喝完酒，吕布起身取过弓箭，挽起袍袖，扯满了弓弦，叫一声“着”，放出一箭，正中画戟小枝。帐下的将官士兵齐声喝彩，吕布呵呵大笑，抓着刘备和纪灵的手说：“这是天意，天老爷让你们两家不打啊！”纪灵说：“我回去不好交代。”吕布说：“我给袁术写信说明情况。”于是，又一道喝了几杯后，两家撤兵，分头回去了。这个故事在《后汉书·吕布列传》有记载，后世编为戏剧曲目《辕门射戟》。

“僚丸”是讲战国时期有个宜僚，他姓熊，楚国人，住在都城集市南面，善于弄丸，即耍小而圆的弹球。据说，他能单手抛九个弹球，八个在空中，一个在手中，轮流飞转，耍得十分自如，没人能比。《庄子·徐无鬼》：“市南宜僚弄丸，而两家之难解。”（市南宜僚善于耍弹球，使两家的危难得以解除。）据《左传·哀公十六年》记载：楚国白公胜阴谋作乱，将杀令尹子西。以宜僚勇士，可敌五百人，便带手下人石乞一道去请他。石乞与宜僚开始谈得不错，就向宜僚讲了白公的意图，宜僚拒绝了。石乞当即拔出利剑威胁他，宜僚不为所动。白公说：“他不为利谄，不为威惕，算了吧。”白公不得宜僚，暂时打消了杀害子西的念头。

关于宜僚，还有一个故事。《丸经·序》：“昔者，楚庄王僵兵宋都，得市南勇士熊宜僚者，工于丸，士众称之。”这是说楚庄王进攻宋国都城，因宋国防守严密，久攻不下，楚、宋双方呈僵持状态。有一天，两军摆开阵势准备交锋，勇士宜僚突然到阵前弄丸，弹球上下飞转，宋军看得目瞪口呆，楚军乘机出击，宋军溃败。楚国的官民都称赞宜僚的智慧和勇敢。

嵇康和阮籍都是魏晋名士，竹林七贤的领袖人物。三国时期，曹魏末世，拥有帝位的曹魏政权与控制实权的司马氏家族斗争十分激烈。司马氏镇压拥护曹魏政权的官僚士大夫，大开杀戒，整个社会处于腥风血雨的动荡之中。同时，他们又打着“以孝治天下”的幌子，鼓吹儒家的名教。后来，司马炎干脆废了魏帝，自己登基做皇帝，改国号为晋。篡魏建晋彻底暴露了司马氏的丑恶嘴脸和所谓名教的虚伪。在这段时间里，一些正直的士人政治上不愿意与司马氏同流合污，学术上鄙弃所谓的名教，转而研究和宣扬《老子》《庄子》的学说，提倡玄学，主张“越名教而任自然”，强调不遵礼法，摆脱礼法的羁绊，追求个体自由。典型代表就是竹林七贤。竹林在山阳县（今河南辉县、修武一带），是魏氏宗族的居住地，也是当时帝都洛阳之外的又一个文化中心；七贤是嵇康、阮籍、山涛、向秀、刘伶、阮咸、王戎。

嵇康，字叔夜，谯郡铚县（今安徽宿州西南）人。他多才多艺，是一位书法家，又是画家，诗、赋、文章也都有很高成就，著名的有《养生论》《与山巨源绝交书》等。他还是当时最著名的音乐理论家和古琴演奏家，著有《琴赋》。传说他早年到洛西，住宿在华阳亭，半夜弹琴时来了一位客人，没有报自己的姓名，只跟他讨论音律，又传授了《广陵散》乐曲，但嘱咐他不可外传。嵇康身高七尺八寸，风姿挺秀，站在人群中如同鹤立鸡群，超然脱俗。尤其是他品格高洁，为人正直，厌恶仕途，傲视世俗，得到名士们的推崇。山涛称赞他："嵇叔夜之为人也，岩岩若孤松之独立。"所以七贤中的其他六位总是去他住处——山阳县的竹林聚会。

嵇康是曹操的曾孙女婿，司马氏家族想拉拢他，他故意怠慢不理会。山涛举荐他入朝做官，他认为是奇耻大辱，写了《与山巨源绝交书》。嵇康在绝交书中以犀利的文笔无情地嘲笑了官场上的虚文缛礼，表明自己"非汤武而薄周孔"（否定商汤、周武王这些帝王，也看不上周公、孔子这些圣贤），世间的名教俗人是肯定无法容忍的。后来嵇康被司马氏罗织罪名判处死刑，投入监狱。有三千太学生联名上书，要求拜他为师，还有不少名士向朝廷抗议。司马氏更觉得嵇康很危险，非杀不可。嵇康临刑时，镇静自若，要求把自己的琴拿来，最后弹了一曲《广陵散》。他说："过去袁孝尼曾经要跟我学《广陵散》，我没有答应。

《广陵散》从此没人会弹了！”从容就死，时年四十岁，有《嵇康集》传世。

阮籍，字嗣宗，陈留尉氏（今河南尉氏县）人。魏晋时文坛上的大家，传世有《阮步兵集》，留存了他的《咏怀》诗八十二首、《东平赋》等赋六篇，文论十余篇。他三岁丧父，但立志远大，刻苦勤学，很想做一番事业。然而时局变化，司马氏当政后，实行高压统治，残杀异己，以致“魏晋名士少有全者”。阮籍不满现实，闭门读书，博览群籍，尤其爱读《庄子》《老子》，几个月不出门。有时出去游山玩水，忘了回家。有时驾车出去，不走人们通常走的道路，任牲口随意前行，走到车子没法再走的地方，就号啕大哭一场，然后回家。他曾经到广武（今河南荥阳）观看当年楚汉相争的战场，感慨说：“时无英雄，使竖子成名！”可是对于当下的人事，他从不发表议论。几次被任命为官吏，他都干不长就告病退职。他被任命为东平太守时，骑了毛驴去山东上任。到东平后，下令拆掉府衙的围墙，“使内外相望”，办公的和老百姓互相都能看得见，实行“开放式”办公，还大刀阔斧地简化政令。干了短短十天，他就自动离任回家。阮籍嗜好饮酒，经常喝得酩酊大醉。他曾被任命为大将军府的官员，但当听到步兵营有人善于酿酒，营中藏酒三百斛（当时十斗为一斛），就主动申请担任步兵校尉，去步兵营做事，因此人称他“阮步兵”。阮籍还把醉酒作为一种应付难题的办法。司马昭想聘他女儿做媳妇，派人多次去阮府求婚，结果因为阮籍每次都喝得大醉，谈不成。接连六十天如此，最后司马昭只好放弃。

《晋书·阮籍传》上说阮籍“能啸善弹琴”。“啸”是古代道家一种吐纳练气的内功法，运丹田之气长啸一声，使内气闯三关，过九窍，直冲顶门，据说啸声可传三十里。阮籍能啸，声传数百步。他年轻时曾到苏门山，见一位不知姓名的隐者，阮籍跟他谈古代五帝三王和无为之道，向他请教，他态度冷漠，不理不睬。于是，阮籍就对他长啸一声，响亮而清雅和谐，有韵味。他才笑道：“可以再啸。”阮籍又长啸一声，然后下山。走到半山腰，忽然听见上面有声音，树林山谷发出了回响，好像乐队在演奏，回头一看，原来是那位隐者在吟啸。他意识到隐者是在应和自己的长啸，表示他们是同路人。阮籍回家后写了一篇《大人先生传》。这个故事在《三国志》和《世说新语》中都有记载。

恬笔伦纸，钧巧任钓

这八个字又讲了四位古人：蒙恬、蔡伦、马钧、任公子。蒙恬是秦朝的名将，前面讲过他曾率兵三十万驱赶了入侵边境的匈奴军队，并主持修筑长城，在边疆驻守十余年，匈奴不敢侵犯。他因此深得秦始皇的器重，而且在民间有很高的声望。秦始皇死后，当时秦始皇的长子扶苏也在边关。公子胡亥怕他和蒙恬阻碍自己的继位夺权，就与中车府令赵高密谋，让丞相李斯篡改秦始皇遗诏，将扶苏和蒙恬都赐死。扶苏接诏后自杀，蒙恬怀疑遗诏有诈，未自尽，被捕入狱后被处死。

“恬笔”是说蒙恬造笔。现代考古发现，早在距今七千年前的新石器时期，仰韶文化遗址出土的彩陶上的花纹就是用毛笔描画上去的。四千年前商代的甲骨文也有用毛笔写后再刻的。1993 年在湖北荆门郭店一号楚墓出土的一批竹简，说明早在战国中期已用毛笔书写竹简，比蒙恬所处的秦朝早了一百年左右，因此不能说蒙恬发明了毛笔。目前发现的我国历史上最早的毛笔实物，是 1954 年在湖南长沙市左家公山战国晚期楚墓中出土的。出土毛笔是一根长 18.5 厘米的实心细竹竿，直径 0.4 厘米，竿的一端劈成数瓣，有一撮长 2.5 厘米长的兔毫插在中间并在竿端用细丝线捆住，外面涂漆，使其牢固。这种笔笔锋尖锐，利于书写。而出土的秦以后的毛笔，笔杆是空心的竹管，笔毛是插在笔管腔内的，这种改进可能是蒙恬的功劳。据说蒙恬喜欢写字，他随王翦伐楚，到了现在安徽宣城、泾县一带，那里有许多民户以制笔为生。蒙恬就跟他们研究怎么改进毛笔的制作，最后，用当地细长匀滑的苦竹为笔管，把山兔毛浸泡在碱水中去除表面油脂，然后捆紧理顺，小部分塞入笔管，制作出了改进型的毛笔，又称秦笔，流传到现在。另一种传说是晋朝崔豹《古今注》：“自蒙恬始造，即秦笔耳。以枯木为管，鹿毛为柱，羊毛为被，所谓苍毫，非兔毫竹管也。”（从蒙恬开始制造毛笔，就是秦笔。用干的木料制成木管，鹿毛做笔芯，笔芯外面包一层羊毛，叫作苍毫，不是用兔毛、竹管做的。）可供参考。

“伦纸”是说蔡伦改进了造纸术。造纸术是影响了全世界的中国古代科技四大发明（造纸、印刷、火药、指南针）之一。目前发现的古代早期纸实物，有 1957 年在西安东郊灞桥附近一座西汉古墓中出土的灞桥纸，年代是汉武帝时期。这种纸用麻类纤维制造，质地粗糙，颜色浅黄。1986 年，在甘肃天水放马滩古墓中又发现西汉早期的纸质地图，纸张薄而软，纸面比较平整光滑，年代比汉武帝时期早三四十年，是迄今为止我国最早的纸实物。此外，在新疆罗布淖尔、内蒙古北额济纳河汉代居延遗址、陕西扶风中颜村等地都发现了西汉时期的麻纤维纸，说明虽然西汉的文书主要还是使用简牍和缣帛，但是已经开始制作原始的纸张。东汉蔡伦正是在吸取西汉造纸经验的基础上，进行了认真研究和改进，终于取得了重大突破。

蔡伦，字敬仲，东汉桂阳（今湖南郴州）人。少年时好学习，明帝时入宫为宦官。因为他办事尽心，为人敦厚，历经明帝、章帝、和帝、安帝四朝，多次得到提拔，安帝元初元年（114）被封为龙亭侯。章帝章和元年（87），蔡伦任尚方令，负责监制御用的各种器物，他曾监制一批御用的秘剑、佩刀等器械，无不精工坚密，成为后世的典范。后来他专心研究造纸。当时官员五天一休沐，他利用休沐时间到宫外收集各种可以造纸的原料，拿回来做试验。经过十来年的艰苦摸索，解决了一个个难题，终于在和帝元兴元年（105）成功用楮树皮、麻头、破布、渔网这些来源广泛而且价格便宜的原料制成了质地细密又便于书写的纸张。他立即向汉和帝报告，呈上样纸，和帝非常高兴，通令天下郡国州县都派人来京学习造纸，在京城内外设立了造纸作坊，培训前来学习的工匠，蔡伦的造纸术被推广到全国各地。7世纪时，人称“蔡侯纸”的造纸术传到朝鲜、日本、印度，8世纪传入西亚，后又传入欧洲，17世纪传入美国，为全世界人民做出了重大贡献。

“钧巧”出自《三国志·魏书·方伎传》：“时有扶风马钧，巧思绝世。”马钧是三国魏扶风（今陕西兴平）人，字德衡，他出身贫穷，但一生刻苦好学，对于机械制造有浓厚兴趣，专心致志地认真钻研，终于成为一位声名卓著的机械制造专家。他在魏国任博士、给事中，是皇帝身边的顾问。他有很多发明创造，举两个例子：

制造指南车。传说上古时代，神农氏与蚩尤作战，神农氏因为遇大雾迷失方向战败，请求黄帝支援。于是，黄帝造了指南车，和神农氏共同大战蚩尤，结果取得大胜并活捉了蚩尤。还传说周朝，居住在东南亚的越裳氏使者晋见了周成王，归国时，周公为了使者途中不迷路，便造了一辆指南车送给他们。东汉的张衡也曾制造过指南车，但距三国时期已一百多年，早就失传了。所以，魏国的散骑常侍高堂隆和骁骑将军秦朗在朝房跟马钧争论，认为所谓的指南车仅仅是个传说而已，根本不存在；马钧手巧嘴不巧，辩论不过他们，可是马钧坚信指南车是有的，只要动脑筋是可以制造出来的。马钧认为，空口说没有用，可以实际做试验。于是，高、秦二人向皇帝报告，皇帝批准马钧试造。结果马钧真的造出了一辆指南车，大家都不得不佩服他确实心灵手巧。

制造“水转百戏”。有人呈献给皇帝一套木偶玩具，有各种戏曲人物和禽兽的造型，姿态优美，做工精致，皇帝很喜欢。遗憾的是这些木偶都不能活动，皇帝问马钧能不能让木偶都活动起来，马钧说可以。皇帝立即下诏让他做，马钧用木头做了一个大轮盘，以水为动力推动轮盘旋转，又用齿轮装置与木偶连接起来，使木人能击鼓、吹箫、跳舞、倒立、爬绳、玩弹球，而且能表现出入官署和驴推磨、马拉车、鸡相斗等场景，“变巧百端”，令人叹服。

“任钓”是任公子钓鱼。古时，山东济南东南有个任国，任公子指任国的公子，是个虚拟人物。《庄子·外物》记载，任公子用又粗又黑的绳子做了个大钓钩，用五十头公牛的肉做成鱼饵，蹲在会稽山上，把钓钩投到东海里，天天下钓钩，整整一年也没钓着一条鱼，他没有放弃，继续钓。有一天，忽然一条大鱼上钩。牵着大钩沉入海底，奋起鱼鳍上下翻腾，激起了如同雪山一般的白浪，海水振荡，声音像鬼神发怒，震惊千里。公子终于钓到了一条大鱼，他把鱼剖开，做成腊鱼干，分给大家，从浙江以东到苍梧以北的人，都饱餐了这条鱼的鱼肉。任公子钓鱼，实际是一个寓言故事，庄子告诉人们：做大事业的人，要舍得下大本钱，要有毅力，要经得起大风大浪的考验，还要脑子里记着大家，不能光想着自己。

释纷利俗，并皆佳妙

“释”是解开，放下。“纷”指杂乱，众多。“释纷”就是解决难题，解开纠纷。“利俗”是有利大众、造福社会。

“并皆佳妙”是说：（释纷利俗）都是值得人们称赞的好事。上面讲的“布射僚丸”“恬笔伦纸”就是“释纷”“利俗”的例子，下面我们再讲两个事例：

《战国策·赵策三》有一则《秦围赵之邯郸》讲了“鲁仲连义不帝秦”的故事。秦昭襄王四十九年（前258），秦军围困赵国都城邯郸，赵国向各国求救。魏安釐王派将军晋鄙出兵十万救援。秦王警告魏王，如果你敢援助赵国，我打败了赵国就来收拾你。在秦国的威胁下，魏王害怕了，让晋鄙大军停在魏、赵两国的边界荡阴，不要前进。魏王又派将军辛垣衍从小路潜入邯郸，通过赵国公子平原君告诉赵王：如果赵国能派遣使臣尊崇秦昭王称帝，秦国必定会撤兵。平原君犹豫不决，拿不定主意，恰巧齐国的名士鲁仲连周游列国，当时正在赵国，听说了这件事，就去见平原君。平原君说我们在长平打了大败仗，损失了几十万人，现在都城被围，魏王派人来提建议让我们尊秦为帝，我们不知该怎么办。鲁仲连要平原君把辛垣衍请来面谈。

鲁仲连与辛垣衍相见，鲁仲连没有主动说话。辛垣衍问：“现在秦国的大军围城，先生为什么还留在这里不走呢？”鲁仲连说：“秦国是个抛弃礼义、崇尚战功的国家，玩弄权术来使用士人，像对待奴隶一样驱使人民。秦王要是称帝统治天下，我不能忍受做他的百姓，所以来见将军，是想帮助赵国啊。”辛垣衍说：“先生没有见过奴仆吗？十个人听从一个人，难道是力气不如他或者智慧不及他？是因为怕他啊！”鲁仲连问：“那么魏国和秦国，就像奴仆和主人吗？”辛说“是”。鲁仲连说：“那我将让秦王烹煮魏王、剁为肉酱。”辛垣衍很不高兴，说：“先生这话太过分了！你怎么能让秦王烹煮魏王、剁为肉酱呢？”鲁仲连说：“当然能够。你听我说，从前鬼侯、鄂侯、周文王是商纣王的三公大臣。鬼侯有个女儿，长得好看，进献给纣王，纣却认为长得丑，就把鬼侯剁成了肉酱；鄂侯争论问题性子急，嗓门大，很激烈，纣就把他杀了，做成肉干；周文王听说此事，长叹了一口气，纣就把周文王抓进监狱，准备处死他。为什么这些在小国称君称王的人，最后落到这个地步呢？”鲁仲连接着说：“齐闵王是要称帝的人。他巡游到鲁国，他的随从夷维子拿着马鞭，跟鲁国人说要用接待天子的礼仪来接待齐闵王，鲁国人闭关上锁，不让齐闵王进城。齐闵王经过邹国，邹国国君刚去世，齐闵王打算去吊唁，夷维子对邹君的后人说，你们要按天子来吊唁的礼仪做好接待，邹国的臣子们说：‘一定要这么办，我们全都自杀！’齐闵王没有敢进入邹国。现在秦国是拥有战车万辆的大国，魏国同样是拥有战车万辆的大国，彼此都有称王的名分，因为看见秦国打了胜仗，就打算屈服，拥戴他称帝，这真是三晋（韩、赵、魏）的大臣不如邹、鲁的奴婢啊！再者说，秦国如果无所阻挡地当上了皇帝，他就要更换诸侯们的大臣：任命他认为的贤臣，剥夺他认为不怎么样的臣子；任命他喜欢的人，赶走它不喜欢的人。他还会在魏国的宫里安插一些伶牙俐齿的侍妾，魏王还能平安无事吗？你还能像原来那样受到宠信吗？”这时，辛垣衍站起来，向鲁仲连拜谢说：“开始我以为先生是个凡夫俗子，现在我才知道先生是天下的高人哪！我将离开此地，不敢再谈尊秦称帝的事了。”后来，魏公子信陵君无忌偷了魏王的兵符，夺了将军晋鄙的军权，救援赵国，秦军就撤回去了。于是平原君要封赏鲁仲连，鲁坚持不受，他说：“所贵于天下之士者，为人排患、释难、解纷乱而无所取也。即有所取者，是商贾之人也，仲连不忍为也。”（天下之士所以可贵，就在于能为别人排除祸患、消释灾难、解决纠纷而自己没有什么索取。假如有所索取，那就是做买卖的商人了，我是不愿意这么做的。）鲁仲连就此辞别平原君，再也没有露面。

关于“利俗”的事例，大家可能都听说过“西门豹治邺”。这是历史上很有名的一则破除迷信、移风易俗的故事，载于《史记·滑稽列传》。

邺县是战国魏的都城，在今河北省临漳县西南。魏文侯时，西门豹做了邺县县令。他上任后，向当地德高望重的老人询问老百姓感到痛苦的事情是什么，老人们说："大家苦于给河神娶媳妇，因为这个搞得民穷财尽。"原来邺县的官员年年向老百姓征收几百万钱的捐税，其中二三十万用来给河神娶媳妇，其余的跟巫婆瓜分。巫婆见到贫家女子长得好看的，就留下聘礼，把女孩抢走，给她梳妆打扮，养十几天，到时候举办婚礼，让女孩坐在嫁妆上在河里漂流，最后淹死。所以家有女孩的民户大多带着孩子逃亡了，县城里居民越来越少，也更加穷困。传说不给河神娶媳妇，就会发大水，淹没田地淹死人。

过了几天，又要举行给河神娶媳妇的婚礼。县里的官员、当地的豪绅、乡间的父老都来了，还有围观的老百姓两三千人。西门豹也到场了，西门豹说："把河神的媳妇叫过来，我看看长得漂亮不漂亮。"巫婆和徒弟们从帐子里扶出新娘，走到西门豹跟前，西门豹看了一眼，回头向官员和巫婆、三老他们说："我看这个媳妇不漂亮，烦劳大巫婆替我去报告河神，应该再找一个漂亮的，后天送去。"说完，叫官员和士兵一道抱起大巫婆扔进了河里。过了一会儿，西门豹说："巫婆怎么还不回来？让她徒弟去催一下。"再把巫婆的一个徒弟扔进了河里。就这样，一共扔了巫婆的三个徒弟。西门豹说："看起来巫婆和徒弟都是女的，不会办事。”又把主持婚礼的三老扔进了河里。这时，西门豹弯着腰，面对河水，站了很久，官员、豪绅和观众都心慌害怕。西门豹对大家说：“三老还不回来，怎么办？”他叫一个官员和一个豪绅下河去找，这二人一个劲地磕头求饶，额头上鲜血直流，脸色煞白。过了一刻，西门豹说：“你们起来吧，看样子河神要多留一会儿客人，大家回去休息吧。”从此以后，没有人再敢说替河神娶媳妇了。西门豹革除了当地河神迷信的陋习，他领导老百姓挖了十二条渠道，引漳水灌溉农田，老百姓因此丰收而富裕起来。

毛施淑姿，工颦妍笑

“毛施”指古代的两个美女：毛嫱和西施。《管子·小称》：“毛嫱、西施，天下之美人也。”“淑”原意是水深而清，引申为善良、美丽。《诗经》第一篇《周南·关雎》中的“窈窕淑女”，就是指心地善良并且外貌美丽的姑娘。“姿”是容貌、姿态。

毛嫱和西施得到管子的赞誉，所以应该是春秋早期的人。传说越王勾践向吴王夫差献美女西施、郑旦，最后灭了吴国，那是春秋末期的事，前后相差了二百来年。管子怎么可能预知二百年后的美女是谁？而且在《史记》中只有勾践派大夫文种秘密地献美女和宝物贿赂吴国太宰伯嚭的记载，没有提到献美女西施给吴王的事。而后者显然比贿赂太宰更重要，如果真有此事，司马迁不会在《史记》中只字不提。但后人根据《吴越春秋》《越绝书》记载的民间传说，将西施助勾践为越国复仇的故事编成曲艺、戏剧，传播很广。

传说西施姓施，越国诸暨县（今浙江诸暨市）苎萝村人。她父亲是个砍柴的樵夫，因为他们住在村西，所以她被叫作西施。有一次，她在河边洗衣服，见到了越国大夫范蠡，两人互有好感。越国被吴国打败后，范蠡随勾践去吴国做人质，为雪国耻，西施被献给吴王。后来通过行贿吴国太宰，勾践、范蠡获准回越。勾践卧薪尝胆十年，积蓄民力，终于灭了吴国。范蠡深知“飞鸟尽，良弓藏；狡兔死，走狗烹”的道理，灭吴后，就带着西施一道偷偷地离开越国，改姓换名去了齐国。

“工”是善于做某件事，“颦”是皱眉，“妍”是美貌，指女子长得好看。“工颦妍笑”是说无论皱眉头还是笑，都很好看。《庄子·天运》：“西施病心而颦其里，其里之丑人见之而美之，归亦捧心而颦其里。其里之富人见之，坚闭门而不出，贫人见之，挈妻子而去走。”庄子这段话是说：西施因为心口疼在乡里走路捂着胸口，皱着眉头，乡里有个丑姑娘看见她的样子很美，回家路上也捂着胸口皱着眉头。见到丑女这个丑样，富人关紧了门，不让家里人出去；穷人见了，带着老婆孩子赶快躲走。庄子说：“彼知颦美而不知颦之所以美（这丑丫头只知道皱眉好看，不知道皱眉为什么好看）。”后人就编了个“东施效颦”的故事。唐李白《古风》诗云“丑女来效颦，还家惊四邻”，就是用的这个典故。

《庄子·齐物论》：“毛嫱、丽姬，人之所美也；鱼见之深入，鸟见之高飞，麋鹿见之决骤。四者孰知天下之正色哉？”（毛嫱、丽姬是人们认为最美的，但鱼见了就游入水底，鸟见了就飞上高空，麋和鹿见了撒开腿赶快逃跑。这四种动物谁知道天下最美的是什么？）庄子这段话的意思是说：尽管毛嫱是越国美女，丽姬（又作骊姬）是晋献公夫人，人们都认为她们美丽，动物却不认为她们美丽，这叫作各有所好。后人却就这个话题，从另外一个角度编出了“沉鱼落雁，闭月羞花”的故事。

据说西施在河边浣纱时，水里的鱼在清澈的河水中看见了她美丽的容颜，竟看呆了，忘了游动，慢慢地沉到了水底，这是“沉鱼”。

王昭君是汉元帝宫中的宫女，南郡秭归（今属湖北）人，名嫱，字昭君。竟宁元年（前 33），匈奴呼韩邪单于入朝求和亲，昭君主动请求出嫁匈奴，为汉、匈通好发挥了积极作用。（另有传说，汉元帝命画工毛延寿给宫女画像，因为王昭君不肯出钱贿赂，所以被画得有点丑。后来元帝让她远嫁匈奴，才发现她很美丽，但已不能改悔，于是杀了毛延寿。）她在赴匈奴途中见大雁南飞，触景生情弹了一曲琵琶，不料飞行的雁群中有雁听到音乐，又看到昭君的美貌，忘了飞行，掉了下来，是为“落雁”。

貂蝉原来指汉代官员冠上的饰物：貂尾和金蝉。《三国演义》中，司徒王允家里有个歌伎名叫貂蝉，她相貌姣好，能歌善舞，王允把她视作女儿。一天晚上，月明星稀，貂蝉在花园焚香拜月，忽然来了一片云彩遮住了月亮。王允怕貂蝉扫兴，说：“月亮见我女儿漂亮，它比不过，害羞了，躲到云的后面去了。”后人称之为“闭月”。

杨贵妃是著名的唐代大美女，蒲州永乐（今山西运城市芮城县）人，小字玉环，号太真。她姿容丰艳，善歌舞，通音律，聪明过人，深得唐玄宗宠爱，封为贵妃。相传杨贵妃在御花园赏花，杨贵妃无意中碰了含羞草，含羞草立即卷起了叶子，所以唐玄宗夸她有“羞花”之容。

西施、王昭君、貂蝉、杨贵妃被称为中国古代四大美人，因此人们常把“沉鱼落雁，闭月羞花”用来形容美貌的女子。

年矢每催，曦晖朗曜

“矢”就是箭。俗语说：“光阴似箭，日月如梭。”表示时间过得很快。所以“年矢每催”，在字面上可以理解为年月像飞的箭一样时时催人奋进。然而，古代确有计量时间的刻箭。传说黄帝发明了通过陶器漏水来计量时间的漏刻，这虽然是传说，却反映了中国很早就创造了这种计时方法。漏刻由两部分组成：一是漏壶，一是刻箭。漏壶下部有流水的管道，刻箭上有表示时间的刻度。漏刻的原理是通过滴水来计量时间，方式有两种：一种是漏壶装水，把可以上下浮动的箭立在壶中，浮在水面部分的箭杆随水位下降而缓慢下沉，从而通过箭杆上的刻度知道时间的变化，这种叫沉箭漏；另一种是浮箭漏，与前一种相反，壶中的水是由漏壶流过来的，立在壶中的刻箭随壶里水的增加逐渐向上浮动。《周礼》中有挈壶氏，就是周代主管这项工作的官员职称。迄今为止，我国发现的最早的铜制漏壶是西汉时期的遗物，有沉箭漏，也有浮箭漏，它们的壶盖或顶梁上都有方形的孔，可以保证刻箭能垂直上下。沉箭漏只有一只储水壶，容积太小，必须不断加水，引起的计时误差大，汉代以后逐渐被淘汰。浮箭漏是刻箭与供水壶分开的，经过汉、唐、宋各代改进，漏水速度均匀，所以这种计时方法一直沿用到清代。

“曦”原意指太阳将要出来时的光芒，如“晨曦”后来也指太阳。《水经 · 江水注》：“重岩叠嶂，隐天蔽日，自非亭午夜分，不见曦月。”是说那里重重叠叠的高山，遮着天，挡着太阳，不到正午、半夜，就看不见太阳、月亮。“晖”就是光、光芒的意思，“朗”是明亮，“曜”是日光照耀，也指日月星辰。《黄帝内经素问·天元纪大论》：“九星悬朗，七曜周旋。”（九颗星明亮地悬挂在天上，七曜在盘旋运转。）九颗星是天蓬、天芮、天冲、天辅、天禽、天心、天任、天柱、天英，七曜指日、月和火星、水星、木星、金星、土星。过去曾经用七曜对应一个星期的七天，把星期天称为日曜日，星期一称为月曜日，星期二称为火曜日，星期三称为水曜日，星期四称为木曜日，星期五称为金曜日，星期六称为土曜日。

“曦晖朗曜”是太阳的光辉明亮地照耀着大地的意思。

璇玑悬斡，晦魄环照

“璇玑悬斡”是说天上挂着旋转的北斗七星。“璇玑”是北斗星的代称，“斡”是瓢把子。《说文》：“斡，蠡柄也。”这里的“蠡”指的是可用以舀水的瓢。握住瓢把子就能运转瓢，所以“斡”的含义又引申为旋转。

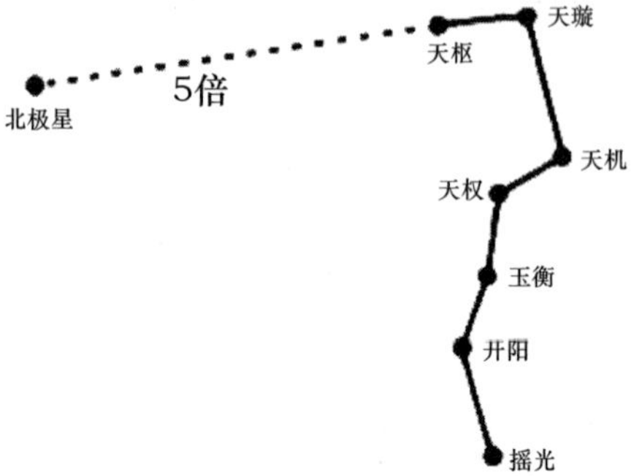

北斗七星图

北斗七星的名字是：天枢、天璇、天玑、天权、玉衡、开阳、摇光。前四颗成斗形排列，合称“魁”；后三颗呈斗柄状排列，合称“杓”（参见附图）。由于先民观测到北斗七星具有明确的指示时间和季节的作用，因此古人很重视北斗七星。《鹖冠子·环流》记载了看北斗定四季的方法：“斗柄东指，天下皆春；斗柄南指，天下皆夏；斗柄西指，天下皆秋；斗柄北指，天下皆冬。”《史记·天官书》：“斗为帝车，运于中央，临制四乡。分阴阳，建四时，均五行，移节度，定诸纪，皆系于斗。”这是把北斗想象成天皇大帝乘坐龙辇，在天空正中运转，统治四方。因此，区分昼夜，制定四季，调节五行，改变节气，确定历法，都和北斗紧紧联系着。

顺着天璇星与天枢星连线延长5倍距离，就是北极星。在北方的夜空，人们可以见到北斗七星始终围绕着北极星旋转。身居黄河流域的先人看来，北极星又称北辰，是恒久不动的。《论语·为政》：“为政以德，譬如北辰，居其所而众星共之。”（以德行来治理国家，好比天上的北极星，待在那个位置，群星都环绕着它。）据现代天文学家研究，是地球自转的轴心指向着北极星，所以人们看北极星老是在那个地方。然而，由于地球不是正圆形的，而且太阳、月球和其他行星对地球的作用力不均衡，因此北极星的位置也在不断移动，只是非常缓慢，大概再过一万两千年北极星的位置将挪到现在织女星附近了。

“晦魄环照”是说月亮从初一到三十，周而复始地照着人间。古人早就知道月亮本身不发光，月有光是太阳照到月亮而产生的。《周髀算经》：“日兆月，月光乃出，故成明月。”这里的“兆”就是照。农历每月的最后一天称为“晦”，初一称为“朔”。这两天，月亮处于太阳和地球之间，月亮以它不受光的背面对着地球，地球上看不到一点月光。《说文》：“晦，月尽也。”每个月走到了尽头，月亮看不见了，所以“晦”有昏暗的意思。“朔，月一日始苏也。”初一是月亮开始复苏的日子，虽然还不见月光，但有初生、初始的意思。《礼记·乡饮酒礼》：“月之三日始成魄也。”“魄”是月亮露出的微光。为什么叫“魄”呢？古人认为万物有灵，都有魂魄。魂是阳神，魄是阴神；魂主精气，魄主形体。月亮的形体初步形成，所以称“魄”。到第八日，月亮露出弯弯的月牙形侧面称为“上弦”。十五日，月亮呈满月形状从东边出来，而太阳在西边将要落下，形成日月对望的状态，所以称为“望”。二十二日，月亮又缩成月牙形，是为“下弦”。二十三日以后为“既死魄”至三十日“晦”。地球人的直观感觉是：月亮每个月都由朔而魄、上弦、望、下弦、既死魄至晦，循环往复地运动着。

中国人说到月亮，都会想起嫦娥奔月的神话故事。传说远古有个后羿，会制作弓，善于射箭。那时天上有十个太阳，人们深受酷热之苦，后羿为民除害，用箭射落了九个太阳，大地恢复了生机，人们过着舒适的生活。王母娘娘为了褒奖后羿，送给他两颗不死药丸，吃一颗就能长生不老。可是后羿的妻子嫦娥却偷偷地把两颗全吃了，结果，嫦娥身轻如燕，一下子就飞进了月宫，回不了家了，只能冷冷清清地一个人过日子。唐李商隐《嫦娥》诗曰：“嫦娥应悔偷灵药，碧海青天夜夜心。”这则故事反映了先人想登上月球的梦想。

指薪修祜，永绥吉劭

“指薪”源自《庄子·养生主》：“指穷于为薪，火传也，不知其尽也。”这里的“指”应解为“脂”。闻一多先生说：古代所谓的薪，有烧火做饭的薪，有做蜡烛的薪。烧火做饭的薪是利用它的热量，做蜡烛的薪是为了取光照明。烛就是照明的意思。“指穷于为薪”说的应该是烛薪，脂为烛薪而烧尽。“穷”就是“尽”。“火传也，不知其尽也。”是说：（虽然每支烛薪的脂都是可以烧尽的）但火却一直在人间传递，不知它什么时候完结。

《庄子·养生主》这一章表达了庄子的“一切要顺其自然”的思想。他的第一句是：“吾生也有涯，而知也无涯。以有涯随无涯，殆矣。”（我们的生命是有限的，而知识是无限的。用有限的生命去探求无限的知识，就危险了。）这种思想当然有消极自私的一面，无法与雷锋的“把有限的生命投入到无限的为人民服务中去”的无私进取精神相比。但庄子的话有告诫人遇事不可强求。《庄子·养生主》中有个“庖丁解牛”的故事。说有一个名叫丁的厨师，为梁惠王宰牛，动作像舞蹈，声音节奏分明，如同乐章。梁惠王十分欣赏，问他为什么手艺那么高，庖丁回答说：“我喜欢探讨事物的规律，超过研究技术。我刚学宰牛的时候看到的是整头牛，三年之后就不看整头牛了。现在我是用心神去接触而不是用眼睛去看牛，顺着牛的自然结构动刀子，连筋腱都不硬碰，何况大骨头呢。一些高明的厨师，每年要换一把刀，普通的厨子一个月就换一把刀，我这把刀用了十九年了，宰过几千头牛，可是刀口还像刚刚磨过的那样锋利。因为牛的骨节是有间隙的，我的刀很薄，插入它的骨节缝里，‘恢恢乎其于游刃必有余地矣’（很宽绰，刀子必有活动余地）。所以虽然已经用了十九年，刀口还像新的一样。即便如此，每当遇到筋骨盘结的地方，我也得聚精会神，慢慢地小心动刀。手中的刀子轻轻地一动，牛就豁然一下解体，像泥土摊在地上。这时，我提着刀站在旁边，心里充满了成就感。”梁惠王说：“好啊！听你一番话，我得到养生的道理了。”

“庖丁解牛”的故事告诉人们，一切要从实际出发，通过观察、研究，摸清了事物规律，才能得心应手地解决实际问题。比如讲求养生之道，也得根据身体的实际情况，不能为了长生不老乱吃补药或者过度锻炼，否则可能把自己的健康“补”坏了、“炼”垮了，不仅不能延寿，反而缩短寿命。

“指薪”是可以烧完的火却能传下去。怎么传？就要一根接一根不停地燃烧，比喻人要有福，就得时时地积德。“修祜”是修福的意思。“指薪修祜”的含义是：人的生命是有限的，应该一辈子行善积德修福。

“永绥吉劭”的“绥”，原义是上车时手拽的绳子，使自己不会摔倒，引申为安定、安抚。《诗经·大雅·民劳》：“惠此中国，以绥四方。”（关爱这个国家的京都，使四方安定。）“劭”是勉励，引申为自强、美好。《三国志·魏书·韩暨传》：“年逾八十，守道弥固，可谓纯笃，老而益劭者也。”（年过八十，遵守道德标准更加坚定，可以说是淳朴敦厚、年老而愈自强不息的典范。）我们常说的“年高德劭”，意思就是年事已高，品德美好。

“永绥吉劭”是永远安宁、吉祥、美好。这是“修祜”的结果，也是“修祜”的愿望所在。

矩步引领，俯仰廊庙
束带矜庄，徘徊瞻眺

“矩”是木工用以画方形或直角的尺子。《荀子·赋》：“圆者中规，方者中矩。”（圆的符合圆规画出的线条，方的符合直尺画出的线条。）“矩”引申为法度。《论语·为政》：“七十而从心所欲，不逾矩。”（七十岁想做什么便做什么，从不违反礼制法度。）“矩步”即举步走路符合规矩、法度。《后汉书·郭躬传》：“汝南有陈伯敬者，行必矩步，坐必端膝。”（汝南那个地方有一个叫陈伯敬的人，走路时一定规规矩矩，坐下时两个膝盖一定端端正正。）

“引领”是伸长脖子。《说文》：“引，开弓也。”把弓拉开叫作“引”，所以“引”有牵拉、延长等含义。《孟子·梁惠王上》：“天下之民皆引领而望之矣。”是说如果有一个好的国君，老百姓都会伸长脖子盼望着他的来临。“领”是脖子，“颈”也是脖子。两者的区别是：“颈”多指脖子的前面部分，“领”多指脖子的后面部分。例如：只有引颈自刎，没有引领自刎的，所以说刎颈之交，不说刎领之交。衣服领子则称衣领，不说衣颈。“矩步引领”不是让人都伸长脖子、脚迈方步，而是说走路要昂首阔步，不要低着头或左或右、东倒西歪地走路。

“俯”是低头，“仰”是抬头，室外有顶盖的过道叫作“廊”，“庙”原指供奉祭祀祖先的房屋，后来逐渐扩大到凡是祭祀场所都称为“庙”。佛教传入中国后，在“庙”这个统称下，又形成了三个专指的称呼：祭奠祖先、先贤的称“祠”，供奉佛祖的称“寺”，供奉神仙的称“观”。“廊庙”指宫殿边上的廊屋和太庙，后来专指朝廷里君主与大臣议政的处所，或称庙堂。《国语·越语下》：“夫谋之廊庙，失之中原，其可乎？”（只顾在朝廷上筹划对策，却丢失了中原的大片领土，这样可以吗？）

古人，尤其是儒家非常重视礼仪，在朝廷上或俯或仰都是有讲究的。《左传 · 定公十五年》记载了一个故事："十五年春，邾隐公来朝。邾子执玉高，其容仰；公受玉卑，其容俯。子贡曰：'以礼观之，二君者，皆有死亡焉。夫礼，死生存亡之体也，将左右、周旋、进退、俯仰，于是乎取之；朝、祀、丧、戎，于是乎观之。今正月相朝，而皆不度，心已亡矣。嘉事不体，何以能久？高、仰，骄也；卑、俯，替也。骄近乱，替近疾，君为主，其先亡乎！'"大意是：鲁定公十五年（前 495）春天，邾国国君隐公来拜会定公。邾隐公仰起头，高高举起作为礼物的玉器；鲁定公低着头，谦卑地接受了玉器。孔子的学生子贡参加了这次仪式，子贡说："从遵守礼仪的角度看，这两个国君的礼仪之心已经没有了。礼是体现人生死存亡的载体，可以在人的左右、周旋、进退、俯仰之中取得信息；也可以通过朝会、祭祀、丧葬、战观察得到。这次他们在春天正月里拜会，本来是好事，可他们都不遵法度，证明他们礼仪之心已经没有了，怎么还能长久呢？邾子高而仰，是骄傲的表现；定公卑而俯，是衰落的状态。骄傲的离出乱子已经不远，衰落的是快要生病了。这次拜会，隐公是客，定公是主，定公恐怕会先死吧。（这年五月，鲁定公去世。孔子说子贡"不幸言而中"。）

“束带矜庄”是说人衣服上系了腰带，形象端正庄重。《论语 · 公冶长》：“赤也，束带立于朝，可使与宾客言也。”这是孔子对弟子公孙赤的评价，说他穿着礼服在朝廷工作，可以让他搞外交，与外来的宾客打交道。古代的服装是上衣下裳，上身的衣比较长，跟现在的大衣似的，但袖子阔大；下身着裳，现在叫裙子。《周礼》规定：官员衣上都画有章纹，按不同的职位画不同的图案。腰间系带，束带当然也有等级区分。天子的大带，用熟绢制作，衬里是朱红色的，全部镶边；诸侯的大带，也是熟绢制作，全部镶边，但衬里不能用朱红色；大夫的大带，也是熟绢制作，但不全部镶边，只在“绅”上镶边。“绅”是身体两侧下垂的带子。

“矜”是持重、谨慎的意思，念作 jīn。《论语 · 卫灵公》：“君子矜而不争。”（君子谨守自己的原则，但不和人做无谓的争论。）需要向大家说明的是：“矜”原意是兵器矛的柄，念作 qín。“矜”还有一个读音 guān，如前面讲过《礼记》中的“矜寡孤独”，“矜”与“鳏”是通假字。

“庄”是庄重、庄严。

“徘徊”是来回地走，往返回旋不前进。《史记 · 吕太后本纪》：“（吕产）欲为乱，殿门弗得入，徘徊往来。”

徘徊是个联绵词，也叫双音单纯词，特点是两个字共同表示一个含义，拆开的单字本身就没有什么意义。

“瞻”是向前望或向上望。“眺”，《说文》：“目不正也。”意为斜着看，但后来常用于远望。《礼记·月令》：“可以居高明，可以远眺望。”（可以住在高爽明亮的地方，可以从高处向远方眺望。）

“徘徊瞻眺”指人在一个地方走过来走过去，来回往复，四处观看张望，不是走马看花、马马虎虎。

“矩步引领，俯仰廊庙，束带矜庄，徘徊瞻眺”四句连起来理解，是要大家注意自己的仪容外表和行为举止，或俯或仰应该符合礼的要求，好像在朝廷上一样端庄持重。而要做到这些，关键还在于加强个人的思想修养。

孤陋寡闻，愚蒙等诮

在前面解释“交友投分”时，已经提到《礼记·学记》：“独学而无友，则孤陋而寡闻。”（独自一人学习而没有朋友切磋交流，就会学识浅陋、见闻不广。）因此，古人提倡读万卷书，行万里路。多读书可以增长知识，多出游可以接触现实、广交朋友、扩大见闻、深化所学知识。但《千字文》作者在这里说“孤陋寡闻”，有一种谦虚的意思。皇帝交代用一千个单字连缀成文的工作基本完成了，这是自己一个人琢磨出来的，没有与别人交流，本人学识浅陋，见闻不广，难免存在许多缺点或错误。

“愚蒙”就是愚昧迷蒙，也是谦虚的话，说自己愚笨不开窍，迷迷糊糊。“等”是等待，“诮”是责备、讥笑。“等诮”就是等着接受皇上的责备和讥笑。

谓语助者，焉哉乎也

这是《千字文》编剩下的最后八个字，意思是称为语助词的有“焉哉乎也”。

语助词也称虚词。虚词不像实词那样有具体的实在的意义，例如：唐尧、虞舜、长城、泰山、毛笔、鸡、兔等名词，指称的是人或物；打、拿、进、退、攻击、跳舞、腾飞等是动词；红、黄、蓝、绿、美丽、光明、黑暗、丑恶等是形容词。实词的意思都很明白，而“之、乎、者、也、焉、哉、矣、兮”等虚词的意义就比较抽象，然而虚词确实起到了帮助语言文字表达的作用。据统计，《孟子》全书共有34685个字，其中“之”字1902个，“也”字1214个。再加上其他虚词，《孟子》一书中虚词的比例竟达全部文字的十分之一。可以设想，如果没有这些虚词，孟子的语言还能那样生动活泼吗？再举个例子，传说明朝末年陕西三边总督洪承畴为表示皇恩浩荡、自己忠心耿耿，在自家门上贴了副对联“君恩似海，臣节如山”。后来他晋升兵部尚书，在与清军作战中被俘降清，背叛了明朝，有人在他家的门联上添加了“矣”“乎”两个虚词，对联就成了：“君恩似海矣，臣节如山乎？”便根本改变了原来的意思，成为责问洪承畴的绝妙讽刺联。所以，我们对虚词的重要性不可小看。

古代汉语中的虚词，包括单音节的“之、乎、者、也”和多音节的“至于、以及、于是乎、如之何、而已矣”等，据统计有 380 个。其中单音词的含义不如实词那样固定，这是我们需要注意的，下面举例说明：

1.“之”字是虚词中最活跃的一个。它一般作代词，如《左传 · 隐公元年》：“姜氏……爱公叔段，欲立之。”（姜氏喜欢公叔段，要立他为太子。）“之”用作人称代词“他”。《左传 · 宣公四年》：“是子也，熊虎之状，而豺狼之声。”（这个婴儿，熊虎的样子，豺狼的声音。）这里的“之”用作助词“的”。《史记 · 货殖列传》：“渊深而鱼生之，山深而兽往之。”（水深，鱼就生活在那里；山深，野兽便去那里。）这里的“之”用作指示代词“那里”。《韩非子 · 外储说》：“故藉之虚辞，则能胜一国。”（所以凭借于空话，便能胜过一国的辩论家。）这里的“之”用作介词“于”。《列子 · 说符》：“天之于民厚矣。”（上天对于老百姓的恩德可深厚啦。）这里的“之”作为助词，有加重语气的作用。

2.“乎”放在句末，作为语气词。如《论语·微子》：“子见夫子乎？”（您看见我的老师了吗？）《史记·廉颇蔺相如列传》：“且庸人尚羞之，况于将相乎？”（一般人还以此为羞耻，何况将军、宰相呢？）“乎”放在句子中间，常作介词，如《孟子·公孙丑上》：“鸡鸣狗吠相闻而达乎四境。”（鸡叫狗吠的声音互相听得见，一直达到四面边界。）《吕氏春秋·至忠篇》：“行无高乎此矣。”（行为没有比这个更高的了。）

3.“者”也有不同用法。如《论语·里仁》：“仁者安仁，智者利仁。”（仁德的人，安于实行仁德；智慧的人，以实行仁德对自己有利。）这里“者”作为助词“的”。《列子·汤问》：“北山愚公者，年且九十。”（北山愚公，年龄将近九十。）这里“者”作为语气词。

4.“也”字现代用作副词，表示“同样地”，如“这里有书，那里也有书。”古代则用作语气词，表示判断、感叹、停顿等意思，如《礼记·中庸》：“天地之道，博也，厚也，高也，明也，悠也，久也。”（天地之道：博大，深厚，高远，光明，悠长，永久。）有时也用于表示疑问，如《孟子·离娄下》：“追我者，谁也？”（追赶我的是谁呢？）

5.“哉”一般用作语气词，如《论语·泰伯》：“大哉，尧之为君也！”（尧为君伟大呀！）《孟子·万章上》：“不识此语诚然乎哉？”（不知道这话真正是这样的吗？）

6.“焉”的用法也很多，可作兼词，如《论语·卫灵公》：“众好之，必察焉；众恶之，必察焉。”（大家喜爱的，一定要考察他；大家厌恶的，一定要考察他。）可作疑问副词，如《三国志·魏志·王修传》：“食其禄，焉避其难？”（吃他的俸禄，怎么躲避他的危难？）可作语气词，如《庄子·杂篇·则阳》：“君为政焉，勿卤莽。治民焉，勿灭裂。”（国君操持政务，不可鲁莽。治理人民，不可轻率。）

古语中的虚词是学习古文时必须学习的内容，只有搞懂了它在句中的含义，才能正确理解篇章的内涵。我想这也是《千字文》作者把“谓语助者，焉哉乎也”放在全文最后，作为结束语的缘故吧。

后　记

《千字文》今注，原名《千字文》讲记。由于我在总参管理保障部老干部大学讲过书法课，向学员们介绍过《千字文》的内容，后应大家要求，把我讲的内容记录下来，形成一本讲义，因此起了个“《千字文》讲记”的标题。可是，我动手写作之后，发现写一本讲义并不那么简单。讲课时，只要课前搜集好有关资料，写个要点、提纲，就能讲了。现在全部讲课内容都要用文字表达出来，确非易事。自己的国学根底很浅，水平不高，脑笨手拙，要完成解释这部蒙学经典的难度确实不小。然而俗话说得好:“开弓没有回头箭”。我既然已经上马，只有奋勇向前，才能不辜负同志们的殷切期望。而且这对于普及国学也是很有意义的。于是，我在完成工作之余，跑书店，跑图书馆，全力以赴，边学边写。从 2008 年下半年到 2013 年 6 月，用了整整五年，才终于完成了这个稿子。期间，在总参管理保障部老干部大学校刊《桑榆园》上，以“《千字文》讲记”为标题陆续发表已经写完的章节，得到不少同志的鼓励。但是，自己觉得稿子的标题应该改为“学解《千字文》”才符合我是学习解释《千字文》的实际情况。所以2014年出版时书名是“学解《千字文》”。这次修订后，改为现在的书名：《千字文》今注。

我在写作过程中阅读了许多国学经典，也从许多当代书籍中学到知识，得到启发，受益颇丰，在此向有关作者一并致谢，不一一罗列了。2014年本书在中国书店的协助下公开发行出版，圆了我一个小小的梦。2019年中国书店领导有意重印再版，借此机会，我对书中存在的一些错误不当之处，进行了修改补充。所以在这里要向中国书店的领导和编辑同志们致以衷心的感谢。

由于本人才疏学浅，尽管在边学边写过程中，发现错误立即改正，又经这次修订，但难免仍有不当之处，恳请给予批评指正。

寿大本记于2019年8月，时年八十六